本书为2015年天津市哲学社会科学规划课题
（TJSR15-013）研究成果

政治文化与政治文明书系
丛书主编：高建

中韩跨国婚姻家庭关系建构及发展的扎根理论研究

——以天津市为例

Study on
the Grounded Theory of the Construction
and Development of Family Relations
in Chinese-Korean International Marriage :
Take Tianjin as an Example

崔金海 ◎著

天津出版传媒集团
天津人民出版社

图书在版编目（ＣＩＰ）数据

中韩跨国婚姻家庭关系建构及发展的扎根理论研究：
以天津市为例 / 崔金海著. -- 天津：天津人民出版社，
2019.8

（政治文化与政治文明书系 / 高建主编）

ISBN 978-7-201-15233-2

Ⅰ.①中… Ⅱ.①崔… Ⅲ.①中外关系–涉外婚姻–
研究–韩国 Ⅳ.①D669.1

中国版本图书馆 CIP 数据核字（2019）第 194116 号

中韩跨国婚姻家庭关系建构及发展的扎根理论研究
ZHONGHAN KUAGUO HUNYIN JIATING GUANXI JIANGOU JI FAZHAN DE ZHAGENLILUN YANJIU

出　　版	天津人民出版社
出 版 人	刘　庆
地　　址	天津市和平区西康路35号康岳大厦
邮政编码	300051
邮购电话	（022）23332469
网　　址	http://www.tjrmcbs.com
电子信箱	reader@tjrmcbs.com
策划编辑	王　康
责任编辑	王　玸
特约编辑	安　洁
装帧设计	卢炀炀
印　　刷	天津新华印务有限公司
经　　销	新华书店
开　　本	710毫米×1000毫米　1/16
印　　张	17.75
插　　页	2
字　　数	210千字
版次印次	2019年8月第1版　2019年8月第1次印刷
定　　价	72.00元

版权所有　侵权必究
图书如出现印装质量问题，请致电联系调换（022-23332469）

政治文化与政治文明书系

天津师范大学政治文化与政治文明建设研究院·天津人民出版社

编 委 会

序　言

　　1992 年中韩建交以来,中韩两国之间的交流日益密切。据调查,2014 年韩国企业对华投资额为 39 亿 7000 万美元,达到 2006 年后的最大值(2006年为 39 亿 9000 万美元)。另据韩国法务部出入境外国人政策本部 2015 年4 月 30 日发布的统计数据,2015 年 3 月底居住在韩国境内的外国人数量已超过 181 万人,其中中国人总数已达到 91.7 万人,约占外国人总人数的50.7%。

　　社会流动是社会结构自我调节的机制之一。就个体的期望和发展目标而言,社会流动的一般趋势是向上流动,而不是向下滑坡。跨国婚姻便是如此,大多数选择跨国婚姻的人都会为了过上更好的生活而选择国际性的移动。据统计,韩国 2009 年跨国婚姻人数已达到 16.7 万人,其中韩国男性与外国女性的跨国婚姻人数占跨国婚姻总人数的 72%。而 2015 年中国女性与韩国男性的跨国婚姻件数占当年总跨国婚姻件数的 27.9%,仍居韩国跨国婚姻总件数的首位。据韩国女性开发院预测,到 2020 年韩国男性与外国女性组建的多文化家庭将占韩国家庭总数的 20%。

　　随着越来越多的中国朝鲜族女性选择中韩跨国婚姻,并且生活在韩国,韩国的女性和家庭结构不可避免地会发生变化。中国朝鲜族女性在韩国社会的适应问题不只是女性自身的问题,而且涉及整个韩国社会的稳定发展,乃至韩国社会相关政策和制度修订问题。为了更好地促进中韩两国之间长期的友好往来,提高跨国婚姻家庭中中国朝鲜族女性的生活质量,韩国政府有必要认真对待跨国婚姻家庭存在的问题,相关部门也有必要理解文化的不同和社会结构的差异对个体的生活适应所产生的影响,特别是跨国婚姻家庭中的中国朝鲜族女性的生活现状调查,对于韩国家庭福利政策的构建可以提供非常重要的参考资料。另外,考虑到有一部分中国朝鲜族女性虽然选择了中韩跨国婚姻,但是仍然保留中国国籍,身份仍为中国公民,我国政府也有必要关注这一部分中国公民在韩国的生活适应问题,并且通过提供相应帮助,提高她们在异国的生活质量。

本书把中韩跨国婚姻家庭中中国朝鲜族女性的适应看作是在韩国社会和中国朝鲜族聚集区之间发生的一系列相互关联的适应"过程",笔者通过质性研究方法深入分析这一适应过程的产生和发展经过。本书主要包括五章内容。第一章是绪论部分,这一章主要包括研究必要性、研究目的、研究问题、研究对象及研究方法等方面内容。第二章主要对跨国婚姻及中国朝鲜族文化相关文献做了分析,这一章包括文化适应及文化适应压力相关理论及文献、对韩国父权制社会的理解、对中国朝鲜族文化的理解、跨国婚姻相关国内外研究现状、韩国多文化家庭相关政策及法律的出台背景和存在问题分析等内容。第三章就质性研究、扎根理论研究方法及研究过程等进行了解释和说明。第四章是研究结果的分析过程,这一章包括扎根理论的研究步骤、访谈资料的编码过程,以及构建文化适应相关理论及提出假设和展现理论模型等内容。第五章包括研究结果概述、文化适应及压力相关理论的持续性比较,以及提出政策建议等内容。

本书在天津市 2015 年度哲学社会科学研究规划项目(项目编号:TJSR15 - 013)的资助下完成。在此感谢天津市哲学社会科学规划领导小组对本研究的帮助。另外也非常感谢天津人民出版社和天津师范大学政治与行政学院对本书出版的大力支持和帮助,感谢本研究中的研究对象对本研究的协力合作,感谢帮助和爱我的家人。

崔金海

2019 年 7 月

目　　录

第一章　绪论

第一节　研究必要性

社会流动是社会结构自我调节的机制之一。"社会流动又叫社会位移,是指个体从一个社会集团向另一个社会集团,或从某个社会集团内部的一个层次移到另一个层次的现象,它也包括不同阶级之间个别成员的互变。"[①]可见,社会流动是个体在不同集团、不同阶层或不同阶级之间的位置转移。社会流动可分为结构性的社会流动和非结构性的自由流动。结构性社会流动是指受自然和社会环境的影响,相当多的人有组织或无组织的移动。在我国,1958 年的"大跃进"吸收了数以万计的农民从事工业生产活动,1959年至 1961 年的"三年困难时期"农民又回流农村,1966 年至 1976 年"文化大革命"期间的干部下放、知识青年上山下乡等,都属于大规模的结构性社会流动。然而,这种大规模的结构性流动是流动主体没有按照自己的意愿而进行的被迫性流动。而自由流动是随时随地都可能发生的,主要是按照个体自身的意愿而发生的自由行动现象。我国改革开放之后,大量农村剩余劳动力流入城市而形成的所谓"民工潮",城市改革之后出现的"从政热"

---

① 张李玺主编:《妇女社会工作》,高等教育出版社,2008 年,第 183 页。

"经商热""出国热"等社会流动便是个体因个人原因、人格特征而形成的主动的自由流动。

就个体的期望和发展目标而言,社会流动的一般趋势是向上流动,而不是向下滑坡。跨国婚姻①便是如此。大多数选择跨国婚姻的人都会为了过上更好的生活而选择国际性的移动,而且会选择向经济和文化方面比自己出身国更好的国家移动。随着全球化进程的发展,国际性的移动出现日渐增加趋势。这种现象在经济发展迅猛的中国也广泛存在。特别是从1992年中韩建交以来,两国之间的交流日益活跃,中国大陆曾一度掀起"韩流",随即出现了"哈韩族"。据调查,2014年韩国企业对华投资额为39亿7000万美元,达到2006年后的最大值(2006年为39亿9000万美元)。② 另据韩国法务部出入境外国人政策本部2015年4月30日发布的统计数据,2015年3月底居住在韩国境内的外国人数量已超过181万人,而在外国人中中国人最多,达91.7万人,占比为50.6%。③

据统计,韩国的跨国婚姻总人数已由2006年的9.3万余人增加到2008年的14.4万余人,多文化家庭的子女规模也已达到10.5万余名。而2009年跨国婚姻人数已达到16.7万人,其中韩国男性与外国女性的跨国婚姻人数占跨国婚姻总人数的72%。④ 2013年韩国政府为了保障安全健康的跨国婚姻而加强了跨国婚姻签证的审查力度,实施了新的出入境管理法,因此导致跨国婚姻人数的大幅度减少,⑤但是2014年仅一年的2.3万余件跨国婚

---

① 本书中提到的跨国婚姻即指涉外婚姻。
② 儒雅:《外媒:2014年韩国企业对中国投资额创新高》,中国网,http://news.china.com.cn/world/2015 - 01/28/content_34674275.htm。
③ 参见《网曝在韩中国人超90万 秒杀美国 占比过半》,参考消息网,http://news.mydrivers.com/1/422/422276.htm。
④ 参见崔金海:《多文化背景下的天津市跨国婚姻研究》,延边大学出版社,2013年,第33页。
⑤ 《韩国加强跨国婚姻审查力度 致外国媳妇锐减》,亚洲日报,https://china.ajunews.com/view/20150410165953260。

姻件数仍然是 2002 年 8000 多件的近 30 倍之多。其中,2014 年韩国男性与外国女性的跨国婚姻件数(16152 件)是韩国女性与外国男性跨国婚姻件数(7164 件)的 2.25 倍,而 2006 年的此数据竟然是 4.26 倍(38759/9904 件),而 2015 年中国女性与韩国男性的跨国婚姻件数占当年总跨国婚姻件数的 27.9%,仍然位居首位。[①] 据韩国女性开发院预测,到 2020 年韩国男性与外国女性组建的多文化家庭将占韩国家庭总数的 20%。[②] 2010 年 4 月法务部出入境管理本部发布的统计数据表明,选择韩国男性为配偶的中国汉族女性的人数已超过选择韩国男性为配偶的中国朝鲜族女性的人数(汉族为 34303 名,朝鲜族为 32573 名),这也说明不仅仅是中国的朝鲜族女性,中国的汉族女性对中韩跨国婚姻的认识和态度也已发生了很大的变化。[③]

近年来,选择中韩跨国婚姻的中国朝鲜族女性人数呈现不断增加的趋势,这一现象的出现不仅仅是因为中韩两国建交促进了两国人民之间的交流频繁,而且也与韩国社会对迅速发展的中国社会有了更多关注,以及中国朝鲜族与韩国人民都保持有相同的朝鲜民族文化与风俗,因此促进了相互之间的进一步往来等有着一定的关系。除此之外,中国改革开放及中韩建交之后,社会上一度盛行的出国热,也使很多中国朝鲜族女性选择了在文化适应方面不会存在很大压力,且在短时间内能够满足自身物质及生活方面需求的韩国男性作为自己的终身伴侣。

本·大卫(Ben David)和拉维(Lavee)提出:"进入新的社会环境的移民者在适应新文化的过程中,往往因出身国的社会文化和新文化之间的冲突

---

① 参见《统计出嫁给韩国男人的外国女人,中国占了半壁江山》,百度网,https://baijiahao.baidu.com/s? id=1563984692445977&wfr=spider&for=pc。
② 박성석외. 2009. 가족복지론. 양서원출판사. p.294.
③ 崔金海:《多文化背景下的天津市跨国婚姻研究》,延边大学出版社,2013 年,第 33 页。

而受到心理上的伤害,由此产生心理上的压力。"①有一些研究也指出,跨国婚姻中的男女会因生活环境、受教育环境的不同而产生文化上的冲突。但是在中韩跨国婚姻中,很多中国朝鲜族女性往往认为中国的朝鲜族与韩国民族是"同一民族"②,因此主张在韩国的生活过程中不会存在文化上的冲突。由于中国朝鲜族女性选择与韩国男性结婚的理由各不相同,因此她们在韩国的生活适应也表现出了差异性。特别是受父权制思想影响,韩国社会仍保留了以男子为中心的家庭关系和男女不平等的性别差别,而这样的社会文化会给因期待爱情和生活充裕而选择跨国婚姻的外国女性带来沉重的枷锁,甚至会导致夫妻关系恶化和家庭破裂。

随着以就业为目的而伪装结婚的中国朝鲜族女性的增多,社会上还出现了以金钱为目的的非法婚姻中介组织,而随着这些非法组织逐渐变得专业化和有组织化,受害的韩国男性数量也出现了增多趋势。韩国统计局2015年多文化人口动态统计数据显示,2013年多文化家庭的结婚率和离婚率分别占总结婚率和离婚率的8.3%和11.7%,2014年婚姻登记后分居中的家庭为34.7%,而分居事由中外国女性配偶的伪装结婚占据首位。③为此,韩国政府于1998年修订了国籍法,而随着国籍法的修订,韩国政府对跨国婚姻的审查也变得更加严格了。外国女性在婚后的两年以内也无法获得与韩国人同等的待遇。另外,由于一些韩国男性因伪造职业、学历、财产等信息而选择跨国婚姻,因此也出现了很多外国女性受害的案例。④

---

① Ben-David A., Lavee Y., Migration and Marital Distress:The Case of Soviet Immigrants, *Journal of Divorce & Remarriage*, No. 4,1994,pp. 133 – 146.

② 有一些中国的朝鲜族认为自己有两种身份认同:一是拥有中国国籍,且是中国少数民族之一的中国人;二是认为自己与韩国人是同一朝鲜民族。但是来到韩国之后,中国的朝鲜族就会发现,韩国人只是把中国朝鲜族当作语言相通的外国朋友,因此中国的朝鲜族到韩国之后更加强化了自己是中国人的身份认同。笔者在本研究中也发现很多受访对象已很明确自己的中国人身份。

③ 통계청. 2015 다문화 인구동태 통계 결과 보도자료 전체.

④ 朱静远:《韩国跨国婚姻失败案例渐多 剩男结婚前需先培训》,解放网-新闻晚报,http://news. sohu. com/20111023/n323123632. shtml。

全信子指出："由于文化差异、生活方式的差异、与配偶家庭成员之间的矛盾等原因,中国朝鲜族女性在韩国的生活中出现很多适应上的问题。"①赛汉卓娜指出："亚洲籍婚姻移民女性嫁入的是韩国的父权制特点浓厚的家庭,而韩国的国家移民体制对不能顺应韩国的儒家文化特点的父权制的亚洲籍女性婚姻移民不断排斥,因此很多女性成了家庭的牺牲品。"②选择中韩跨国婚姻的中国朝鲜族女性在韩生活的主要目的是为了定居韩国,但是在生活还没有完全稳定下来之前,她们不可避免地会遇到很多困难。虽然有着"同一民族"的文化意识,但是由于成长环境的不同,对于中国朝鲜族女性来说,适应新文化和新环境并不是一件容易的事情。随着信息化、全球化时代的到来,越来越多的中国朝鲜族女性选择中韩跨国婚姻,并且生活在韩国,韩国的女性和家庭结构不可避免会发生新的变化。因此,中国朝鲜族女性在韩国社会生活适应过程中遇到的问题不再是女性自身的问题,而是涉及整个韩国国家政策和制度修订的问题。为了更好地促进中韩两国的友好往来,提高跨国婚姻家庭中中国朝鲜族女性的生活质量,韩国政府有必要认真对待跨国婚姻中存在的问题,积极探索解决这些问题的方法。不仅如此,相关部门也有必要理解不同文化和社会结构之间存在的差异性,并且为跨国婚姻家庭中的女性提供更为有效的社会服务。特别是相关部门对跨国婚姻家庭中的中国朝鲜族女性的生活现状进行深入调查,并把调查结果作为构建韩国新的家庭福利政策的基础资料是非常重要的。

为此,本书把中韩跨国婚姻家庭中中国朝鲜族女性的生活适应看作是在韩国社会和中国朝鲜族聚居区的特殊背景下发生的一系列相互作用的适应"过程",笔者想通过质性研究方法深入分析中国朝鲜族女性的韩国生活

---

① 全信子:《"朝鲜族新娘"在韩国——同族异国的文化冲突》,《世界知识》,2006 年第 15 期。
② 赛汉卓娜:《另一种移动:朝鲜族女性婚姻移民及其娘家的家庭战略》,《延边大学学报》(社会科学版),2014 年第 4 期。

适应过程。到目前为止,很多移民者相关研究只是把研究的重点放在文化适应过程中存在的困难上,而很少有人对移民者在国外是如何适应的,移民者对适应的概念理解是什么,移民者的适应类型是什么,以及社会工作实务领域对移民者的社会工作介入如何等问题进行深入研究。使用质性研究中的扎根理论方法研究当事者的生活经历,探索当事者的适应文化,了解她们的适应过程,为当事者提供更有效服务可以说是意义重大。

因此,本书主要以探索、叙述中国朝鲜族女性选择中韩跨国婚姻的原因,分析她们在韩国的主要经历,在文化交融的环境下通过推导出多种多样的适应类型,从多维视角理解移民女性的适应过程为研究目的。本书可以作为在社会工作实务领域中为跨国婚姻家庭中的中国朝鲜族女性提供更为有效的社会工作服务,使她们真正成为韩国社会的一员从而幸福生活的参考资料。另外,本书对于我们如何正确理解移民及跨国婚姻现象,如何修订和完善在华外国人相关政策,如何更好地为在华外国人提供服务,使在华外国人更好地适应中国文化,促进我国与各国的友好合作等具有一定的研究意义。

第二节　研究目的及研究问题

1992 年中韩建交以来,选择中韩跨国婚姻而定居韩国的中国朝鲜族女性每年都有增加,但是学界针对跨国婚姻家庭中移民女性的研究并不是很多。先前女性学、人类学、教育学等领域的学者从女性的权利、教育和社会现象等方面入手,对选择中韩跨国婚姻或生活在韩国的中国朝鲜族女性做了一些研究。随着韩国媒体开始大量报道外国女性在韩国生活中存在的适应问题,韩国社会开始关注跨国婚姻现象,也在努力探索解决跨国婚姻问题的有效方案。随着社会各界对跨国婚姻现象的关注度不断提高,学术界主张对跨国婚姻家庭展开深入研究的呼声也变得越来越高了。

但是到目前为止,学术界只是单纯地从研究者而非移民女性的视角研究和分析跨国婚姻家庭中的移民女性因语言、饮食等方面的文化差异而引起的生活不适应问题,父权制文化对移民女性的生活影响,以及移民女性受虐现状等问题。而有关选择跨国婚姻的外国女性从个人的角度界定的适应问题到底是什么,她们存在的心理和精神方面的问题是什么,她们的生活适应需求又是什么,她们如何界定适应,她们解决文化适应问题的方法是什么,以及社会工作实务领域中针对外国移民女性的社会工作服务介入是如何展开的等相关研究却寥寥无几。

因此,本书主要是从社会文化背景出发理解选择中韩跨国婚姻的中国朝鲜族女性的在韩生活经验,通过探索她们的生活适应类型,推导出社会工作实践中所必要的相关理论,特别是从选择跨国婚姻的中国朝鲜族女性的角度去理解移民女性的生活适应问题,探索她们所需要的具体服务需求,构建适合中国朝鲜族女性的生活适应模式。为了达成以上研究目的,本书的主要研究问题如下:

①选择中韩跨国婚姻的中国朝鲜族女性的在韩生活适应的意义是什么?
②选择中韩跨国婚姻的中国朝鲜族女性的在韩生活适应类型是什么?

第三节　研究对象及研究方法

本研究中的研究对象为选择中韩跨国婚姻且在韩国生活2年以上、目前往返于韩国和天津的中国朝鲜族女性。考虑到跨国婚姻家庭中的中国朝鲜族女性的在韩生活适应不仅应该包括家庭内的婚姻生活,还应包括家庭外的社会生活体验,因此为了真正了解外国移民女性的适应内涵,本研究选择了在韩滞留2年及以上的中国朝鲜族女性。

　　本研究以中国朝鲜族女性为研究对象,主要有以下三个方面的原因。首先,在与韩国男性结婚的外国女性中,中国朝鲜族女性所占比例最大,因此中国朝鲜族女性有可能对韩国的女性及家庭结构的影响较大。其次,从历史上看,韩国的传统文化与中国朝鲜族的民族文化既有一定的关联,又有较大差别。如何正确理解两国的传统文化,对于拥有中国国籍的少数民族明确自身作为中国人的身份认同有着重大意义。最后,笔者作为一名中国朝鲜族女性,有过在韩国留学、工作生活的经历,笔者不仅对朝鲜民族文化有较深的了解,而且对韩国文化有一定的了解,因此笔者认为本人研究在韩中国朝鲜族女性的生活及文化适应现象应该是较为合适的。

　　本研究主要采用滚雪球抽样(snowball sampling)方法收集了资料,因此本书主要以研究对象所提供的访谈资料为依据,探索了跨国婚姻家庭中中国朝鲜族女性的韩国生活适应的意义及类型。

　　另外,在本研究中笔者以选择中韩跨国婚姻的中国朝鲜族女性的韩国生活适应全过程作为访谈的主要内容,对所有研究对象进行了深入访谈,直至访谈资料达到饱和。在访谈资料分析过程中,当发现研究对象表现出的共性问题之后,笔者还会有针对性地对这些共性问题进行再一次的重点访谈,以便更好地获得探索跨国婚姻家庭中中国朝鲜族女性的生活适应类型模式建构的参考依据。而笔者在本研究中也发现,研究对象表现出来的共性问题是在家庭内的婚姻生活、家庭外的社会生活中,她们与家庭成员、社会成员因文化差异、语言障碍、饮食差异而出现的相互误解、矛盾和冲突等不适应问题。因此,本书也主要以理解中韩跨国婚姻家庭中中国朝鲜族女性在韩生活过程中所表现出来的主要生活适应现象,探讨和构建与此适应现象相关的理论及适应类型为研究重点。

第二章　跨国婚姻及中国朝鲜族
文化相关文献综述

第一节　对文化适应及文化适应类型的理解

一、文化适应及文化适应类型

不同的学者对文化适应的概念有不同的解释。孙丽璐等的研究中提到帕克(Park)和米勒(Miller)最早提出了移民文化适应的单维模型,此模式主张"在主流与传统文化中移民者主要表现为对主流文化的渐进式接受的态度"①。雷德菲尔德(Redfield)等学者把文化适应定义为"从一个文化环境进入到另外一个文化环境里生活时所出现的现象"②。也就是说,文化适应是在两个文化集团之间,通过持续、直接的接触而出现的文化上的变化。一开始文化适应现象只是作为集团单位的现象而被提出,但是近年来它也作为在个人身上发生的现象而逐渐被大家所接受,因而也出现了格拉芙(Graves)的心理文化适应的概念,③即发生在个体身上的文化适应现象以独特的行

---

①　孙丽璐、郑涌:《移民文化适应的研究趋势》,《心理科学进展》,2010 年第 3 期。

②　Redfield R., Linton R. & Herskovits M. J., Memorandum on the Study of Acculturation, *American Anthropologist*, No. 1, 1936, pp. 149 – 152.

③　参见 Graves T., Psychological Acculturation in a Tri-ethnic Community, *South-western Journal of Anthropology*, No. 23, 1967, pp. 337 – 350。

为,或者虽然肉眼看不到,但是隐藏在内心深处的独特倾向的形式表现出来,而这样的文化适应不仅仅指的是一方文化的变化,还指两种文化在相互影响下发生的共同变化。换句话说,心理文化适应是指不同的个体在相互接触、相互作用之后各自发生变化的过程。

王亚鹏指出:"文化适应是个体从一种文化转移到另一种与其当初生活的文化不同的异质文化中后,个体基于对两种文化的认知和感情依附而做出的一种有意识、有倾向的行为选择和行为调整。"[1]他又提出 acculturation 和 enculturation 是代表不同过程的两个适应。"enculturation 是个体在社会化的过程中对母体文化的价值观和习俗等的学习和适应过程;而 acculturation 则是指个体从当初所熟悉的母体文化进入新的异质文化后产生的行为变迁和适应化过程,因而它是一种他文化适应或外文化适应。"因此,从发生序列上来看,"enculturation 一般发生在个体生命的早期,它是个体在早期社会化过程中的一种文化适应,而 acculturation 则晚于 enculturation 而发生,它往往是再社会化过程中的一种文化适应"[2]。依据此概念我们可以知道,中韩跨国婚姻家庭中的中国朝鲜族女性在韩国的生活适应并不意味着中国朝鲜族女性抛弃中国文化和中国朝鲜族文化而单纯地接受韩国文化。它不仅包括中国朝鲜族女性适应和接受韩国文化,而且也包括韩国社会对中国朝鲜族文化的理解和某种程度的接纳过程。

林(Lin)等把文化适应分为物质上的适应(material adaptation)、正规社会结构的适应(formal adaptation)、社会文化的适应(sociocultural adaptation)等三部分。物质上的适应是指"在新的栖身之地生活所需要的最基本的生存技巧的获得。正规社会结构的适应是指已熟悉并利用新栖身之地的正规

---

①② 王亚鹏、李慧:《少数民族的文化适应及其研究》,《集美大学学报》(教育科学版),2004 年第 1 期。

社会结构。社会文化的适应是指学习新栖身之地的语言和非语言的相互交流方法,获得了微妙的(subtle)文化规范和新的价值方向"①。

霍阿(Khoa)和范德森(Van Deusen)根据新文化的接纳程度,把适应类型分为旧文化类型(old line pattern)、同化类型(assimilative pattern)和双文化类型(bicultural pattern)。旧文化类型是完全拒绝接纳新文化的类型;同化类型是舍弃传统文化,积极接纳新文化的类型;而双文化类型是在维持过去的传统文化的同时,有选择地接受新文化的适应类型。② 此外,林等把文化适应和压力结合起来,把文化适应类型分为周边神经紧张型(marginal-neurotic type)、周边脱离型(marginal-released type)、传统主义型(traditionalism type)、过度同化型(over-acculturation type)和双文化型(biculturation type)等五类。周边神经紧张型是指为满足双边文化而付出努力,但是由于承受不了压力而处于神经麻痹状态的类型。周边脱离型是指忽视双边文化的期待标准,但又主张没有办法能够同时满足双边文化的类型。传统主义型是指为了消除文化冲击,固执坚持固有传统文化的类型。过度同化型是指与过去的传统文化完全分离,摒弃传统的支持体系,一心只想拥有新栖身之地文化而生活下去的类型。双文化型是指成功整合双边文化中好的部分,通过相互协调而生活的适应类型。③

贝利(Berry)把文化适应和民族认同联系到一起,把适应类型分为同化(assimilation)、分离(separation)、整合(integration)和边缘化(marginalization)等四种类型。同化是指重视与主流社会的关系超越了维持自身民族认同的态度。分离是指不与主流社会相互作用、继续维持自身文化和民族认同的

----

　　①③　Lin K. M., Masuda M. & Tazuma L., Adaptational Problems of Vietnamese Refugees, Part Ⅲ, Case Studies in Clinic and Field: Adaptive and Maladaptive, *The Psychiatric Journal of University of Ottawa*, No. 3, 1982, pp. 173 –256.

　　②　Khoa L. X., Van Deusen J. M., Social and Cultural Customs: Their Contribution to Resettlement, *Journal of Refugee Resettlement*, No. 1, 1981, pp. 48 –51.

态度。整合是指在维持自身民族认同的同时,还关心与主流社会相互作用的态度。边缘化是指不与主流社会相互作用,也不想维持自身民族文化和民族认同的态度。[1] 而多明戈斯(Domínguez)和伊希德罗(Isidro)通过聚类分析也发现,除了整合型、同化型和分离型之外,还包括具有传统文化实践的边缘型和无传统文化实践的整合型。[2] 另外,沃德(Ward)等提出了以体验和行为划分的二维模型,包括心理和社会文化适应,前者指个体幸福感和心理健康,后者是个体在日常互动中的社会能力,并解析了模式选择和适应水平之间的关系。[3]

而李萍和孙芳萍则把跨文化适应模型划分为三种,即戈登(Gordon)的单维模型、贝利的二维跨文化适应模型和平特科夫斯基(Pintkowski)的相对扩展的适应模型,并进行了介绍。文章提出戈登的单维度模型认为跨文化适应是人们不断适应、从而达到脱离原有文化而融入主流文化的连续的过程,是单维度、单方向的。此理论强调移民想要顺利完成跨文化适应,就必须充分地被主流文化同化,否则容易出现适应问题。[4] 而贝利的二维跨文化模型则强调不同适应策略对应不同的适应状况,对主流文化较高的认同与良好的社会文化适应相关,而对原文化的高度认同则对应较少的心理适应问题。后续研究又发现,跨文化适应者并不能自由选择适应策略,跨文化适应者采用何种适应策略主要取决于主流文化群体的态度,即主流文化群体对移民的不同态度迫使其采用不同的适应策略。而平特科夫斯基将对可能存在不同态度与策略的社会文化领域划分为七个方面,即政治系统、政府系

① Berry J. W. et al., Comparative Studies of Acculturative Stress, *International Migration Review*, No. 3, 1987, pp. 491 –511.

② Domínguez S., Isidro J. I., Acculturation of Host Individuals: Immigrants and Personal Networks, *American Journal of Community Psychology*, No. 42, 2008, pp. 309 – 327.

③ 孙丽璐、郑涌:《移民文化适应的研究趋势》,《心理科学进展》,2010 年第 3 期。

④ 李萍、孙芳萍:《跨文化适应研究》,《杭州电子科技大学学报》(社科版),2008 年第 4 期。

统、工作、经济、家庭、社会、意识形态,并在对这七个方面进行深入研究后提出,在个人生活领域人们更倾向于原文化,在公共事务领域人们更倾向于主流文化的观点。①

整理以上有关文化适应相关研究内容,如表2-1所示。

表2-1 文化适应类型及学者主张和观点

学者	年度	主张	观点	适应类型
帕克、米勒	1921	单维	对主流文化的渐进式接受过程	—
贝利	1984	二次元	重视民族、文化认同、文化特征的维持程度;重视与主流社会的关系维持程度	同化、分离、整合和边缘化
多明戈斯、伊希德罗	2008	—	—	同化、分离、整合、传统文化实践的边缘型和无传统文化实践的整合型
戈登	1968	所有方面的同化,单维	发生在同化初期	—
格拉芙	1967	二次元	两种文化相互受到影响而发生变化	—
霍阿、范德森	1981	—	新文化的接纳程度	旧文化类型、同化类型和双文化类型
林	1982	—	文化适应与压力相关联	周边神经紧张型、周边脱离型、传统主义型、过度同化型、双文化型
雷德菲尔德	1936	—	一种文化进入另一种文化所发生的变化	—

---

① 李萍、孙芳萍:《跨文化适应研究》,《杭州电子科技大学学报》(社科版),2008年第4期。

二、家庭及婚姻适应

与适应相关的质性研究有金孝信[①]、林春姬[②]的研究,她们主要研究的是再婚家庭内的母亲(或者继母)的生活适应,并且把适应界定为母亲(或者继母)在再婚家庭生活中为了协调家庭关系,长时间改变自身认识、相互作用方法和角色,最终带来再婚家庭体系上的变化的努力过程。但是这些研究存在着使用定量研究中的适应概念,而缺乏质性研究中的概念解释和对研究对象是如何理解适应的过程分析,因此在真正理解适应概念上仍然存在着不足。

在权智星的公开收养家庭的适应过程研究中,作者把适应界定为"与家庭之外的人建立自然关系,并且认为适应概念应该包括舒适关系、自然关系、相互理解和认可的关系、新的关系形成等内容"[③]。在研究中作者并没有把适应过程只放在收养儿童的个人适应过程上,而是放在了收养儿童和收养家庭双方面的适应上,通过探索双方对公开收养过程所赋予的适应意义,认为适应过程本身就是持续的对环境的"挑战",是在改变环境的过程中克服适应困难,对变化感到有成就感,并且不断成长的过程。

在本书中笔者认为与韩国男性结婚的中国朝鲜族女性的适应应该是一个比以上概念更为复杂的概念。因为跨国婚姻家庭是生活在不同的环境、接受过不同的教育、学习了不同的文化习俗的男女结合在一起而组建的家庭,所以理解他们的适应不应该只把重点放在他们是否被动地与环境需求保持一致,或者个人是否进行消极的单方适应,而是要看男女双方通过相互

---

① 김효신. 2004. "재혼가족 내 모의갈등과 적응에 관한 질적 연구". 한양대학교석사학위논문.
② 임춘희. 1997. "재혼가족 내 계모의 스트레스와 적응에 관한 질적 연구". 고려대학교박사학위논문.
③ 권지성. 2003. "공개입양가족의 적응과정에 관한 연구–한국입양홍보회 참여가족사례를 중심으로". 서울대학교박사학위논문. p.143.

作用而产生的适应是怎样的,以及跨国婚姻家庭中的男女双方对适应的主观理解和周围人对跨国婚姻家庭中的男女适应所作出的评价是怎样的等一系列复杂的社会活动。

先前很多学者对婚姻适应也做了不同的概念界定。斯帕尼尔(Spanier)认为"婚姻适应是由引起夫妻矛盾问题的夫妻之间的个体差异、夫妻之间的紧张感和个人的焦虑、对婚姻的满意度、夫妻结合,以及夫妻对婚姻生活中重要事件的态度是否一致等因素所决定的产物"[1]。布朗(Brown)认为婚姻适应是变化与成长相互发展的关系。[2] 伯吉斯(Burgess)则把婚姻适应看作判断婚姻成功与否的一个标准,并提出婚姻生活中夫妻之间的协调关系、相互关心、共同参与活动等是非常重要的影响因素。[3]

另外,也有一些学者提出婚姻适应是对心理上的协调、夫妻之间的矛盾、丈夫的合作与否、妻子的角色等进行的评价,斯帕尼尔则根据婚姻适应是过程还是对婚姻状态的质的评价,认为婚姻适应可以有两种不同的存在方式。主张婚姻适应是过程的观点指出夫妻之间的适应问题更适合进行纵向研究,而主张婚姻适应是对婚姻状态的质的评价的观点指出婚姻适应属于婚姻质的方面的问题,是婚姻中一系列不断变化的适应过程,此观点提出应开发婚姻适应相关量表。[4]

以上的诸多研究虽然对婚姻适应做了界定,但是并没有在多种文化和经验环境下,把婚姻适应作为持续发生变化的一系列过程进行界定和分析,

---

[1]　Spanier G. B., Measuring Dyadic Adjustment: New Scales for Accessing the Quality of Marriage and Similar Dyads, *Journal of Marriage and the Family*, No. 1, 1976, pp. 15 – 38.

[2]　Steven D. Brown, Health L., Coping with Critical Life Events: An Integrative Cognitive-Behavioral Model for Research and Practice, In S. D. Brown, R. W. Lent(Eds.), *Handbook of Counseling Psychology*, John Wiley & Sons, 1984, pp. 545 – 576.

[3]　Burgess C., (Re)constructing Identities: International Marriage Migrants as Potential Agents of Social Change in Globalizing Japan, *Asian Studies Review*, No. 3, 2010, pp. 223 – 242.

[4]　Spanier G. B., Measuring Dyadic Adjustment: New Scales for Accessing the Quality of Marriage and Similar Dyads, *Journal of Marriage and the Family*, No. 1, 1976, pp. 15 – 38.

大多数研究只是把婚姻适应放在某一特定的时间点上,对婚姻生活的维持与否和满足与否做了研究,因此对婚姻适应概念的理解还存在一定的不足。特别是本书主要研究的是选择跨国婚姻的中国朝鲜族女性在韩国的生活适应过程,而适应过程研究的内容不仅包括婚姻方面的适应,还应该包括家庭成员之间的适应、社会生活适应等多个方面,因此真正研究她们的适应过程,只从某一特定时间点上考察对婚姻的满意程度是远远不够的。为了更好地理解跨国婚姻家庭中中国朝鲜族女性的生活适应问题,笔者认为对朝鲜族文化中的婚姻生活的概念界定,选择跨国婚姻的男女双方对婚姻适应的理解,与中国朝鲜族女性生活在一起的韩国配偶以及韩国配偶的家庭对跨国婚姻适应的理解等多个方面进行探索和分析是非常必要的。

每一个人都有对适应的理解和评价,因此研究与韩国男性结婚的中国朝鲜族女性的韩国生活适应问题,就有必要对中国朝鲜族女性对韩国生活及文化适应的理解和界定进行深入分析。与韩国男性结婚的中国朝鲜族女性为同时拥有"同一民族文化"和"中国朝鲜族文化",且长期生活在韩国的特殊群体,深入了解和研究这一特殊群体的文化适应现象,探索她们对适应的主观解释是非常重要和有意义的。

三、移民者的适应过程

在移民者适应相关研究中,贝利等是提出移民者的适应过程及适应类型分析框架的代表人物,很多学者在进行移民或难民适应研究中使用了贝利的适应分析框架。贝利把适应过程分为未接触期、接触期、矛盾期、危机期和适应期等五个适应阶段。未接触期是指决定移民的时期。未接触期主要包括个人的移民动机和社会的影响因素两方面内容,个人的移民动机包括个人经历的失败、挫折,精神上的需求以及对生活质量的提升等内容,而社会的影响因素主要包括战争威胁、贫困、人口稠密等内容。接触期是指两种不同的文化相互接触,开始发生文化上的变化和个人行动变化的时期。从这个时期开始,移民者将面临新文化的适应压力。矛盾期是指移民者所移居社会的变化和文化压力引起个人、集团间矛盾的时期。在这个时期,移民者会经历认同感的混乱。危机期是指矛盾期的问题没有得到解决,紧张和矛盾持续存在,移民者在精神上处于不健康状态的时期。在这个时期,个人有可能会出现后悔、自杀、攻击性行为、家庭不和、酗酒和药物滥用等问题。适应期是指度过了矛盾期和危机期,适应当地文化的时期。① 贝利主张"移民或难民的文化适应过程并不是固定不变的,而是随着文化和个人期望的不同而表现出不同的适应过程"②。

柳道镇通过比较研究接受西方文化影响较少的韩国移民者和长时间接受西方文化影响的菲律宾人之间的适应过程存在的差异,并且根据移民滞留时间的不同,把异文化的适应分为观察阶段(约 7 个月)、矛盾阶段(7 个月至 1.4 年)、稳定阶段(1.8 年至 2.6 年)和整备阶段(2.6 年至 3.2 年)等四个阶段。

观察阶段是移民者自己原来的文化仍然处于支配的阶段,移民者在这个阶段的特点是:第一,对新文化好奇、感兴趣、肯定和乐观;第二,接受有关权利和义务方面的教育;第三,与同一民族群体保持密切关系和较高的相互依存度;第四,角色形成。

矛盾阶段是移民者开始履行角色,在完成任务的过程中开始出现问题的阶段。移民者在此阶段的主要特点是:第一,参与到新环境之中;第二,不能逃避问题,只能面对问题;第三,主张自己原有文化的优越性;第四,失望

---

① Berry J. W. et al., Comparative Studies of Acculturative Stress, *International Migration Review*, No. 3,1987,pp. 491 –511.

② Berry J. W., Cultural Relations in Plural Societies:Alternatives to Segregation and Their Socio-Psychological Implication,In N. Meller, M. Brewer(Eds.) , *Groups in Contact*:*The Psychology of Desegregation*, Academic Press,1984,pp. 11 –29.

和期待情绪的交叉；第五，购买耐用消费品；第六，对新规范和态度方式的认识。

稳定阶段是移民者具备了语言交流能力、社会关系圆满、在职场或社会生活中能够有稳定感和自信心的阶段。移民者在这个阶段的主要特点是：第一，具有清楚了解问题的能力；第二，具有系统地和具体地批判问题的能力；第三，少了攻击性行为，产生了更多的疑问；第四，减少了不满情绪，以理解为主；第五，拥有适当的余暇时间；第六，工作能力的提升；第七，与志同道合的朋友或西方家庭保持密切关系；第八，选择更好的居住环境；第九，协同之心和责任感；第十，生活有计划且对生活有长期规划等。

整备阶段是移民者决定在哪里定居生活的阶段。选择回国的人大多数是需要承担照顾家庭的重任、准备结婚、国内已经安排好工作单位，以及不能适应异国文化的人。移民者决定定居且生活在异国的主要原因是：第一，已经适应了异国文化且对异国生活充满自信；第二，在社会或工作领域已经取得了或有可能取得一定社会地位；第三，个人能力被认可且可以规划未来。移民者一般经历这四个阶段，最终会被异国文化同化。①

美国著名的管理心理学家斯蒂芬·罗宾斯对文化冲击进行了系统和深刻的研究，总结了颇有说服力的"文化冲击四阶段"的周期理论，即新鲜期、失落期、低潮期和恢复期。他提出任何一个新移民者都可能经历这四个阶段，从最初对出国移民抱有憧憬和新鲜感，到在现实的移民生活中遇到了实际的困难和挫折，再到怀念从前的安逸生活，最终慢慢适应新的移民生活。②有关与韩国男性结婚的中国朝鲜族女性在韩国生活中经历的适应过程，以及中国朝鲜族女性对于韩国生活适应的意义理解的研究，不仅可以帮助我

---

① 유도진. 1983. "이질문화적응현상에 대한 기초연구". 가톨릭사회과학연구. 제2권. pp. 93 – 123.
② 参见杜阳:《新移民适应移民生活必须经历的四个周期》，国际在线，http://news. cri. cn/gb/33160/2012/07/06/6112s3758829. htm。

们更好地理解选择跨国婚姻的中国朝鲜族女性的生活状况,而且对于认识由于跨国婚姻家庭的增多而发生变化的韩国的女性人口结构和韩国家庭也是非常重要的。

第二节　文化适应压力、应对模式及应对类型

一、文化适应压力

文化适应压力是个人或集团在适应新文化过程中所经历的一种现象。压力过小或过大都会给个人的身体、心理等方面带来危害。因此主张适应新社会和新文化的行为本身就会造成个人或集团心理和社会上的病理现象的说法并不正确,因为适应中出现的问题会因个人、集团和定居社会的特征不同而有所不同。[①] 文化适应压力会伴随有不安、抑郁、认同感混乱等一系列压力问题,其会使个人与社会环境的相互整合和统一过程出现问题,也有可能给个人带来危机。

贝利等发现气候、地理、饮食、心理文化差异会引起文化适应压力,[②]而个人在国内所拥有过的财产、职业、重要的人际关系,亲人等重要家庭资源,朋友同事等社会支持网络,熟悉的生活环境的丧失,长时间作为外国人和少数者遭到当地人的排挤、区别对待经验,以及适应异文化所带来的文化冲击等都会给移民者带来不同程度的文化适应方面的压力。当个体从一种文化穿行到另外一种文化时经常造成文化信息的缺失,对于自我行为结果的不可预见性就会随之增大,个体将会经历较多的挫折和应激。[③]

[①②]　Berry J. W. et al., Comparative Studies of Acculturative Stress, *International Migration Review*, No. 3, 1988, pp. 491-511.

[③]　吕催芳:《中国在美留学生心理和社会文化适应质性研究》,《教育学术月刊》,2017 年第 5 期。

在新环境的文化适应过程中,差别对待、语言障碍、社会和经济资源的不足、被排挤、对法定居住身份的顾虑等都是增加心理痛苦的文化适应压力源。谭瑜和常永才提出"社会文化适应主要关注的是个体在日常生活中遇到的困难,如理解当地语言、交朋友、参加社会活动、处理好学习或工作相关的问题,以及对新文化的价值观与行为准则等深层文化因素的理解"①。

如果一个人没有遇到文化适应压力,那么个人很容易在社会生活中通过已经建立起来的社会关系网获得与自身行动和决定有关的重要信息,但是在新文化适应中,这样的社会支持无法继续发挥作用,因此个人只能通过自我认识、一般的生活经验等来预测未来将要发生的事情。这样的预测会给个人带来不确定性和不安,而这种不确定性和不安会给个人对新环境的控制带来困难,从而威胁个人心理健康。②

二、压力应对模式

不同的学者对个体在跨文化适应过程中所产生的压力问题的应对策略进行了不同的划分。迪亚兹(Diaz)将压力应对分为积极应对和消极应对两种。积极应对主要指有计划地、主动积极地寻找解决适应压力的途径,消极应对则更倾向于忍耐和自我调整。③ 贝利则指出"应对策略只有在移民国家对移民持肯定的态度,且愿意接受他们的情况下才最为有效,否则消极的应对方式可能会导致文化隔离"④。

---

① 谭瑜、常永才:《西方跨文化适应理论及其对我国少数民族教育的启示》,《民族教育研究》,2013 年第 1 期。

② Juile F. Smart, David W. Smart, Acculturative Stress of Hispanics: Loss and Challenge, *Journal of Counseling and Development*, No. 73, 1995, pp. 390 – 396.

③ Diaz-Guerrero R., The Development of Coping Style, *Human Development*, No. 22, 1979, pp. 320 – 331.

④ Berry J. W., Immigration, Acculturation and Adaptation, *Applied Psychology*, No. 1, 1997, pp. 5 – 68.

　　适应压力对于个体心理和社会文化适应的影响受个体性别、人格、适应过程中的应对策略、社会支持网络及文化适应策略等因素的制约。[①] 其中个体文化适应态度，即"文化适应策略是解读个体跨文化最终适应状态的关键变量，文化适应策略不仅与个体的社会支持密切相关，而且还会影响个体的积极自我的发展"[②]。

　　与文化适应压力相关的其他因素还包括个体的性格、社会支持、是否拥有应对压力时可使用的知识和技术、文化适应方式、文化适应地及人口学变量等因素。比如具有敏感且外向型性格的人较容易适应外界环境，而拥有对外界控制信念的人产生心理和情绪混乱问题的发生率较高。杜博（Dubow）和蒂萨（Tisak）指出，"社会支持网络不仅能够提升一个人的自尊心，而且还会提高个人对压力的控制能力，增进对压力的理解，从而促进个人对压力的有效应对"[③]。社会支持包括丈夫、朋友、与当地居民的接触而获得的支持等。郭（Kuo）和蔡（Tsai）指出，降低亚洲人群抑郁症状的最重要的社会支持就是拥有多少能够敞开胸怀、畅所欲言的朋友。与移居国家的当地居民建立起来的社会关系是帮助移民者适应当地生活最为重要的社会关系。[④] 吕催芳在对中国在美留学生心理和社会文化适应的研究中指出学校和社区等公共空间高度趋近美国文化，因此留学生通过与美国当地人共同居住、课堂活动、社区活动和学校事务等参与方式与美国群体维系一种松散却密切的社会交往；与美国当地人的社会交往有助于中国留学生熟悉美国文化规范、了解中美文化差异、调适自身的文化融入方式、减轻适应过程中

　　① 郑雪、David Sang：《文化融入与中国留学生的适应》，《应用心理学》，2003 年第 1 期。

　　② 吕催芳：《中国在美留学生心理和社会文化适应质性研究》，《教育学术月刊》，2017 年第 5 期。

　　③ Eric F. Dubow，John Tisak，The Relation between Stressful Life Events and Adjustment in Elementary School Children：the Role of Social Support and Social Problem-Solving Skills，*Child Development*，No. 6，1989，pp. 1412 – 1423.

　　④ Wen H. Kuo，Yung-Mei Tsai，Social Networking，Hardiness and Immigrant's Mental Health，*Journal of Health and Social Behavior*，No. 2，1986，pp. 133 – 149.

文化信息缺失所致的不确定感和焦虑感,增强文化适应能力,满足学业和生活需要。

压力应对模式指个人性格和是否拥有社会支持等特征能够对异文化适应起到调节作用。社会学习理论强调与移居地的当地居民有接触、具有异文化经验、通过学习获得了适应异文化的技术和行为等都可以促进个人的文化适应。社会学习理论提出移居民在日常的社会事务处理中存在一定的困难,因此当地居民为移民者获得社会技术提供帮助会对移民者适应新文化起到一定的积极作用。[①]

压力与适应相关研究始于 1950 年,当时很多学者主要就特定压力事件对适应的影响做了研究,并且将研究假设设定为特定的压力事件对所有人的文化适应所产生的影响是相同的。[②] 因此,当时的研究中可说明适应概念的变量较少,[③]把在压力情况下存在的适应差异归因于个人差异等。换句话说,传统的压力应对模式主要强调了结构上的因素,关心的是稳定的和一贯性(consistency)特征,且只使用了单一的概念对压力应对行为进行界定。传统的压力应对模式主要从三个方面分析了应对问题。第一,防御或者自我过程的观点。此观点以动力心理学为基础,把应对行为定义为对无意识的内心矛盾的反应。第二,个性(或者气质)观点。此观点主张个人自身的性格(或者气质)影响着其压力应对行为,因此此观点假定一个人无论处在何种场合,都会表现出同样的行为模式。第三,情况指向接近观点(context-based access approach)。此观点主张个人所采取的应对行为会根据个人所

---

① Searle Wendy, Ward Colleen, The Prediction of Psychological and Sociocultural Adjustment during Cross-Cultural Transitions, *International Journal of Intercultural Relations*, No. 4, 1990, pp. 449 - 464.

② Richard S. Lazarus, The Stress and Coping Paradigm, In C. E. Eisdorfer et al. (Eds.), *Models for Clinical Psychopathology*, S. P. Medical & Scientific Book, 1981, pp. 177 - 214.

③ Rabin J. G., Struening E. L., Life Events, Stress, and Illness, *Science*, No. 194, 1979, pp. 1013 - 1020.

处环境的不同而发生相应变化。①

但是拉撒路(Lazarus)指出这样的传统应对模式存在以下五个方面的问题。第一,应对行为的分析更多地强调了应对形式的结构方面的因素,而对应对压力的过程分析较少。第二,只使用简单的单一概念对应对中可能出现的诸多行动类型做了说明。第三,重点没有放在应对行为上,而是放在了防御观点上。第四,重点没有放在应对的有效性上,而是放在了个人的精神病理上。第五,没有很好地区分条件反射和通过努力之后的反应。②

拉撒路主张在个人与环境的关系中,认知评价和应对行为对个人的适应有着非常重要的影响,他通过批判传统压力应对研究中出现的问题,提出以新的认知现象学理论为基础的应对概念,即相互往来应对模式。在相互往来应对模式中,他把个人与环境之间的变化过程看作一个动态的过程,并且提出此动态过程中的中介变量为个人对自身情况的认知评价。认知评价又分为一次评价和二次评价两种,一次评价是指对环境是否存在压力进行判断,即对何种情况对自己来说是压力进行判断。二次评价是指个人在压力环境下对自己能够做什么进行评价。即在压力环境下,为了应对压力,个人会对自己所拥有的资源(身体的、环境的、物理的、心理的等)是什么,自己能够做什么进行判断。有很多认知现象学的学者们主张这两种评价在应对压力时并没有固定的先后顺序,个人在进行一次评价的时候,二次评价可以作为一次评价的认知系统而一起被使用。③

对以上应对模式相关内容进行整理,可见表2-2。

---

① 최종옥외. 1995. "스트레스에 대한 소고". 심리연구. 제 33 권. pp. 56 – 65.

②③ Lazarus Richard S., The Stress and Coping Paradigm, In C. E. Eisdorfer et al. (Eds.), *Models for Clinical Psychopathology*, S. P. Medical & Scientific Book, 1981, pp. 177 – 214.

表 2 - 2　压力应对模式

模式	观点	特征	问题点
传统的应对模式	防御或者自我过程的观点	应对行为是对无意识的内心矛盾的反应	1. 强调结构因素,关心稳定性和一贯性 2. 不区分应对压力的多种行动类型,而只使用单一概念进行简单说明 3. 关心狭义范围的活动,重点放在防御观点上 4. 重点放在应对的失败或精神病理上,而不是应对的有效性上 5. 没有很好地区分条件反射和通过努力之后的反应
	个性(或者气质)观点	假设具有某种特征的人会在所有的环境下都表现出一贯性态度(行为)	
	情况指向接近观点	个人所采取的应对行为会根据个人所处环境的不同而发生相应变化	
相互往来应对模式	认知现象学观点	1. 从人类与环境之间的关系上分析个人的应对行为 2. 个人和环境之间看作是一个动态的过程。在此过程中中介变量为个人对自身情况的认知评价	关心对过程的分析,虽然把评价过程分为一次评价和二次评价,但是实际上这两个评价并不是按照固定的前后顺序发生

三、压力应对类型

不同的学者对压力应对类型做了不同的分类。比林斯(Billings)和莫斯(Moos)根据个人对压力所采取的态度是对问题进行再界定,还是对压力源进行调整,或是解除,又或是控制压力情绪,即根据个人在解决压力时主要采取何种应对行为,把压力应对行为分为评价指向行为、问题指向行为和情绪指向行为等三种类型。评价指向行为是指对情况意义进行概念界定或再界定的行为。问题指向行为是指调整或解除压力原因实际的行为。情绪指向行为是对压力环境下所持有的情绪进行控制或维持有效的平静状态的行为。①

柯林(Pearlin)等把压力应对类型分为情况调节行为、意义控制行为和防御行为等三种类型,并且对压力应对持过程论的观点。情况调节行为是指解除或调节引起紧张经验情况的行为。意义控制行为是指在引起紧张经验的压力产生之前提前对紧张经验意义进行控制的行为。防御行为是把因压力而产生的情绪上的反应控制在自己可以承受的范围之内的行为。② 夫里德里克(Frederic)等把压力应对类型分为直接采取的行为、不努力而直接接纳的行为、对压力采取合理化或逃避的行为等三种类型。③

拉撒路根据个人在面对压力环境时采取的应对方法的功能,把压力应对类型分为问题中心应对类型和情绪中心应对类型。问题中心应对是指通过解决问题或改变个人和环境之间的矛盾关系等方法,改变对个人构成直接问题的行为或者环境条件,从而达到解决压力源的行为类型。情绪中心应对是指通过控制因压力而引起的情绪上的苦痛,改变个人生活和环境之间关系的一种努力。④ 整理以上的压力应对行为类型,如下表 2 - 3 所示。

表 2 - 3 压力应对行为类型

学者	年度(年)	类型	特征
莫斯、比林斯	1984	评价指向行为	对情况意义进行界定或再界定
		问题指向行为	调整或解除压力
		情绪指向行为	控制情绪或维持有效的平静状态

① Andrew G. Billings, Rudolf H. Moos, Coping, Stress, and Social Resources among Adults with Unipolar Depression, *Journal of Personality and Social Psychology*, No. 4, 1984, pp. 877 – 891.

② Pearlin L. I., Schooler C., The Structure of Coping, *Journal of Health and Social Behavior*, No. 1, 1978, pp. 2 – 21.

③ 박성학. 1992. "기독교인의 스트레스 대처능력 조사연구". 학교법인석사학위논문. p. 6.

④ Lazarus R. S., The Stress and Coping Paradigm, In C. E. Eisdorfer et al. (Eds.), *Models for Clinical Psychopathology*, S. P. Medical & Scientific Book, 1981, pp. 177 – 214.

续表

学者	年度(年)	类型	特征
柯林等	1978	情况调节行为	解除或调节引起紧张经验的情况
		意义控制行为	引起紧张经验的压力产生之前提前对紧张经验意义进行控制
		防御行为	把因压力而产生的情绪上的反应控制在自己可以承受的范围之内
夫里德里克等	1980	直接行为	对压力源直接采取行为
		接纳行为	不改变而直接接纳压力源的行为
		合理/逃避行为	对压力采取合理化或逃避的行为
拉撒路	1981	问题中心应对	改变成为问题的行为或者环境条件,从而解除压力源的一种努力
		情绪中心应对	控制因压力而引起的情绪上的苦痛,改变个人生活和环境关系的一种努力

此外,布朗等根据个人回避压力与否,把压力应对类型分为回避应对和非回避应对两种类型。[1] 我们知道,应对压力的行为可以使一个人解决压力问题,减少因压力而引起的情绪上的紧张感,可以提高自我尊重感、维持与他人的人际关系,但是在应对压力的时候,仅仅采取一种应对方式是并非有效的。换句话说,在解决压力问题的时候,使用多种压力应对方式会比单纯只使用一种应对方式更为有效。

第三节 对韩国父权制社会的理解

申兰熙指出人类的行为是以控制其行为的权力关系为前提的,因此在

---

[1] Steven D. Brown, Health L., Coping with Critical Life Events: An Integrative Cognitive-Behavioral Model for Research and Practice, In S. D. Brown, R. W. Lent (Eds.), *Handbook of Counseling Psychology*, John Wiley & Sons, 1984, pp. 545 – 576.

讨论跨国婚姻中存在的诸多问题时,如果排除了权力关系就不可能探索到
问题的本质。她主张为了减少因忽视权力关系而可能存在的不平等、不公
正的家庭结构,有必要对韩国家庭结构和家庭关系的特征进行较为深入的
理解和分析。[①] 朴慧京提出女性选择结婚的主要原因是没能摆脱和拒绝社
会上主张的男性是家庭中主要生计承担者的父权制的婚姻框架。[②] 洪基慧
指出中韩跨国婚姻中中国朝鲜族女性的移民动机受主张婚姻中男性是第一
生计承担者的父权制的婚姻制度与资本主义体制的影响较深。因此,为了
更好地了解跨国婚姻家庭中中国朝鲜族女性的生活经验和适应过程,有必
要先了解和分析影响移民女性的生活经验和适应的韩国的父权制社会。[③]

父权制是男性对女性劳动的支配,劳动中的性别差异和社会分工也说
明了父权制与阶级社会的确立有着密切关联的事实。在父权制社会,家庭
内部的男女之间不仅形成了等级结构,社会上的男性和男性之间也形成了
支配和服从的上下级关系。女权主义者强调父权制社会中的社会性别和社
会结构特征,认为在父权制社会中父权制的家庭结构对女性的支配和统治
已合法化,父权制被指为"一种系统化的、制度化的男性压迫女性的政治体
系"[④]。因此,父权制文化成为压迫家庭中的女性的一种机制,而且这种压迫
是从通过婚姻组建家庭的初期就已经开始。

崔金海指出,由于一部分韩国男性夸大自己的经济实力,他们或负有一
身债务,或花钱大手大脚,且通过隐瞒这一事实或欺骗的方式与中国朝鲜族
女性结婚,因此,当中国朝鲜族女性来到韩国发现了这一欺骗事实时,她们

① 신란희. 2004. "국제결혼 여성의 가족, 일 그리고 정체성: 우즈베키스탄과 필리핀여성의 생애사 연구". 서울대학교석사학위논문.
② 박혜영. 2002. "가정폭력의 실태분석과 사회복지적 개입방안에 관한 연구: 가정폭력상담내용 분석을 통하여". 신라대학교석사학위논문.
③ 홍기혜. 2000. "중국 조선족 여성과 한국 남성간의 결혼을 통해 본 이주의 성별정치학". 이화여자대학교석사학위논문.
④ 张李玺主编:《妇女社会工作》,高等教育出版社,2008 年,第 33 页。

曾经对跨国婚姻的幻想瞬间转变成泡沫,失望也会随即而来。[1] 尹亨淑的研究也发现,当菲律宾女性认识到自己曾经对韩国生活抱有的幻想不可能变成现实的时候,就会对婚姻表现出失望和后悔。但是由于韩国男性利用结婚费用压迫和控制菲律宾配偶,菲律宾女性无法偿还结婚时韩国丈夫所花费的结婚费用,因此也无法返回母国,只能在韩国维持无奈的婚姻生活。[2] 但是在韩国的生活适应并不是一件容易的事情。语言障碍、饮食文化差异等都会成为菲律宾女性遭受语言和身体暴力的影响因素,而对女性的暴力背后是男女之间不平等的权力关系,以及支持这种不平等权力关系的父权制的社会制度。[3] 此外,崔金海主张,"如果因家庭暴力或恶意利用移民法导致跨国婚姻家庭在婚后两年内出现家庭破裂,或者韩国配偶在自己的外国配偶争取韩国国籍的过程中不提供合作,韩国政府有必要通过在相关法律上制定例外条款的方式来保障外国配偶正当的法律权利"[4]。

特别是韩国的国籍法修订之后,外国移民女性即使与韩国男性结了婚,也不能以韩国人的身份享受与韩国公民一样的待遇。因为韩国国籍法规定,选择跨国婚姻的外国移民女性只有在与韩国配偶维持了两年以上婚姻生活的情况下,才能获得稳定的社会身份。如果在入韩国国籍之前选择了离婚,那么外国女性就会以非法居留者的身份被强制遣送回国。在这种法律背景下,韩国跨国婚姻家庭中韩国丈夫以婚姻为由,对外国妻子进行包括身体等各方面控制的私人行为实际上得到了国家层面的法律保障。[5] 在获

---

① 최금해. 2005. "한국남성과 결혼한 중국 조선족 여성들의 한국에서의 적응기 생활체험과 사회복지서비스에 관한 연구". 한국가족복지학. 제 15 권. p. 221.

② 윤형숙. 2003. "국제결혼 배우자의 갈등과 적응". 한국사회학회/한국문화인류학회 공동 심포지운자료집.

③ 김은희. 1992. "한국 가부장제 결혼관계에서의 여성억압 형태". 요성여자대학교석사학위논문.

④ 최금해. 2005. "한국남성과 결혼한 중국 조선족 여성들의 한국에서의 적응기 생활체험과 사회복지서비스에 관한 연구". 한국가족복지학. 제 15 권. p. 241.

⑤ 홍기혜. 2000. "중국 조선족 여성과 한국 남성간의 결혼을 통해 본 이주의 성별정치학". 이화여자대학교석사학위논문.

得韩国国籍之前,中国朝鲜族女性只有通过与丈夫的夫妻关系证明才能获得合法的身份认可,因此中国朝鲜族女性的社会生活受到了很大的限制。另外,在韩国家庭生活的中国朝鲜族女性经常会受到韩国婆婆的歧视和语言暴力等问题也再一次证明了在父权制的韩国社会,儿媳妇对丈夫家庭的无条件服从思想已经在韩国人的心中根深蒂固了。特别是"韩国丈夫重视自己的父母和兄弟姐妹胜过自己的妻子,他们希望自己的妻子能够成为甘心为父权制家庭牺牲的'善良'的家庭成员之一"①。因此,很多选择跨国婚姻的外国妻子最终就会慢慢成为牺牲自己,放弃梦想,只为家庭付出全部精力,努力维持家庭安宁和家庭成员之间情感的贤妻良母。

很多韩国婆婆并不关心外国儿媳妇是否在韩国长期定居,她们更多的是把外国儿媳妇看作家庭传宗接代的工具而已。她们始终对外国儿媳妇持有戒备之心,因为她们坚信外国儿媳妇总会通过各种手段,包括亲人和朋友,最终选择逃离这个家庭。②崔金海指出,中国朝鲜族女性经常遭受韩国丈夫的冷漠对待,遭受公公婆婆和妯娌们的歧视,她们时常后悔自己选择了与韩国男性的婚姻生活,而且在就业方面由于遭到丈夫家庭成员的反对,自己还需要全部负责子女的养育和教育问题,因此总会表现得犹豫彷徨,甚至还会失望放弃。③此类问题的发生不仅仅是因为中国朝鲜族女性所拥有的社会资源不充分,进而导致她们在韩国的社会生活中会遇到困难,更为重要的是韩国社会还没有从家庭的经济层面对已婚女性的就业活动做出积极评价,而且对女性的劳动价值不给予正确对待和肯定。

---

① 윤형숙. 2003. "국제결혼 배우자의 갈등과 적응". 한국사회학회/한국문화인류학회 공동 심포지운자료집.
② "국제 결혼 10% 시대, 결혼생활은…". http：//www. chosun. com/national/news/200503/2005 0321034；1. html.
③ 최금해. 2005. "한국남성과 결혼한 중국 조선족 여성들의 한국에서의 적응기 생활체험과 사회복지서비스에 관한 연구". 한국가족복지학. 제 15 권. pp. 228－231.

　　韩国家庭的普遍理念是女性应把家庭和子女养育放在首位,因此女性即使有了工作,丈夫也希望妻子把家务和子女养育做好。受到这种家庭理念的普遍影响,大多数韩国女性即使参加了社会活动,也会遭受周围很多人的冷眼。他们认为女性参加社会活动主要是想满足个人在自我实现方面的需求,是自私和追求个人利益。而参加社会活动的女性总会在内心深处存有一种对丈夫、子女的歉疚感,因此她们也会努力通过容忍、尽量为家庭付出更多、自己承担一切等方式来回报家庭。然而对于在中国接受过男女平等的思想教育、经历过男女共同参加社会活动的中国朝鲜族女性来说,接受婚后就要做全职太太,一切都要以家庭和子女为中心的生活模式是一件不可理解,甚至是会带来严重精神压力的事情。大多数中国朝鲜族女性婚后仍然会选择参加工作,但是韩国社会对跨国婚姻家庭的否定态度、认为中国朝鲜族女性参加社会活动的最终目的是为了"逃离家庭"等偏见,导致很多中国朝鲜族女性参与社会生活成了一件难事。即使参加了社会活动,很多中国朝鲜族女性也只选择在服务行业、育儿机构等具有家务劳动延伸性质的场所工作,这也再一次说明了女性劳动力在韩国社会受到的不公平待遇。

　　在选择跨国婚姻的家庭中,也有一部分外国女性因不能适应韩国文化,与韩国丈夫的家庭成员关系不融洽,最终离婚。但是韩国男性却把离婚的原因归于妻子没有很好地履行妻子和母亲的责任。申英花指出,"韩国家庭会把女性在家庭中的妻子和母亲的角色看得很重,因此当丈夫认为妻子在家庭中的责任没有得到很好履行时,夫妻之间就很有可能出现矛盾和冲突,进而出现离婚问题"①。在如此把"女性形象"等同于"家庭品性"的父权制社会中,女性被迫接受着女性的本分是履行母亲—主妇—妻子责任的教育,

---

① 신영화. 2004. "한국인 남편과 조선족 아내의 부부문제". 한국가족치료학회지. 제 12 권, pp. 1–24.

她们要学会只忠实于家庭,减少对社会的参与,而且还被迫要求无条件忍受和牺牲,甚至接受在市场经济中被排挤、差别对待和压迫,变成社会上的无能力者。[①] 在父权制社会,女性的家务劳动并不被看作创造有用价值的生产劳动。女性的家务劳动不是靠社会来支付其工资,而仅仅是通过丈夫的收入得到报偿,因此女性的生活又不得不依赖于丈夫的经济收入。[②]

　　在这种情况下,选择跨国婚姻的中国朝鲜族女性就已经注定与韩国丈夫处于不平等的权力关系之中。一般地,中国朝鲜族女性是为了更好的生活而选择与韩国男性的跨国婚姻,但是在男尊女卑思想影响较深的韩国父权制社会,中国朝鲜族女性承受着巨大的精神压力。虽然受核心化和个人主义化的影响,很多现代年轻人的价值观已经从传统的家庭主义转向个人中心主义,但是到目前为止,在仍然受传统家庭主义制度影响的韩国社会,他们的变化并没有对整个社会成员的思想改变产生很大的影响。特别是在对跨国婚姻持消极和否定认识的韩国父权制社会,中国朝鲜族女性主张的男女平等思想和不屈服于男性的行为被韩国丈夫和丈夫家庭成员看作是对他们权力的一种挑战,因此韩国家庭对中国朝鲜族女性也表示不满意。

第四节　对中国朝鲜族文化的理解

一、具有双重特性的中国朝鲜族文化

　　生活在中国的朝鲜族并不是土生土长的少数民族,他们是 19 世纪中期以后从朝鲜半岛迁入我国的越境民族。当时我国的朝鲜族先辈因忍受不了朝鲜封建统治者残酷的压迫剥削和外来侵略者的暴政,忍受不了饥寒交迫

---

① 정숙경. 1989. "자본주의하에서 성억압에 대한 이론적 고찰". 고려대학교석사학위논문.
② 김은희. 1992. "한국 가부장제 결혼관계에서의 여성억압 형태". 요성여자대학교석사학위논문.

而越过鸭绿江和图们江迁徙到我国的东北各地谋生。他们迁来时,带过来的是世代相传的传统民族思想和民族风俗。因此,生活在中国的朝鲜族保留着自己传统的民族文化,但是通过与中国的其他少数民族共同参与中国的政治、经济、文化生活的发展,他们已经拥有了自己独特的少数民族文化。因此,朝鲜族文化具有不同于韩国文化的双重文化特点。金官雄指出:"'中国朝鲜族'是由'中国'和'朝鲜族'两个单词所合成的复合词,是指居住在中国的拥有中国国籍的朝鲜民族。中国朝鲜族作为中国的公民,享有中国公民应享有的所有权利。但是中国朝鲜族又曾是过境民族(或者说是移民民族),因此它还保留有自身传统的民族文化。"①生活在中国的朝鲜族已经吸收了中国的文化,拥有了中国的世界观,但是同时他们还保留着与韩国人相同的语言和生活方式,并且能够很好地协调好这两种文化而不至于使两者出现矛盾。菊圣河指出:"中国朝鲜族的双重文化特点是以重视民族感情为基础,接纳中国的世界观和价值观。而朝鲜民族的文化特点是从一百多年前的移民开始到目前的,经历了一段很长的历史过程之后而形成的,因此这样的历史过程必然会带来朝鲜族文化与韩国文化之间的差异。"②

刘明基指出,到目前为止,中国朝鲜族能够继续保持自己的民族自尊心和认同感,主要是与中国的居住政策和少数民族政策的影响分不开的。"中国的少数民族优惠政策促进了少数民族的再整合,另外过去控制公民居住地自由移动的、相对封闭的人口政策也使朝鲜族能够形成团体并在某一个地方相对安定地居住了下来。因此朝鲜族在拥有中国文化的同时,也保留了自身民族的传统文化。"③

① 김광웅. 2004. "사과배와 중국 조선족-중국조선족의 아이덴티티에 대한管见". 한국배제재학 국교류관자료집.
② 국성하. 1996. "중국 조선족의 한국문화 적응에 관한 연구". 연세대학교석사학위논문.
③ 유명기. 2002. "민족과 국민 사이에서: 한국 체류 조선족들의 정체성 인식에 관한여". 한국문화인류학회지. 제 35 권. pp. 73 – 100.

中国的朝鲜族文化虽然与传统的朝鲜民族文化有相似或相同的地方，但是已经发生了很大的变化，两者也有很大的不同。因此，韩国社会对中国的朝鲜族不能只单纯地以"相同民族"的视角来看待，而应该把他们看作具有中国文化特色的中国少数民族之一的朝鲜族，而且也有必要从历史和文化角度真正去了解和理解中国的朝鲜族文化。中国朝鲜族是维持朝鲜传统文化的中国人。而这样的视角对于真正了解中国朝鲜族女性在韩国生活中遇到的各种适应问题是有帮助的，也是非常重要的。

二、改革开放之后的中国朝鲜族女性的思想意识变化

改革开放给中国带来了翻天覆地的变化。受改革开放的影响，长在中国、生活在中国的朝鲜族的思想也发生了很大的变化。

1945 年抗日战争胜利之前，中国朝鲜族女性在"三从四德""男尊女卑"等家庭伦理道德观念的束缚下，只有"三从四德"的义务，却没有参加社会活动的权利和社会地位。换句话说，她们受以男性为中心的父权制思想的影响，形成了一定要做贤妻良母、相夫教子的思想。

从 20 世纪初开始，中国朝鲜族女性开展了反日文化启蒙运动，反对早婚和父母包办婚姻，提倡妇女解放、男女平等，并逐渐废除了丈夫任意遗弃妻子、妇女不准改嫁、男女不同席、女子不能随意外出等陋习，妇女可以自由参加社会活动。1930 年 5 月，中共满洲省委提出了"反对一切旧礼教""反对封建家庭的束缚和压迫，争取农村妇女的社会经济政治工作地位的平等，农村妇女都要加入农民协会""反对早婚、强制婚姻、买卖婚姻""争取结婚和离婚的绝对自由""反对多妻制"等口号。从此，中国朝鲜族女性在党的领导下，为争取自由、平等和解放做出了积极的努力。特别是抗日战争期间，成千上万的中国朝鲜族女性与男性一同投身革命洪流之中，并且勇敢地献出了自己宝贵的生命。抗战胜利后，中国朝鲜族女性又与其他民族妇女一起组建了妇女联盟、妇女会等组织,为建设和平、民主的家庭而活跃在政治、经济和文化舞台上。

从 1945 年抗日战争胜利一直到"文化大革命"的几十年期间,中国政府把女性解放作为重要的议题提到日程上来,并且通过法律文件规定了女性在政治、经济、文化等所有领域享有同男性平等的权利,并且为支持女性解放和男女平等做了大量的政策宣传工作。由此,中国女性的思想观念开始发生巨大的变化,女性的社会活动参与率有了大幅度的提高。[1] 之后的改革开放使中国朝鲜族女性开始从更高层次上探索真正意义的解放和女性的真正价值,并且为实现社会需求和女性自身需求相结合的自我价值而努力。

吴尚顺指出,自改革开放以来,中国朝鲜族女性的商业意识、婚姻意识、性意识和审美意识等都发生了很大的变化。产业结构的合理调整、从业更具灵活性等特点使社会上的个体经营业者不断增多,在人口向大城市、海外流动高涨的社会发展潮流中,很多中国朝鲜族女性选择了下海经商,甚至有一些中国朝鲜族女性利用地势、民族和语言的优势选择了出境挣钱之路。她们的这一大胆举动不仅为家庭带来了较高的经济收入,而且为中国朝鲜族地区的经济发展起到了推动作用。中国朝鲜族女性的社会参与大大提高了她们在社会上的地位,她们开始掌握家庭的经济大权,对婚姻的认识也发生了变化。但是受传统思想影响,中国朝鲜族家庭的婚姻价值观仍然存在着矛盾。一方面随着社会的发展和受外来文化的影响,很多朝鲜族家庭渐渐地开始接受开放自由的近代结婚观,但是另一方面,由于受传统的父权制思想影响较深,很多家庭仍然用传统的民族文化和思想约束和控制年轻一代人的婚姻和道德行为。

---

[1] 오상순. 2000. "개혁개방과 중국 조선족 여성들의 의식변화". 민족과 문화. 제 9 권. pp. 81 – 117.

另外,20 世纪 50 年代以前出生的父母更多地具有这样的双重婚姻标准。年轻一代的中国朝鲜族青年却持有不同的婚姻观。因此,在婚姻问题上中国朝鲜族父母和子女不可避免地存在意见上的分歧。出生在中国、长在中国的年轻一代朝鲜族青年与其他民族一样接受了中国的学校教育,且与多个民族青年生活和工作在一起,因此对于朝鲜族青年来讲,中国就是自己的祖国,中国的文化就是自己祖国的文化,他们已经习惯和接受了中国的诸多文化。在 56 个民族紧密团结在一起、相互依存性较高的中国社会的现实生活中,对于任何一个民族来说,不懂得中国文化、不懂得中国人的习俗和中国话就不能说是真正的中国人,也会在生活中遇到大小不同的困难。为了高考、就业、自身发展,很多中国朝鲜族家庭选择送自己的孩子在汉族学校接受教育,因此很多朝鲜族年轻人早早被汉化,他们甚至不了解自己的民族文化,不会说自己的民族语言。

据《2010 年第六次全国人口普查主要数据公报》,中国朝鲜族总人口占全国总人口的 0.13%,朝鲜族人口 10 年内减少 10 万。在朝鲜族人口不断减少的现实情况下,在全国各地学习、生活的朝鲜族青年想遵从父母的意愿,寻找如意的同民族异性结成姻缘并不是一件容易的事情。到了适婚年龄而没有找到合适的同民族异性的情况下,中国朝鲜族青年选择与其他民族的异性结婚的可能性就会非常大。

李复顺的研究也提出,"朝鲜族家庭过分强调女性对家庭的牺牲和奉献的教育方式,最后会导致很多年轻女性选择放弃婚姻。当年轻的朝鲜族女性从小看到母亲为家庭、为子女含辛茹苦地生活时,她们就会下决心一定不会重复母亲那样的生活。因此,她们更多地选择参加社会活动,获得经济上的独立和自由"①。另外,中国朝鲜族家庭中离婚案件也出现不断增长的趋

---

① 이복순. 1999. "가정내에서의 조선족 여성생활의 현황과 전망". 중국·조선·한국의 동포여성들의 삶학술회의자료집.

势,而其原因也可以从家庭中男性的父权制态度、男性的婚外恋、女性的经济地位上升、女性对婚姻要求的提高,以及物质主义、享乐主义意识的影响等因素中寻找。特别是在追求拜金主义、享乐主义变得越来越赤裸裸的现代社会,也出现了很多中国朝鲜族女性被金钱诱惑,进行不正当的金钱交易,导致家庭破裂的问题。据调查,2000年延边地区的朝鲜族人口比例为38%,而离婚率却占46.9%。并且从2001年到2005年之间,离婚率不断上升。[①] 而人口迁移也是导致夫妻分离家庭增加的原因之一。

1992年的中韩建交为中国朝鲜族女性打开了去国外生活的大门。据调查,在中国朝鲜族192万人口中,有50万人移居东北以外的沿海城市和大城市,60万人居住在国外,其中与外国人结婚的女性已超过7万人。[②]金淑子、吴尚顺、洪基慧等学者在研究中提出,很多中国朝鲜族女性选择中韩跨国婚姻主要是为了解决经济方面的问题。洪基慧指出,"中国的改革开放打破了旧日的'大锅饭'时代,取消了对公民提供的无偿教育、住房和医疗等的社会保障",因此许多经济出现危机的中国朝鲜族女性为了生存,为了维系家庭就自然选择了"韩国行"。但是,她的研究也指出,韩国社会确实也存在着对跨国婚姻持否定态度、主张跨国婚姻就是伪装婚姻的社会偏见。[③]

新时期的中国朝鲜族女性追求在事业、家庭和自我实现方面都能取得成功。目前有很多中国朝鲜族女大学生坚信自己既能成为生活中的贤妻良母,也能成为事业上的女强人。同20世纪五六十年代的中年女性在家庭与事业中首先考虑的是家庭,并且以成为家庭中的贤妻良母为主要特点相比,现代女性则更多地把实现自我放在首位。她们更多地希望从社会上得到对

---

①② 《中国朝鲜族人口迁移的研究》,世界人口网,http://www.renkou.org.cn/countries/zhong-guo/2015/2368.html。

③ 홍기혜. 2000. "중국 조선족 여성과 한국 남성간의 결혼을 통해 본 이주의 성별정치학". 이화여자대학교석사학위논문.

自身价值的肯定和认可,她们希望自己是主动的、开放的、独立的和有能力的个体,并且把这些作为主要的生活目标,为此她们也积极地参与到社会活动中,为实现自我而不断努力。

与过去相比,现代的中国朝鲜族女性不论是在家庭,还是在工作方面都有了很大的变化。但是由于历史、文化等方面的原因,中国朝鲜族女性在社会上、家庭中和自我实现方面仍然存在着较为严重的相互冲突和利害关系问题。特别是在目前还维持着以男性为中心的父权制思想的中国朝鲜族聚居区,中国朝鲜族女性的社会地位仍然得不到社会和家庭的肯定。很多女性仍然肩负着兼顾事业和家庭的重任。尽管如此,我们不可否认的一个事实是朝鲜族是中国的少数民族之一,他们与中国的其他民族一起风雨同舟,共同创造了中国,并且通过不懈的努力,中国朝鲜族女性的地位不断提高,女性在实现自我价值方面也取得了巨大的成就。而在这个发展过程中,中国这个大环境提供给朝鲜族的支持和从法律方面提供的各种权利保障,以及优惠的民族政策,都是与韩国女性的生活环境以及生活经历不同的,因此我们在讨论中国朝鲜族和韩国人的时候,有必要对"同一民族""同一血统"等概念进行界定,以免出现混淆概念、理解错误的问题。

第五节　跨国婚姻相关国内外研究现状

一、国外研究现状

首尔市 2014 年 4 月 25 日数据显示,2013 年首尔市登记结婚对数为13.862 万对,其中跨国婚姻占到 4%。也就是说,每 25 对新婚夫妇中就有一对是跨国婚姻夫妇。其中女方为外国人的新婚夫妇为 3223 对,占到 58%;男方为外国人的为 2336 对,占到 42%。外国人新娘中,中国新娘最多,为

1278 名,占比 39.7%。其次是越南(610 名,18.9%)、日本(281 名,8.7%)、美国(264 名,8.2%)、菲律宾(187 名,5.8%)等。[①] 而在 2005 年嫁到韩国的三万多名外籍新娘中,中国新娘就占到了 66.2%。[②] 韩国法务部 2008 年的统计数据显示,在韩国的跨国婚姻中,中国朝鲜族女性所占的比例是 38.6%,占据首位。[③] 之后韩国的跨国婚姻数量虽然有所下降,但是 2016 年的统计显示,与韩国男性结婚的外国女性中,中国女性的比例为 27.9%,中国女性仍然居其他外国女性之首。[④] 2018 年的统计显示,2018 年韩国的跨国婚姻达到 22698 件,跨国婚姻增长率为 8.9%,是 2005 年以后的最高增长率。[⑤] 韩国跨国婚姻家庭的不断增多,必然会对韩国的家庭结构、女性相关政策和制度的制定和改善,以及女性的社会工作服务等方面带来较大的影响。特别是保留有传统民族文化,且在跨国婚姻总人口中占比最大的中国朝鲜族女性的跨国婚姻,必然会对韩国家庭对中国朝鲜族及朝鲜族文化的重新认识、文化冲突的解决方法等方面产生影响。因此有必要对中韩跨国婚姻中中国朝鲜族女性在韩生活现状以及文化适应进行深入研究。

从 2000 年开始,韩国学术界就开始对韩国男性与外国女性之间的跨国婚姻进行研究。金正民做了韩日跨国婚姻家庭中所使用的"称呼"相关研究。[⑥]

① 南若然:《韩国首尔市跨国档夫妻中国新娘最多 占比近四成》,中国新闻网,http://life.chinanews.com/hr/2014/04-26/6108906.shtml.

② 全信子:《关于朝鲜族女性涉外婚姻基本模式的探讨:以嫁到韩国的朝鲜族女性为个案研究》,《东疆学刊》,2007 年第 4 期。

③ 박성석외. 2009. 가족복지론. 양서원출판사. p.295.

④ 이태규. "국제결혼, 韩中커플이 가장 많다". 서울경제. https://www.sedaily.com/NewsView/1L3ZQDL1XC.

⑤ 이성규. "작년 혼인 건수 1000 명당 5 건…통계 작성 후 '최저'". 국민일보. http://news.kmib.co.kr/article/view.asp? arcid=0924068423&code=11151100&cp=nv.

⑥ 김정민. 2002. "한·일 국제결혼 가정에서 사용되는 '호칭'에 관한 연구". 중앙대학교석사학위논문.

尼亚道士友基①、李圭三②、李贤玉③、仁凤淑④等做了韩日跨国婚姻家庭的生活适应中存在的矛盾、问题和夫妻生活满意度等相关内容研究。安贤贞⑤、尹亨淑⑥主要就与韩国男性结婚的菲律宾女性的生活满意度进行了研究,在研究中研究者通过批判韩国父权制的家庭秩序,提出了心理咨询机构及地方自治团体等有必要为菲律宾女性提供适应韩国社会的相关支援,韩国社会有必要为外国移民者开展文化及社会适应相关教育,国家有必要修订并完善国籍法等相关法律等方面的对策和建议。尹妍淑⑦、林敬慧⑧、郑英德⑨等以跨国婚姻家庭为主题,对跨国婚姻家庭中的文化适应困难、生活满意度以及增进夫妻关系项目的有效性等内容进行了研究。有关与韩国男性结婚的中国朝鲜族女性的研究也从 1999 年开始每年都有增长,但是针对中国朝鲜族女性在韩国生活中遇到的困难是什么、她们有何生活需求、如何从社会工作实践方面为她们提供具体的、有效的社会工作服务等的相关研究还不是很多。

　　到目前为止,有关中韩跨国婚姻的研究主要集中在夫妻之间的矛盾以及婚姻生活现状方面。因此先前的研究更多关注的是中国朝鲜族女性在生

---

　　① ［日］Niiya Toshiyuki. 2000. "한국으로 '시집온' 일본인 부인-생애사 연구를 중심으로". 서울대학교석사학위논문.

　　② 이규삼. 2000. "국제결혼 가정의 부부갈등 요인에 관한 연구". 순천향대학교석사학위논문.

　　③ 이현옥. 2004. "한국인 남성과 결혼한 일본인여성의 social support：부여, 청양, 공주 지역을 중심으로". 건양대학교석사학위논문.

　　④ 인봉숙. 2002. "한일 국제결혼가정 2 세의 한국생활 적응실태 조사연구：천안시 거주 통일교인가정 중심으로". 동국대학교석사학위논문.

　　⑤ 안현정. 2003. "국제결혼부부의 결혼만족도에 관한 연구：한국남성과 필리핀여성 부부를 중심으로". 초당대학교석사학위논문.

　　⑥ 윤형숙. 2003. "국제결혼 배우자의 갈등과 적응". 한국사회학회/한국문화인류학회 공동 심포지움자료집.

　　⑦ 윤연숙. 2003. "부부관계 향상프로그램이 부부의사소통과 결혼만족에 미치는 효과：국제결혼가정을 중심으로". 선문대학교석사학위논문.

　　⑧ 임경혜. 2004. "국제결혼 사례별로 나타난 가족문제에 따른 사회복지적 대책에 관한 연구". 대구대학교석사학위논문.

　　⑨ 정영덕. 2004. "국제결혼한 외국인 여성들의 삶의 만족도 연구". 한일장신대학교석사학위논문.

活中遇到的困难,而不是她们在韩国的生活经验本身。金淑子、姜有贞通过对法院实际判例中有关婚姻的成立和婚姻效力,父母与子女关系、亲戚关系、继承关系等中韩两国涉外婚姻①相关法律(民法、户籍法、涉外司法等)存在的差异的研究,提出有必要通过改善家庭法的方式提高家庭福利。学者们在研究中也提出,因为家庭生活关系方面主要是中国朝鲜族女性与公公婆婆的矛盾关系(42.8%),婚姻生活方面主要是"生活习惯,语言障碍等文化差异(29.9%)",很多中国朝鲜族女性会出现生活适应方面的问题。② 姜有贞通过研究与韩国男性结婚的中国朝鲜族女性在韩国的婚姻生活中存在的问题,提出可以通过文化适应相关教育活动帮助中国朝鲜族女性更好地适应韩国的家庭和韩国社会。③

姜海顺主要就中国朝鲜族女性的生活现状做了定量研究。④ 她的研究缺少对中国朝鲜族女性真实生活经历的具体而深入的分析,也无法很好地理解中国朝鲜族女性的生活适应过程,因此存在一定的局限性。洪基慧则使用问卷调查和访谈法对跨国婚姻家庭中中国朝鲜族女性的婚姻生活经验过程进行了研究,因此她的研究对于我们理解中国朝鲜族女性的适应困难和问题,以及她们的生活需求提供了一些帮助。但是该研究主要从女权主义观点出发,仅仅对夫妻之间存在的矛盾进行研究,而且此研究过分强调了父权制背景下中国朝鲜族女性生活环境的恶劣、她们表现出来的生活无力感,以及因不明确的出国目的而引发的各种问题等内容,因此她的研究仍然

---

① 中国朝鲜族称跨国婚姻为涉外婚姻。目前,涉外婚姻一词主要指在中国朝鲜族地区,中国朝鲜族女性与韩国男性之间的婚姻。
② 김숙자, 강유진. 1999. "한·중 섭외혼인실태와 그 가족의 복지: 한국남성과 중국 조선족 여성과의 섭외혼인실태와 그 가족의 복지를 중심으로". 여성가족생활연구. 제 4 권. pp. 61 – 109.
③ 강유진. 1999. "한국 남성과 결혼한 중국 조선족 여성의 결혼생활 실태에 관한 연구". 한국가족관계학회지. 제 4 권. pp. 62 – 80.
④ 강해순. 1999. "중·한 섭외혼인 생활의 실태와 전망". 가족생활연구학회. 제 4 권. pp. 41 – 59.

存在一定的局限性。① 也就是说,很多学者的研究并没有很好地探索即使存在生活适应方面的问题,中国朝鲜族女性仍然维持婚姻生活的事实背后到底存在什么样的支持体系,它的影响是什么,中国朝鲜族女性的压力应对技巧和方法又是什么,她们有何社会工作服务需求等方面的问题,因此有必要对这方面进行进一步的调查和深入研究。

申英花通过心理咨询案例分析,指出韩国丈夫和中国朝鲜族妻子之间存在着相互之间的不信任、中国朝鲜族妻子的孤立和可利用资源的不足、家务分工不平等、体制差异引起的认识上的不同、家庭暴力等方面的问题,并且提出在进行家庭治疗介入时,有必要考虑向中韩跨国婚姻家庭提供以下服务:帮助夫妻很好地表达自己的感情、通过家计图和生态图理解家庭系统、焦点放在问题的解决和今后的目标上,促进夫妻能够拥有相互改变的动机等。② 另外,李贤贞的研究指出,"由于经济和文化方面的原因,朝鲜族会选择在韩国就业,但是朝鲜族在韩国遭受低工资待遇,韩国人对朝鲜族存在歧视和偏见,因此中国朝鲜族原有的认为其与韩国人是'同一民族'的想法会渐渐消失,他们开始对种族性进行重新构建"③。

由于被社会边缘化,多文化家庭中的子女也常常出现社交恐惧、孤立自我的行为表现。多文化家庭中的子女不仅存在着与同龄群体、老师交流方面的问题,而且还因周围人对他们是多文化家庭而表现出的过度关心而承受更多负担。

除了跨国婚姻,也有不少有关滞留在韩国的中国朝鲜族的韩国生活适应的研究。其中薛东勳指出,"韩国人把朝鲜族视为外国劳动者的事实本身

---

① 홍기혜. 2000. "중국 조선족 여성과 한국 남성간의 결혼을 통해 본 이주의 성별정치학". 이화여대학교석사학위논문.

② 신영화. 2002. "한국인 남편과 조선족 아내의 부부문제". 한국가족치료학회지. 제12권. pp. 1-24.

③ 이현정. 2000. "'한국취업'과 중국 조선족의 사회문화적 변화: 민족지적 연구". 서울대학교석사학위논문.

就是一种差别,在韩国,中国朝鲜族并不能被韩国人接纳为同胞,而且被低人一等对待的现实使朝鲜族对韩国社会充满了不满"①。李贤贞提出在韩的朝鲜族劳动者构建种族认同感,并主张种族认同感与中国的政治学有着密切关系,②卢谷荟也指出"在韩朝鲜族劳动者对生活表现积极,但是他们因在韩国的生活中亲身体验了中韩文化上的差异,就开始构建并维持自己的群体"③。

二、国内研究现状

自 20 世纪 80 年代初期以来,中国跨国婚姻的登记数量逐年增多。1982 年,中国跨国婚姻登记数为 14193 对,1990 年为 23700 多对,而到了 1997 年已达到 50773 对,涉及 53 个国家和地区。④ 2010 年上半年,江苏省涉外婚姻登记服务中心"外男苏女"登记结婚的有 684 对,占婚姻登记总数的 88%,"外女苏男"登记结婚的有 85 对,占 11%。据估计,中国的跨国婚姻占全体婚姻的 5%,也就是说每年约有四十多万外国人和中国青年男女结缘。⑤ 另外,在跨国婚姻中,前些年外国人国籍以美国、加拿大、澳大利亚居多,近年则以东亚居多,东亚地区又以日本和韩国居多。2006 年中日跨国婚姻达到 13215 件,日本男性的中日跨国婚姻已高达 12131 件。⑥ 西安大略大学的教授丹尼尔·贝朗格(Daniele Belanger)表示,大约有 5% 到 6% 的日本人娶外

---

① 설동훈. "'우리' 라는 이름의 배타주의". 자유게시판, http://www. mongolschool. com/commonbbs/bbs/content. asp? seq = 1260&page = 183&bbstype = MSFB.

② 이현정. 2001. "조선족의 종족 정체성 형성 과정에 관한 연구". 비교문화연구학회. 제 7 권. pp. 63 – 105.

③ 노고운. 2001. "기대와 현실 사이에서 : 한국 내 조선족 노동자의 삶과 적응전략". 서울대학교석사학위논문.

④《中国女孩:外国男人跨国婚姻首选》,新浪网,https://eladies. sina. com. cn/2003 – 12 – 09/83806. html.

⑤ 项凤华:《越来越多的"洋妞"愿嫁江苏小伙子》,现代快报,http://news. sina. com. cn/c/2010 – 10 – 18/023418244815s. shtml。

⑥ 师艳荣:《中日跨国婚姻问题分析》,《理论与现代化》,2009 年第 4 期。

国人为妻,近年来比例一直保持稳定。相比之下,近年来外籍妻子的比例在韩国增长迅速。据统计,2009年外国妻子在韩国的比例是8%。除了外派工作人员,外来妻子是这几个地方最大的移民群体。①

另据韩国行政安全部的统计数据,到2008年为止,嫁到韩国的中国女性(包括朝鲜族和汉族)总计为89456人,约占跨国婚姻家庭中外国女性总数的61.9%,占据首位。其次是越南(21150人,14.6%)、菲律宾(7826人,5.4%)、日本(6464人,4.5%)等。中国女性的跨国婚姻比例呈现出不断增长的趋势,且中国跨国婚姻的90%都是中国女性外嫁到他国。②

在中国,跨国婚姻经历了两个典型的时期。第一个时期是20世纪八九十年代。随着改革开放,一部分人"崇洋媚外",想出国留学或在国外定居的心态较重,因此当时的跨国婚姻带有较强的盲目性和功利性。比如,从延边地区朝鲜族跨国婚姻女性的职业来看,有固定职业的仅占7%,其余的是农民、无职业者、打工者以及个体户;学历方面也以中学和高中毕业居多。换句话说,跨国婚姻的中国女性的社会经济地位较低,没有多少利于出国的个人资源。

第二个时期是在21世纪。这个时期的跨国婚姻基本上是以男女双方具有一定的感情为基础,婚姻双方对婚姻的态度均表现得更加理智和冷静。婚姻双方的年龄也由过去的相差悬殊转变为相差较小。婚姻类型由过去的以"中国女性"嫁给"外国男性"为主向"中国男性"迎娶"外国女性"居多转变,且此比例也出现不断上升趋势。据统计,此比例约为跨国婚姻的四分之一左右。另外,有学历、有社会地位的精英阶层、再婚女性日益成为跨国婚姻的主力军。

---

① 王雨檬:《跨国婚姻 距离幸福有多远》,http://blog.sina.com.cn/s/blog_6a2cabd30100kth3.html。

② 박성석외. 2009. 가족복지론. 양서원출판사. p.295.

但是在跨国婚姻不断增加的同时,近年来跨国婚姻家庭的离婚率也有不断上升的趋势,甚至有的时候离婚率增长的速度已超过结婚的增长速度。有资料显示,加拿大人和中国人结为夫妻的跨国婚姻家庭离婚率为60%。1997年,日本丈夫和中国妻子的离婚率占结婚总人数的30%,日本妻子和中国丈夫离婚的占结婚总人数的35%。1990年到1995年跨国婚姻家庭的结婚对数增长2.4倍,而其离婚对数则增长2.8倍。1990年离婚与结婚之比为20%,而到了1995年则上升到26%。① 2012年济南市的涉外婚姻离婚率为17%,而2010年此比例为10%。② 2019年苏州电视台曾经报道过苏州2018年涉外婚姻总人数为300对,而2018年苏州600多对离婚总人数中,涉外婚姻离婚率已达到三成,涉外婚姻离婚率出现上升趋势。③ 东亚地区多文化社会的形成已成为必然趋势,东亚地区的国家有必要为跨国婚姻家庭、外国劳动者及这些家庭的子女提供教育和社会服务,促进他们更好地适应异国文化。

国内多文化家庭相关研究并不是很多。现有的一些研究也只是对多文化的某些方面做了介绍。如全信子针对中国朝鲜族女性的涉外婚姻动机、婚姻现状及相关模式做了研究。④ 她认为中韩间盛行的涉外婚姻具有"交换"或互惠的性质。对于韩国男性来说:其一,可以用低费用娶来传宗接代的人;其二,相互间的民族文化的认同感可以降低"交易"的成本。而对中国朝鲜族女性来说,高收入和不花费用的"后关联效应"都促成了"资源"交换

---

① 《非洲女不愿嫁本地人争抢嫁给中国男 你愿娶吗》,凤凰网综合,http://fashion.ifeng.com/e-motion/topic/detail_2012_03/13/13154613_0.shtml。

② 李欢:《济南涉外婚姻离婚率超15% 嫁洋老公没那么美》,都市女报,http://news.e23.cn/content/2012-12-16/2012C1600263.html。

③ 《涉外婚姻离婚率增高 分居两地成头号"杀手"?》,苏州网络电视台,http://www.csztv.com/doc/2019/02/20/405403.shtml。

④ 全信子:《关于朝鲜族女性涉外婚姻基本模式的探讨:以嫁到韩国的朝鲜族女性为个案研究》,《东疆学刊》,2007年第4期。

婚姻的迅速缔结。她还提出交换婚姻并不是建立在等价的基础之上的,因此不可避免地会出现男女不平等关系。王晖等①、罗柳宁②"提出由于缺乏有效的婚姻相关法律、制度的保障,同中国男性结婚的越南女性成为'无国籍女人',并且时常面临被驱逐出境的危险,使家庭丧失了社会安全保障,也使她们无法享受中国现行的任何社会保障待遇,进而与中国家庭形成了事实上的不平等,经济上处于贫困状态"。胡晓等则提出民族旅游中,跨文化传播的冲突会对和谐社会的建构造成负面的影响,因此提高旅游者的跨文化适应与自控能力,增强主客体跨文化传播的能力,提高导游群体的跨文化传播素质是跨文化有效传播不可缺少的因素。③

　　另外,也有一些学者对在北京市的韩国人做了研究,如田艳根据近年来"韩人社会"在中国呈现的族群与文化认同的构成及其文化嵌入的主动性特征提出了"文化聚合"与"文化推进"观点。④ 马晓燕对移民社区的多元化冲突与和谐问题进行了研究。⑤ 郑信哲与张丽娜通过对韩国人与汉族之间的关系研究,提出由于韩国人与汉族之间联系不多、交往不深、相互理解不够,因而产生诸多成见或偏见,因此建议有必要对韩国人居住地继续进行深入研究,相关政府或部门采取多种形式,重视构建不同民族、不同文化互相沟通的平台,加强多元文化教育。⑥ 张丽娜等对多民族、多国籍的城市社区做

---

　　① 王晖、黄家信:《无国籍女人:在传统与现代之间徘徊的族群》,《百色学院学报》,2007 年第 20 期。

　　② 罗柳宁:《例论中越边境跨国婚姻建立的基础——兼论"无国籍女人"的身份》,《广西民族研究》,2010 年第 1 期。

　　③ 胡晓、王飞霞:《民族旅游中跨文化传播与和谐社会建构》,《中南民族大学学报》(人文社会科学版),2010 年第 4 期。

　　④ 田艳:《文化聚合与文化推进——来京韩人组织与文化的人类学解读》,中央民族大学,2008 年博士研究生毕业论文。

　　⑤ 马晓燕:《移民社区的多元文化冲突与和谐——北京市望京"韩国城"研究》,《中国农业大学学报》,2008 年第 4 期。

　　⑥ 郑信哲、张丽娜:《略论北京望京地区韩国人与当地汉族居民的关系》,《当代韩国》,2008 年第 3 期。

了研究。[①]

在中越边境的跨国婚姻中,由于涉及跨国因素,手续非常复杂,即使是有些专业人士都不能全面掌握相关的法律法规,因此在这种情况下,在身处偏远边境山区且文化水平低的边民中,法律意识不强、法律知识有限、不知道婚姻登记和入籍手续该如何办理的人更多。另外,在跨国婚姻问题上,中国和越南两国法制上存在着不协调,比如,跨国婚姻在中国登记时,中方要求越南妇女提供"越南边境县(市、区)政府机关出具的,经公证机关公证的婚姻状况说明"和"同意与中国边民结婚的证明",但是由于越南政府不希望越南妇女大量嫁到中国,因此越南妇女无法从越南政府方面得到相关证明。[②] 根据我国的法律法规,越南妇女虽然"嫁入"中国,但是却得不到作为一名合法的中国"妻子"的资格,更无法加入中国国籍,无法办理户籍手续。

从相关的法律规定可知,中越边民跨国婚姻中的越南妇女可以通过两种途径加入中国国籍:一是作为"中国人的近亲属",二是"定居在中国"。但是,目前我国还没有出台这方面的具体规定和申请程序,还缺乏实践的操作性。在南宁市如果选择"定居在中国"来申请入籍,需要在取得永久居留证三年以后才有资格申请,而要取得永久居留证资格首先必须有婚姻关系存续满五年,在中国连续居留满五年的前提条件。这样的话,要取得中国国籍,至少要结婚八年以上。[③] 而根据越南的政策,如果个人没有办理任何手续而离开本国,三个月后本人的户籍将自动注销。因此,这些越南妇女便成了游离于社会和法制之外的群体,成了"无国籍女人",从而带来了一系列的

---

① 张丽娜、朴盛镇、郑信哲:《多民族、多国籍的城市社区研究——以北京市望京地区为主线》,《大连民族学院学报》,2009 年第 2 期。

② 李娟、龙曜:《中越边境跨国婚姻的法律探析》,《广西政法管理干部学院学报》,2007 年第 1 期。

③ 罗柳宁:《例论中越边境跨国婚姻建立的基础——兼论"无国籍女人"的身份》,《广西民族研究》,2010 年第 1 期。

社会问题。①

　　覃晚萍指出,中越边境存在的大量的跨国事实婚姻会带来比较严重的后果。② 具体有以下三个方面的问题:一是中方边民婚姻家庭的稳定性受到影响,从而影响到我国边境的稳定;二是妇女儿童的合法权益缺乏保障;三是影响我国法律的权威,易造成更多的违法犯罪行为。因此,建议我国政府有关部门运用法律手段进一步规范此类婚姻,并有条件地承认现有的跨国事实婚姻。

　　以上研究虽然对跨国婚姻家庭中的女性在生活适应方面存在的问题和困难给予了一定的关注,但是对中国朝鲜族女性在跨国婚姻生活适应过程中存在的问题、跨国婚姻家庭中中国朝鲜族女性的适应类型,以及解决问题的方法等都缺乏深入的分析和解释。因此在本研究中,从社会学和社会工作角度分析多种多样的选择中韩跨国婚姻的中国朝鲜族女性的韩国生活适应类型,特别是通过探索她们在韩国适应过程中的主要经历,中国朝鲜族女性对于这些经历的主观解释,达到进一步深入理解随着全球化不断增加的中韩跨国婚姻家庭的生活现状,为作为中国少数民族之一的朝鲜族群体提供更为有效的社会工作服务,促使在韩中国朝鲜族女性能够作为有权利和义务的社会一员在韩国很好地生活下去都是非常重要的。中国朝鲜族女性的跨国婚姻,不仅仅是她个人的问题,而且关乎韩国家庭结构的构建和发展,对于进一步促进中韩两国的友好往来,促进两国之间的合作都是非常重要的。

---

　　① 蒋德翠:《中越边界跨国婚姻之法律探析》,《人民论坛》,2012 年第 20 期。
　　② 覃晚萍:《对中越跨国婚姻的法社会学思考》,《云南大学学报》(法学版),2012 年第 25 期。

第六节 韩国多文化家庭生育及养育支援政策

据统计,韩国的跨国婚姻人数已由 2006 年的 9.3 万多人增加到 2008 年的 14.4 万多人,多文化家庭的子女规模也已达到 10.5 万多名。[①] 随着外国人总数已超过 100 万,韩国社会也由强调单一民族文化的社会逐渐转变成为多文化社会。而韩国 20 世纪 90 年代末期实施的"农村未婚男子娶妻"政策对韩国向多文化社会的转变起了决定性的作用。预计跨国婚姻移民者人数将由 2009 年的 16.7 万人增加到 2020 年的 35 万人。[②] 而多文化家庭的增加必然会影响相关政策的制定。

2006 年韩国政府发布了《女性结婚移民者家庭的社会整合支援对策》和《外国人政策基本方向及推进体系》,同年韩国教育人力资源部推行了《多文化家庭教育支援对策》,紧接着 2008 年韩国政府制定了《多文化家庭支援法》,为多文化家庭支援提供了法律上的依据和保障。但是到目前为止,韩国的多文化家庭政策仍然存在一些不足,比如缺乏如何增强外国女性市民权利的相关内容,缺乏考虑全方位的多文化家庭政策,缺乏考虑外国移民者个人因素的社会整合政策等。[③] 有研究表明,多文化家庭女性在不是很了解国外生育及养育、相关医疗政策及服务的环境下,在结婚后的一年内马上怀孕的概率较高,因此怀孕给个人和家庭带来了不同程度的影响。[④] 特别是对于主要承担生育和养育责任的女性来说,生养育权利的有无、国家是否提供

---

① 박성석외. 2009. 가족복지론. 양서원출판사. p. 295.
② 설동훈외. 2009. "다문화가족의 중장기 전망 및 대책 연구: 다문화가족의 장래인구추계 및 사회·경제적 효과분석을 중 심으로". 보건복지가족부. p. 40.
③ 김유경. 2010. "다문화가족의 복지욕구와 정책과제-교육, 지원서비스 및 사회참여욕구를 중심으로-". 복건복지포럼. 제 165 권. pp. 58 – 73.
④ 김혜련외. 2009. "국제결혼 이주여성의 생식건강 실태와 정책과제". 한국보건사회연구원. pp. 17 – 28.

养育相关支援不仅直接影响女性在家庭和社会上的地位,而且还会影响女性是否再生育的问题,而这又直接影响一个国家出生性别比的均衡问题。因此,本节主要是想从女性主义视角分析韩国跨国婚姻家庭的生育及养育相关政策,并试图探讨改善跨国婚姻家庭相关政策的方案。

一、韩国多文化家庭生育及养育相关支援政策内容

韩国最初的移民政策相关法律可追溯到 1963 年制定的《出入境管理法》,之后随着 1993 年产业进修生等外籍劳动者正式流入韩国,韩国于 2002 年出台了永驻资格制度。2000 年结婚移民者开始大量流入韩国,于是韩国于 2006 年成立了外国人政策委员会,2007 年制定了《在韩外国人待遇基本法》,2008 年制定了《多文化家庭支援法》,这样对外国人的社会整合政策就相继成立了。① 其中 2008 年制定的《多文化家庭支援法》为多文化家庭的生育及养育支援提供了法律依据。此法第九条规定:"在医疗及健康管理支援方面,国家和地方自治团体应为结婚移民者等提供营养、健康方面的教育,产前、产后服务及体检等医疗服务,以便结婚移民者等能够健康生活,另外为接受此服务的结婚移民女性提供外语翻译服务。"第十条规定:"对于多文化家庭的儿童:①国家和地方自治团体实施无差别的保育及教育服务,②提供课内或课外教育活动的支援服务,③为学龄前儿童提供韩语教育志愿服务。"第十二条规定:"女性家庭部长官可指定多文化家庭支援中心,多文化家庭支援中心应为多文化家庭提供教育、心理咨询、信息提供、宣传、服务中介等服务。"②

《低生育、高龄化基本法》第八条规定:"国家和地方自治团体应为养育

---

① 차영호. 2008. "이민자의 사회통합 정책방향". 한국이민학회학술대회.

② 다문화지원법. 2011. http://www.moleg.go.kr.

子女的女性提供可兼顾家庭和工作的生活环境。"第九条规定:"为增进孕产妇、胎儿及婴幼儿的保健,尊重胎儿的生命,国家和地方自治团体建立并实施相关细则,规定实施有关生养育的社会性意义,生命的尊严性以及家庭成员合作重要性的相关教育。"①

《母子保健法》以保护女性和婴幼儿的生命,保证健康婴幼儿的出生和养育,促进国民保健的向上发展为目的,规定"国家和地方自治团体应建立并运营母子保健机构",采取措施对孕产妇产前、产后进行管理,应增强婴幼儿健康管理与预防接种,女性的生殖健康管理与健康增进项目开发等相关事项,另外此法还明确规定发行母子保健手册,建立并管理早产婴儿登记卡,为了维持并增进婴幼儿的健康,设置必要的母乳喂养设施等相关内容。②

《国民基础生活基本法》明确规定为生育女性提供分娩补助,为早产及分娩前后的女性提供必要的保护;还规定为这些家庭的子女提供教育补助,包括学费、学习用品费及其他费用。③

《在韩外国人待遇基本法》第十二条也对结婚移民者及其子女待遇做了相关规定,其中包括对结婚移民者进行韩语教育、韩国的制度及文化教育,另外通过对结婚移民者子女提供保育及教育、医疗服务支援,促进结婚移民者及其子女迅速适应韩国社会。④

二、女性主义视角下对韩国跨国婚姻家庭的生育及养育支援政策的评价

1995 年在北京召开的第四次世界女性大会提出女性对于获得身体上、精神上的健康有着至高无上的权利。其行动方针中的一点就是从性认知的

---

① 저출산고령화기본법. 2012. http://moleg.go.kr.
② 모자보건법. 2010. http://moleg.go.kr.
③ 국민기초생활보장법. 2012. http://moleg.go.kr.
④ 재한외국인처우기본법. 2012. http://moleg.go.kr.

观点出发,强调有关再生产与健康问题。谈到生育政策,它应包括产前怀孕相关政策,产后子女保健及养育相关政策,生产过程中生产相关政策及产后女性保健与就业相关政策。到目前为止,韩国还没有一个完整的、涵盖以上全部内容的生育相关政策。下面从以下四个方面评价韩国现行的生育及养育政策。

(一)跨国婚姻家庭女性的身体及再生育权利

目前,韩国的女性家庭部针对多文化家庭女性提供不同生命周期的相关服务,如韩语教育(83.7%),医疗支援(40%),定期免费就诊(32.6%),家庭及夫妻教育(22.6%)等,但是这些服务中缺少了与女性生育密切相关的助产服务,如妊娠、育儿、产妇教育等,据统计生育相关服务仅占9.2%。[1]多文化家庭生养育支援政策实效性的研究也指出仅有2%的被研究者主张生育相关政策是有效的。[2] 另外,韩国的《多文化家庭支援法》也只提及多文化家庭女性的产前、产后管理的医疗服务及子女抚养支援相关内容,而对女性的怀孕和生育选择权、自身主体性等相关内容却只字不提。这在很大程度上说明韩国社会把多文化家庭中的女性仅仅作为繁衍后代的工具,这是对女性生育权的歧视。

为了解决低生育问题,韩国从20世纪90年代开始引入了以"尊重生命"为口号的堕胎罪,以此来制约女性的身体和性。佩特切斯基(Petchesky)主张"应确保女性对自己身体的控制权,女性应成为再生育的决定者,女性的再生育能力应受到尊重"[3]。为了保障多文化家庭中女性再生育权利得以

① 최현미,이수연.2008."다문화가족 지원기관 현황분석과 전문 프로그램 개발".다문화가족연구.제2권.pp.7-8.
② 이상용.2010."다문화 가정에 대한 지원정책의 효율성에 관한 연구-서울특별시를 중심으로-".고려대학교석사학위논문.p.63.
③ Ruth Taplin, Rosalind Pollack Petchesky, Abortion and Women's Choice:The State,Sexuality and Reproductive Freedom,*The British Journal of Sociology*,No.3,1988,pp.463.

实现,韩国政府应积极主动地通过多种渠道,为刚入境的多文化家庭中的女性提供语言沟通、女性生育及养育相关服务。另外,韩国社会也不应该仅仅把多文化家庭中的女性看作外国人,要求她们单方面适应韩国社会,而应该把她们看作韩国多文化家庭中的一员,为她们提供公平和公正的服务。

(二)跨国婚姻家庭女性的健康权

健康权是人类维持自身生命与健康的最基本权利。韩国的《保健医疗基本法》规定所有国民享有个人及家庭健康受到国家保护的权利,禁止以性别、年龄、宗教、社会地位或经济因素为由侵害自身及家庭成员的健康权。很多研究提出社会地位、经济地位、受教育程度、职业及生活环境同人的身体健康和疾病有着密切关系。在韩国,跨国婚姻家庭中的韩国男性绝大多数拥有较低的社会地位和经济地位,不稳定的经济收入在外国女性享受医疗服务方面起到了消极作用。另外韩国的健康保险又具有本人承担费用较高、保障性较低的特点,而这也加重了生活在贫困状态下的多文化家庭中的女性在医疗费用上的负担。换句话说,韩国社会健康的不平等结构导致了多文化家庭女性的健康权得不到充分的保护。

语言不通、学历较低、处于低收入层的跨国婚姻家庭中的女性由于没能得到较好的产前、产后教育和管理,因此在生育和养育子女、管理身体健康方面会出现问题,而这不仅会导致女性出现心理和社会方面的适应问题,而且还会影响子女的健康成长。2009 年韩国对全国多文化家庭的实际调查发现,有 50.7% 的女性表示非常需要怀孕及生育支援服务。① 因此韩国政府有必要采取措施,解决跨国婚姻家庭中存在的养育问题。

(三)跨国婚姻家庭女性的生育及养育权

据女性家庭部的资料,截至 2010 年,在韩国的结婚移民数量已超过 18

---

① 김승권외. 2010. "2009년 전국 다문화가족실태조사 연구". 한국보건사회연구원. p. 628.

万人,此数据比 2009 年增加了 8.7%,多文化家庭的子女数也呈现增长的趋势,其中 6 岁以下的 9 万余人,7～12 岁的 3.7 万余人,13～15 岁的 1.2 万余人,16～18 岁的近 0.76 万人。[①] 有关学龄前儿童保育相关问题的调查发现,近 57% 的多文化家庭利用幼儿园等保育设施,在不利用保育设施的家庭中,有 82.3% 的女性自己承担养育责任。不仅如此,有 73% 的多文化家庭哭诉存在子女教育方面的问题。[②]

韩国《婴幼儿保育法》规定,韩国政府对未满 6 周岁的儿童提供保育服务,但是在保育费用方面,韩国适用的是使用者家庭承担原则,因此对于处在低收入层的多文化家庭来说,保育问题仍然是一个大的家庭问题。2011年韩国政府提出了与家庭收入无关的为多文化家庭提供全额保育费用的政策,但是此政策却把受惠对象限定为 4 周岁以下的儿童,因此超过 4 周岁的儿童的保育费仍然由家庭承担的问题始终没有得到完全的解决。

韩国政府为了解决低生育问题而出台了出生奖励政策,但是因该政策实行不同地域发放不同的出生奖励金的原则,因此不同区域的女性之间出现了差别化和不平等的问题。另外,出生奖励政策的支援对象不包括有初高中生的家庭,因此有初高中生的跨国婚姻家庭仍然承担着较重的经济负担。不仅如此,跨国婚姻家庭中的子女也因经济方面的差异在学校受到其他同辈群体的歧视,而这对青少年的自我同一性、社会价值观和道德观的形成都会产生不良影响。

外国女性作为韩国社会劳动力的再生产者,作为多文化家庭中的一员,理应享有法律赋予公民的各项权利。但是在更多地以社会经济活动的参与和资源创造多少利润来评价生产价值的男权社会中,女性的生育及养育活

---

① 행정안전부. 2011. "다문화가족 자녀의 연령별 현황". https://kin.naver.com/qna/detail.nhn.
② 김승권외. 2010. "2009 년 전국 다문화가족실태조사 연구". 한국보건사회연구원. p.420.

动是得不到价值肯定的。在强调男性为家庭主要抚养者、女性为被抚养者的传统文化中,家庭内夫妻之间的不平等关系是仍然存在的。

（四）跨国婚姻家庭女性的社会参与权

据调查,韩国50%以上的多文化家庭为最低生活水平线以下的低收入层家庭。[①] 目前结婚移居女性大部分为专职主妇,处于无职业状态。很多女性为了解决家庭的经济问题和支付高昂的子女教育费用,迫切希望能有一份工作。然而,跨国婚姻家庭中的女性在移居后的两年内不能获得韩国国籍,只能以外国人的身份生活并经历生育过程,而外国女性在入境后的前几年根本得不到韩国《国民基础生活保障制度》中所提及的面向韩国国民的最低生活保障支援。因此多文化家庭经济的脆弱性,必然会对女性的心理健康带来影响。

韩国生育相关的"工作—家庭两立"政策虽然以均衡工作与家庭双方为建立宗旨,但急于谋求经济增长的韩国仍然更侧重于工作。因此女性的妊娠与生产在劳动力竞争激烈的男权社会只能被忽视,女性在劳动市场只能处于被差别化对待和临时聘用的地位。

三、韩国跨国婚姻家庭生育及养育支援政策完善策略

近年来韩国的多文化家庭数量呈现增长的趋势。而入境韩国的外国女性的人数不断增加,必然会影响韩国女性相关生育政策的变化。目前韩国的生育相关政策还远远不能满足多文化家庭对生育及养育的需求。而生育需求得不到满足,必然会对女性的生理及心理健康、社会活动的参与、自我决定权的行使等产生影响。为了改善韩国多文化家庭的生育及养育支援政策,笔者提出以下四个方面的策略。

[①] 최현미외. 2008. 다문화가족복지론. 양서원출판사. p. 19.

（一）强化外国女性相关生育政策

第一，尊重女性对怀孕及生育的自我决定权。再生产权利是女性拥有的特殊权利，但是并不是所有的女性都要经历怀孕、生育、养育过程。而在整个生育过程中，夫妻关系是影响女性生理和心理变化及健康的重要因素，因此韩国社会有必要为跨国婚姻家庭的女性提供相关教育，以便外国女性能够对整个生育过程中可能出现的生理、心理和社会问题有所了解，也可以由此做出自己的决定并承担责任。

第二，女性的生育并不是个人的问题，而是社会和政治问题。因此，韩国社会必须通过制定和完善相关法律和制度来保护女性的权利。如通过实施"女性保护费用的社会分担"，将女性保护再概念化为女性权利，将女性保护费用的支付对象由现在的仅仅针对有工作的家庭扩大为所有家庭，实现男女之间的真正平等。

（二）构建广泛的外国人医疗服务政策

第一，目前虽然在韩国各地都设有保健所，但是保健所却存在着专家不足、医疗服务质量较低的问题。2011 年韩国政府为了解决贫困落后地区女性利用医疗服务方面的困难，通过在贫困落后地区设立妇产医院，示范运行了"分娩脆弱地区支援工作"项目，目的是为女性构建更为安全的分娩环境。为了确保示范支援事业的成功运行，建议通过实施激励机制和提供良好的工作条件，提高医疗人员的工作热情和职业满意度。这不仅能够改善贫困落后地区的医疗服务状况，而且也能够对跨国婚姻家庭中女性的整个生育过程进行管理，以便提高健康子女出生率。

第二，改善对外国移民者的应急医疗服务。在韩国，很多外国人在利用医院服务时都会出现语言沟通方面的问题。目前韩国社会虽然为外国人提供了外语翻译服务，但是由于很多翻译人员缺乏对专业医学知识的了解，因此在为外国人提供医疗服务的过程中，仍然存在着很难准确传达疾病相关信息的问题。为解决此问题,笔者建议韩国政府可根据翻译人员的专业水平,加强对翻译者专业知识的翻译培训及教育,以便更好地提供专业服务。

(三)促进外国女性的社会参与

第一,通过提供稳定的工作,促进外国女性对社会的参与。跨国婚姻家庭中的女性参加社会活动,不仅可以减轻移居女性家庭的经济负担,而且可以提高外国女性对社会的适应能力。到目前为止,韩国的多文化家庭相关政策仍然把关注的焦点放在外国女性的生育能力上,而在子女出生之后如何健康成长方面却未提供充分的服务和保障。这其实违背了韩国政府所主张的整合多文化家庭女性,与她们共同发展的政策目标。

第二,建议韩国以社区、洞事务所(相当于中国的街道办事处)、地方政府等为单位,多关心多文化家庭的生活,为他们提供上门服务。通过设立自助团体,促进跨国婚姻家庭的社会参与。为此,社区、洞事务所、地方政府应积极收集跨国婚姻家庭的相关信息,配置专业社会工作者和翻译等相关人员,通过动员跨国婚姻家庭的亲属、邻居、朋友等,积极促进跨国婚姻家庭成员的社会参与和适应。

(四)为跨国婚姻家庭中的子女提供现实性的支援

第一,保障跨国婚姻家庭中儿童的学习权。在美国,很多学校为外国移民者家庭的子女单独开设语言教育课程。借鉴国外较好的经验,韩国也有必要为跨国婚姻家庭的子女提供不同年龄、不同年级的相关语言教育,以便提高学生在学校的适应能力。韩国的教育科学技术部和市道教育厅可以面向小学及中学老师进行多文化相关教育培训,另外也可以通过积极开发多文化学生相关项目,为多文化家庭中的子女提供更好的服务。目前很多学校的多文化子女相关教育活动存在形式化、教育活动单一、只强调多文化家庭子女的单方面学校适应等问题,而缺乏根据多文化家庭子女的真正需求提供的服务。为了整合韩国的多种文化,建议韩国政府建立并实施以地方教育厅为单位、符合地方特性的多文化教育政策。

第二,韩国青少年支援部应根据青少年的不同移民背景和不同需求,提供不同的服务。多文化家庭中的青少年具有不同的移民途径、滞留时间、社会经济背景、韩语熟练程度、学业水平、经济援助需求度、福利及文化服务需求。因此,建议韩国教育部、保健福利部、女性家庭部、文化部等多文化青少年教育相关部门,为多文化家庭青少年开发并提供具体的政策服务。

第三,公共及民间团体通过建立合作关系,为跨国婚姻家庭中的青少年提供服务,以便他们很好地解决因移民而出现的学业中断及不适应学校生活等问题。为此,公共及民间团体有必要开发心理咨询、课后及假期学习辅导、周末文化生活体验等项目。另外,民间团体还可以通过与学校建立合作关系,为多文化家庭中的青少年提供翻译和心理咨询等服务。

多文化社会的形成和发展应以尊重、接纳和帮助具有多种多样文化的社会成员为前提。进入多文化社会的韩国社会,为了能够稳定发展,需要全体社会成员的共同努力和合作。

第七节　韩国《多文化家庭支援法》的立法背景及问题研究

全球化促进了国际性的人口流动。世界性的人口流动虽然促进了国际交流,促进了各国在经济、文化和社会等方面的发展,但是也带来了多文化民族、人种和种族的融合问题。一直主张和强调"单一民族"文化的韩国也不例外。从 20 世纪初开始,随着结婚定居者、外国劳动者的增加,韩国的民族同一性逐渐发生变化。韩国社会也由"单一民族"文化社会转变成多文化社会。多文化是强调一个家庭内部存在着不同人种、文化、宗教、价值观、生活方式等文化多样性的概念。多文化社会的形成必然会对先前的文化、社会、家庭、法律及政策等产生重要的影响。

　　韩国政府如何面对和解决多文化社会中出现的各种问题,如何制定相关的法律和制度,如何建构和谐社会都是值得人们关注的问题。特别是中韩建交以后,中国朝鲜族女性嫁到韩国的比例占在韩结婚定居女性总数之首,在韩中国劳动者和留学生数不断增加的情况下,了解韩国多文化社会的形成过程,了解韩国多文化相关法律和政策对于我国解决多文化和少数民族问题,制定和完善多文化相关政策都是非常有意义的。因此笔者在此主要针对多文化相关法律,特别是以结婚定居者家庭为主要对象而制定的《多文化家庭支援法》为研究主题,通过对此法的历史背景及问题分析,提出一些修订和完善的建议。

一、韩国《多文化家庭支援法》的历史背景

　　韩国多文化社会的形成有其政治、经济和社会因素。政治和经济方面的原因可以归纳为三个,即全球化、劳动力供需关系和韩朝关系。首先,1980 年以后开始的全球化打破了国家和国家之间的壁垒,促进了资本、劳动力、人口等在国际所有领域的频繁移动。韩国也不例外。全球化不仅促进了韩国经济的发展,而且也促进了移居韩国的国际结婚家庭的增加。据韩国行政安全部的统计数据,到 2008 年通过国际结婚移民到韩国的外国人数为 144385 人,[①]并且此数有逐年递增的趋势。其次,韩国相当部分产业的劳动力不足迫使韩国政府采取了引进廉价外国劳动力的政策。随着社会的发展,韩国社会也面临着老龄化、低生育、回避在 3D 产业(具有脏、难、危险的特征)工作等问题。据统计韩国的很多产业目前所需劳动力不足率已达到 2.74% 以上,换句话说到 2006 年有些产业劳动力不足人数达到 20 万 5 千名

---

① 박성석외. 2009. 가족복지론. 양서원출판사. p. 295.

以上。① 另外韩国多文化社会形成的社会方面的原因可以归结为韩国的人口结构变化,出生率下降和出生性别比不均衡。韩国的女性一生平均生育子女数由 1987 年的 1.6 名下降到 2006 年的 1.13 名,成为世界上出生率最低的一个国家。② 出生率的降低也不可避免地带来了男女性别比的不均衡。在韩国 2000 年 20~34 岁之间的男女人口比率调查中,女性比男性少 3.4 万人左右,到 2007 年则少 3.7 万人,曾有专家估计,到 2020 年韩国的女性人口将会比男性人口少 5.7 万人左右。低生育和男女性别比的不均衡带来了人口结构的变化,而这种变化又影响了 20~34 岁处于结婚适龄期的青年人口的比率不均衡,即有一大部分的男性找不到本国的女性做配偶,在这种情况下重视家庭和婚姻的韩国男性没有办法只好选择外国女性做配偶,因此也加速了韩国跨国婚姻家庭的增加。③

从 20 世纪开始,外国移民者数量的增多使得一直以“单一民族”文化为自豪的韩国社会对民族的同一性认同开始发生了变化。父权制,排他和差别主义的残存,外加韩国社会对突如其来的多文化人群缺乏认识,使韩国社会面临着多文化社会形成过程中的摩擦和冲突。移居韩国的外国人也同样承受着不同程度的适应压力,如语言障碍、经济困难、文化差异、家庭暴力及子女教育问题等。

为了保障韩国经济的发展和社会的稳定,韩国政府积极采取各种办法来解决外国移民者及其家庭和子女们存在的问题,特别是自 2002 年开始韩国制定多文化相关法律和政策力图保障外国移民者的权利和义务。其中 2006 年 4 月制定的“女性结婚移民者社会整合对策”可以说是体系化的多文

---

① 서두원. "노동력 수요동향 조사결과". 고용노동부. http://www. moel. go. kr/local/pyeongtaek /news/reportexplan/view. do? bbs_seq =61320.

② 재한외국인처우기본법. 2007. 5. 17. http://likms. assembly. go. kr/law.

③ 박성석외. 2009. 가족복지론. 양서원출판사. pp. 289 –290.

化相关政策。以此政策为起点到 2008 年,韩国政府陆续制定并实施了"对违法的国际结婚中介所的管理政策""保护家庭暴力受害者的人权保护政策""早期适应和子女学校生活支援政策""改善社会上的认识及对相关者的教育政策"等。2007 年,韩国制定了以韩国公民与在韩外国人的相互尊重为前提、整合社会为目的的《在韩外国人待遇基本法》①。并且韩国政府为了建立移民相关政策,先后把"低熟练人力活用"政策和"管理和统治"政策改成"尊重外国人人权和社会整合"政策和"留置优秀外国人支援"政策。2008 年新政府上台以后,以韩国的保健福祉家族部多文化家庭科、女性家庭部、法务部的出入境外国人政策本部为核心制定并实施了《结婚中介所管理相关法律》和《多文化家庭支援法》。

其中《多文化家庭支援法》是以解决结婚移民者及其子女等构成的多文化家庭由于存在语言和文化上的差异而出现的多文化家庭对社会的不适应、家庭成员之间的矛盾及子女教育问题为目的,通过家庭心理咨询、夫妻教育、父母教育、家庭生活教育、翻译、法律咨询和行政上的支援等专业服务方法,促进家庭成员的顺利整合和安定生活而制定的法律。

如为了实现家庭成员之间的平等,该法第七条明确规定:"为使多文化家庭享受民主的、两性平等的家庭关系,国家和地方自治团体应促进家庭心理咨询、夫妇教育、父母教育、家庭生活教育等工作。在此情况下,应努力为多文化家庭提供考虑文化差异等内容的专业服务。"从保护和支援家庭暴力受害者的角度,该法第八条明确规定:"第一,国家和地方自治团体应努力预防多文化家庭内家庭暴力的发生。第二,为保护和支援被家庭暴力伤害的结婚移民者,国家和地方自治团体应努力扩大建立具备提供外语翻译服务

---

① 결혼중개업의 관리에 관한 법률. http://likms. assembly. go. kr/law. 다문화가족지원법. http://likms. assembly. go. kr/law.

的家庭暴力心理咨询所和保护设施。第三,对因家庭暴力而要解除婚姻关系的移民者,国家和地方自治团体应在受害者的陈词和确认事实等方面提供语言翻译、法律咨询和行政支援等必要的服务,以免因语言障碍和对法律体系相关信息的认识不足而处于不利的立场。"在提供多国语言服务方面,该法第十一条规定:"国家和地方自治团体在促进第五条(增进对多文化的理解)到第十条(儿童保育、教育)规定的支援政策的过程中,为了消除语言障碍,提高服务质量,应努力提供对多国语言翻译的服务。"对指定多文化家庭支援中心,该法第十二条明确规定:"为实行多文化家庭支援政策,保健福祉家族部长官必要时可根据情况,把设置有必要的专业人员和设施的法人及团体指定为多文化家庭支援中心。支援中心应履行以下的业务:一、实施多文化家庭的教育、心理咨询等支援工作;二、提供和宣传多文化家庭支援服务信息;三、联系多文化家庭支援相关机关和团体;四、除此之外,实行支援多文化家庭所需的业务。"

二、韩国《多文化家庭支援法》的问题分析

目前韩国的法务部、女性家庭部、福祉部、农林部、教育人才资源部等主要部署制定并推进实施多文化相关政策。具体内容有防止伪装结婚,保护国际结婚当事者(法务部、福祉部、外交部、女性家庭部等部门主管),强化支援家庭暴力受害者等的安全滞留(法务部、女性家庭部主管),对韩国社会早期适应及定居提供支援(女性家庭部主管),对子女的学校生活适应提供支援(教育部主管),建构女性结婚移民者家庭安定的生活环境(福祉部、劳动部主管),改善社会上对女性移民者的认识、对业务负责人进行教育(女性家庭部、法务部、文化部、福祉部、农林部等主管),建构促进体系(女性家庭部、福祉部主管)等。多文化家庭相关政策的内容虽然在防止违法犯罪、促进外国移民者的早期适应、解决多文化家庭子女教育问题等方面提供了一些解

决办法和法律依据,但是在多文化家庭及个人具体问题的解决上仍然存在着很多的问题。如很多政策把服务的重点只放在对多文化家庭移民者初期适应阶段的支援上,而对他们在生活的中期和后期遇到的更为现实和具体的问题却没有作出明确的规定。另外,大部分政策只为维持结婚生活的移民者提供服务,并没有提及与那些过着与世隔绝的生活或已离婚的移民者对应的具体服务内容。因此这些移民者仍处在政府多文化政策的死角,得不到相关法律和政策的保护。还有韩国多文化相关各政府部门之间的合作关系没有很好地确立,因此部门和部门之间出现了业务内容重复、业务内容单一、以违法行为的处罚和管理的内容居多等问题。而《多文化家庭支援法》本身也存在以下四个方面的问题。

第一,该法对多文化家庭的概念界定存在着一定的局限性。该法第二条规定:"多文化家庭是指符合下面两项中任意一项的家庭。一、根据《在韩外国人待遇基本法》第二条第三号的结婚移民者和《国籍法》第二条的规定,同出生时就具有韩国国籍的人结合而组建起来的家庭。二、根据《国籍法》第四条获得归顺许可者和同法第二条的规定,同出生时就具有韩国国籍的人结合而组建起来的家庭。"[①]由此可见,必须同出生时就具有韩国国籍的人结合组建起来的家庭才可认定为多文化家庭的概念本身就把很多不具有韩国国籍而在韩国国内生活的外国劳动者及家庭、在韩外国留学生等群体完全排除在多文化家庭的范围之外。而考虑到截至 2008 年,外国劳动者及家庭在韩国社会所占的人数超过 37.7 万,已经成为韩国社会不可忽视的一部分群体,法律对多文化家庭相关定义的界定显然存在着很多局限性。这必然也会引发外国劳动者相关问题。

第二,《多文化家庭支援法》中大部分的条款内容存在着含糊、不明确的

---

① 국적법. http://likms. assembly. go. kr/law.

问题。如除第四条(实态调查)和第五条(增进对多文化家庭的理解)规定对多文化家庭提供的服务为"必须做"外,从第六条(生活信息提供和教育支援)到第十六条(民间团体等的支援)规定的表述形式都为"可以做"或者"努力去做"。特别是国家和地方自治团体的"责务"相关内容,该法第三条使用了"责务"二字,而不是"义务"二字,因这二字具有不同的含义,因此在当事者理解和履行职责方面就会存在分歧。"义务"是要求履行一定行为的法律上的约束。而"责务"是指不履行法律规定的内容可能会给当事者带来不利影响,但是当事者不履行法律规定的内容时,法院也不能通过诉讼的形式让当事者履行或实施强制手段的间接性的义务。显然二者是不同的。

第三,同以上论述的韩国多文化相关部门在制定多文化相关政策上出现的问题一样,《多文化家庭支援法》也存在着把服务的重点放在外国移民者生活早期适应的问题解决和服务提供上,而对移民者及家庭在生活的中长期适应上出现的问题并没有作明确规定。如第六条规定:"国家和地方自治团体为结婚移民者的生活适应提供基本的信息,提供社会适应教育和职业教育及训练等支援";第十条规定:"国家和地方自治团体应准备教育支援对策以便多文化家庭儿童迅速适应学校生活"等。对于以定居和长期生活在韩国为目的的外国移民者及其家庭来说,这样的法律规定显然不会起到长期的生活保障和法律保护的作用。

第四,《多文化家庭支援法》没有规定对多文化家庭提供韩语教育的相关内容。对于多文化家庭成员来说,语言障碍可以说是最大的适应上的问题。此法虽然提出了应为多文化家庭提供生活适应方面的相关支援和服务,但是却没有对支援和服务内容作出具体规定。

三、对韩国《多文化家庭支援法》的六点思考

针对以上韩国在制定和实施《多文化家庭支援法》上存在的问题及韩国

多文化政策相关主管部门在推进多文化相关政策实施的过程中出现的问题,笔者欲从以下六个方面提出一些建议。

第一,应完善《多文化家庭支援法》。为此首先应扩大多文化家庭的概念界定范围。外国劳动者不仅是韩国经济发展的重要动力,也是韩国多文化社会成员中不可缺少的一部分。因此笔者建议对多文化家庭的概念界定应包括外国劳动者及家庭、在韩外国留学生等人群,这样才能真正形成多民族、多种族、多人种的多文化社会。

第二,通过修改法律中必要的文句,加强国家和地方自治团体对多文化社会重要性的认识,提高作为社会公民的责任意识,强化法律的约束力。如应从多文化家庭的成员是韩国社会的主体,而不是只单纯地接受帮助的受惠者的角度出发,把规定为"国家和地方自治团体的责务"的内容改为"国家和地方自治团体的义务",进而促进多文化家庭成员根据自身的实际需要提出具体的要求。

第三,国际婚姻家庭中的外国成员及子女大部分都是以长期生活在韩国为目标的,因此《多文化家庭支援法》应考虑制定家庭成员生活适应中长期计划相关内容,而不是仅仅针对生活适应早期的问题解决。因此应在修订《多文化家庭支援法》的过程中,考虑增加多文化家庭成员的中长期生活适应相关内容,如外国移民者晚年的养老问题,多文化家庭子女成人以后的就业问题、结婚问题等。

第四,《多文化家庭支援法》应对为多文化家庭成员提供韩语教育及支援相关内容作出明确的规定。特别是有必要通过法律的手段宣传和强化韩语教育,根据多文化家庭成员个人的语言水平和级别开发多种多样的韩语教育活动。

第五,有必要改善永久居住权制度。目前在韩国的国际婚姻移民者只要在韩国滞留2年以上就可以简化入籍程序或申请永久居住权。这样永久居住权制度就成了有名无实的制度。因此有必要对申请永久居住权和获取国籍制定不同的条件。

第六,应提高多文化政策制定相关部门的分工合作及交流。目前韩国的多文化政策相关部门缺少交流和合作,因此出现了业务部门之间的业务内容重复、单一、工作效率低、成果少等问题。因此多文化政策相关部门有必要建构部门之间的信息网络,以便及时检查和监督多文化政策的详细制定内容和实施情况,避免政策内容的重复和相互冲突问题的发生。

不论是在韩国,还是在中国,甚至在其他的国家,人口的流动、多文化社会的形成是已成的事实。有的国家已经形成并制定了很多多文化相关法律和政策,而有的国家则刚刚面临多文化社会的形成。因此制定符合本国国情的多文化法律和政策,处理好多文化社会中发生的诸多问题,都会对多文化群体之间的合作交流、和睦相处及社会的安定和谐发挥重要的作用。

第三章　对选择中韩跨国婚姻的中国
朝鲜族女性的研究过程

第一节　对选择中韩跨国婚姻的中国朝鲜族
女性进行质性研究的必要性

本书主要采用质性研究方法。质性研究方法不同于定量研究方法,它不需要通过多个变量之间的关系来验证假设,它是理解我们所看到的自然环境中的事物之间的相互作用,相互作用的背后包含的复杂而又微妙的意义,以及它的文化特征时比较有用的研究方法。质性研究和定量研究的一个重要的差异是简单化,即两者设定界限的程度和方式的不同。质性研究不追求简单化和界限设定,而是把现象的复杂性最大限度地、"如实地"进行探索的一种方法。相反定量研究则是排除现象中细小的或例外的特征,在概率论的原理下追求一般的共性特征的一种方法。① 也就是说,定量研究是以实证主义认识论为基础,质性研究则以现象学认识论为基础。在本研究中,笔者采用质性研究方法主要有以下三个方面的原因。

第一,本研究的研究问题是探索与韩国人结婚的中国朝鲜族女性在韩

---

① 조용환. 1999. 질적연구 방밥과 사례. 교육과학사. p. 15.

国生活适应的意义及类型。类似的研究问题更适合利用质性研究方法寻找问题的本质。在探索适应意义和适应类型的过程中,中国朝鲜族女性对生活适应的理解和她们在韩国的生活经验是需要分析的核心内容,因此理解中国朝鲜族女性对于适应和生活经验的主观见解和意义理解显得更为重要。换句话说,为了更深入地了解分析对象,在自然的现实环境下,如实地理解现象所呈现的真实一面比利用标准化的测量工具得出数据或关系结论的定量研究方法更为重要。这也是与重视观察和感觉经验,强调客观性的实证主义认识论不同的地方。

不仅如此,中国朝鲜族女性的韩国生活适应问题并不是单纯的朝鲜族女性自己的适应问题。中国朝鲜族女性与韩国男性的婚姻会直接带来韩国家庭结构的变化。也就是说,中国朝鲜族女性进入的韩国家庭也同样在与朝鲜族女性的相互作用过程中经历适应问题。为了对家庭适应、婚姻生活适应和家庭成员之间的相互适应意义有更为深刻和准确的了解,本研究使用质性研究方法显然更为合适。

第二,质性研究方法论是以结构主义(constructionism)或解释主义(interpretivism)认识论为理论基础的。质性研究方法论主张真理并不是客观存在的,而是社会构建的,因为世界是由一个群体不断地对遗留下来的传统的经验世界进行再构建的,因此不同的群体生活在不同的世界里。[①] 与韩国男性结婚的中国朝鲜族女性是韩国社会中新形成的一个特殊群体,并且她们拥有自己的独特文化。因此,站在中国朝鲜族女性的视角去理解她们的文化是非常重要的。

本研究的研究焦点是对选择中韩跨国婚姻的朝鲜族女性这一特殊群体进行分析。为了了解这一特殊群体的文化和特征、需求和问题,也为了使她

[①] 이기연. 2006. "성인여성의 학습체험에 관한 질적 연구-방송대 주부학생의 사례". 서울대학교 박사학위논문.

们具有一定的代表性,实现一般化,在不排除任何一个研究对象的前提下,努力倾听每一个人的心声,如实和全面地去理解这一特殊群体的文化,努力为她们能够作为韩国国民在韩国长期生活下去提供必要的服务,这也是实现社会工作理念的具体表现。因此,质性研究要比定量研究更适合深入了解某一特殊文化。

第三,利用质性研究中的深入访谈、参与观察等方法收集中国朝鲜族女性相关真实的经验资料,笔者具有以下两个方面的优势。第一,笔者就是朝鲜族,生在中国,长在中国,因此对中国文化和朝鲜族文化都有较深了解。第二,笔者有着在韩国留学、工作和生活的经历,因此对韩国文化也有一定的了解。因为有以上经验和优势,笔者比较容易接触研究对象,且在持续地接触和了解后,笔者与研究对象建立了相互信任和平等的关系,因此能够保证研究对象的访谈资料具有真实性、充实性和一贯性等特点。

第二节　中韩跨国婚姻的扎根理论研究方法介绍

本书主要采用质性研究中的扎根理论方法。扎根理论是从 20 世纪 60 年代末开始,为了从社会学中的象征性的相互作用主义观点去研究复杂的社会现象而开发的一种研究方法论,也叫现实基础理论或者现场理论。[①] 扎根理论是"通过一系列系统的过程,从原始资料(raw data)中进行经验概括,然后上升到理论的质性研究方法。即扎根理论是一种从下往上通过归纳建立实质理论的研究方法,是在系统收集资料的基础上寻找反映事物现象本质的核心概念,然后通过这些概念之间的联系建构相关的社会理论的方法"[②]。

---

① Lesley Sheldon, Grounded Theory: Issues for Research in Nursing, *Nursing Standard*, No. 52, 1998, pp. 47 – 50.

② 신경림외. 2004. 질적 연구방법론. 이화여자대학교출판부. p. 296.

扎根理论的最终目的是发展理论,因此扎根理论在对于还没有确定反映事物现象本质的核心概念,对概念之间的关系的理解上还存在不足,还没具体明确解释某一特定现象所使用的最适变量和非最适变量是什么的时候,利用现场的原始资料进行新理论的构建,或者对现有的理论进行修正或明确化。

扎根理论的优点之一是具有揭示行为模式或行为类型的能力。在本研究中,利用基于象征性相互作用理论的扎根理论,以收集的经验资料为依据,了解中韩跨国婚姻家庭中中国朝鲜族女性的社会心理问题和应对策略,探索适应过程中的变化以及适应类型是最为合适的方法。到目前为止,从文化和生活经验的脉络去研究中韩跨国婚姻家庭中中国朝鲜族女性的生活经历的研究还不是很多。先前的研究主要采用定量研究方法对外国女性的韩国文化适应过程中存在的问题现状进行研究。但是如果对选择跨国婚姻的中国朝鲜族女性的韩国生活适应进行深入研究的话,不能只单纯地从文化和经验背景入手,而是应该从生活领域的方方面面进行深入研究和探讨。也就是说,有必要对中韩跨国婚姻家庭中的中国朝鲜族女性在现实生活中是如何理解跨国婚姻的,她们对适应的概念界定是什么,她们有何种生活需求,存在何种生活中的适应问题等方面进行深入研究,这也是社会为她们提供更好的社会工作服务所必需的。

另外,我们很难利用定量研究中的量表对适应与否进行准确测量。因为对于选择跨国婚姻的中国朝鲜族女性来讲,她们对适应概念的界定和理解都各不相同。因此,通过质性研究,特别是通过强调过程、阶段和局面的扎根理论研究中国朝鲜族女性对于生活适应的理解、对于适应类型以及适应过程所表现出来的特征等的探索显得更为合适。选择中韩跨国婚姻的中国朝鲜族女性从到韩国的那一刻起就会与各种各样的人建立各种各样的关系,因此也会表现出多种多样的适应形式。如果说一般家庭的婚姻生活适应过程只涉及建立夫妻关系、协调夫妻关系、解决夫妻矛盾等以夫妻问题为主的适应问题的话,那么跨国婚姻家庭中的中国朝鲜族女性的婚姻生活适应不仅涉及与丈夫之间的相互适应过程,而且还包括与丈夫家庭成员之间的适应,对周围韩国人对中国朝鲜族女性的理解和接纳过程的适应,对子女的适应,甚至还包括即使取得了韩国国籍,成了法律上的韩国国民,但还是遭受韩国人的差别对待和标签化环境的适应等一系列持续发生变化的过程。① 而要真正理解在适应过程中发生的一系列适应变化,仅仅通过在某一时刻利用量表所得出来的结果进行评价是远远不够的,还需要在某一特定的时间段,以及特定的文化和经验背景下对适应相关内容的解释和分析。而对适应过程的深入研究只有通过扎根理论才能得以实现,本研究也主要是想通过扎根理论来探索中韩跨国婚姻家庭中的中国朝鲜族女性在韩国生活的适应类型、适应的经验意义及适应的全过程。

扎根理论研究者在研究的过程中,为了达到收集资料、分析资料,最终建构理论,使理论和理论之间存在某种关系的研究目的,会保持对理论的高度敏感性,并且通过理论抽样、不断比较、记录(memo)、编码等过程,为系统地构建理论而做出努力。

理论敏感性是指研究者个人的能力和资质。所谓理论敏感性是指与个人洞察力有关的,能够对资料赋予意义并且理解资料意义的能力,能够区分相关性和非相关性的能力。这些都通过概念的用语进行说明。理论敏感性可以通过阅读多种多样的定期刊物、政府刊物等资料而获得。研究者的专业经验、个人经验、分析资料的过程等都可以成为提升理论敏感性的重要的资源。② 研究者的研究计划时间越长,理论敏感性程度就会越高。理论敏感

---

① 최금해. 2005. "한국남성과 결혼한 중국 조선족 여성들의 한국에서의 적응기 생활체험과 사회복지서비스에 관한 연구". 한국가족복지학. 제 15 권.

② 신경림, 김미영 공역. 2003. 근거이론 연구방법론. 현문사. p. 68.

性还可以帮助研究者决定该寻找什么样的概念,在哪里能够查找到概念的线索,以及如何意识到那些概念就是记号等内容。

在扎根理论研究的资料收集过程中,研究者需要选择研究对象的样本,而样本的选择是以样本能否为理论开发做贡献为基础的。此过程往往是从资料收集阶段中与出现的理论范畴相似的人所构成的同质性样本的选择开始的。之后,为了确认能够维持理论范畴准确性的条件到底是什么,研究者会使用异质性的样本,此过程就叫作理论抽样。而研究者进行理论抽样的主要目的在于抽取能够揭示范畴、范畴属性和维度的事件,发展它们,并通过概念把它们相互联系起来。理论抽样并不是一开始就已经被确定,而是在研究过程中不断地得以发展,并且随着研究的开展,理论抽样会变得更为有目的性,更具有集中焦点的倾向,并且理论抽样会一直持续到所有范畴都达到饱和。

扎根理论的主要分析思路就是不断地进行比较,而不断比较也是扎根理论的核心特点。不断比较是指为了明确事件,通过对事件和理论的比较,促进思考,帮助抽取理论样本的过程。研究者根据收集到的资料中的信息(比如事件、行为)不断地与之前出现的概念进行相似性和差异性的比较,然后进行概念类属和概念属性的整合。此过程需要不断反复地进行,直到不再出现新的信息为止。

记录是研究者记下对构建中的理论的看法的行为。研究者在研究过程中记录下浮现在脑海中的想法、解释、问题、方向、计划、主题、假设等内容。研究者一般记下有助于理论形成的分析记录。[①] 质性研究的一个重要特征就是研究者需要不停地记笔记。写实地记笔记、做各种观察、进行访谈记录,是对实地研究者的一项基本要求。他们需要把从实地中获得的资料,对

---

① 신경림, 김미영 공역. 2003. 근거이론 연구방법론. 현문사. p. 77.

研究方法和研究策略的看法,对某些人物和事件的评论等都记录在笔记里。①

　　编码是对资料进行分解和概念化,为构建理论对资料进行重新组合的分析过程,编码包括一级编码、二级编码和三级编码。在一级编码(又称开放式编码,open coding)中,研究者将所有的资料按其本身所呈现的状态进行登录,这是一个将收集的资料打散,赋予概念,然后再以新的方式重新组合起来的操作化过程。登录的目的是从资料中发现概念类属,对类属加以命名,确定类属的属性和维度,然后对研究的现象加以命名及类属化。二级编码(又称关联式编码或轴心编码,axial coding)是发现和建立概念类属之间的各种联系,以表现资料中各个部分之间的有机关联的过程。三级编码(又称核心式编码或选择式编码,selective coding)是经过系统的分析以后在所有已发现的概念类属中选择一个核心类属,分析不断地集中到那些与核心类属有关的码号上面,撰写备忘录的过程。在扎根理论的分析模式中,研究者确认成为中心现象(phenomenon)的一个范畴,然后以这个中心现象为中心,把影响中心现象的因果条件(causal condition)、解释现象的策略、形成策略的脉络(context)和中介条件(intervening condition),以及行动及互动的结果(consequence)等联系起来。

　　扎根理论研究最为核心的部分是构建与研究的现象脉络密切相关的理论。也就是说,形成或发现对某一现象的抽象分析框架。而这样的过程需要个人与某一现象之间发生相互影响和相互作用,个人对现象应该有反应。② 因此,本研究主要从社会文化的脉络中理解与韩国男性结婚的中国朝鲜族女性的生活适应过程,并以推导社会工作服务介入所需要的实践理论

① 风笑天:《社会学研究方法》,中国人民大学出版社,2010 年,第 328 页。
② 신경림, 김미영 공역. 2003. 근거이론 연구방법론. 현문사. p. 24.

为研究目的。

第三节　研究对象的选择

在扎根理论中,研究者为了更好地构建理论而进行了理论抽样。在质性研究中,抽样需要满足两个原则,即合适性和充分性。合适性是指为了构建理论,研究者查找并选择能够为研究提供最好信息的研究对象的状态。充分性是指研究者为了对研究现象进行充分的、丰富的解释和说明,收集经验资料直到达到饱和的状态。在本研究中,笔者为了充分反映抽样的合适性和充分性原则,选择了选择中韩跨国婚姻且在韩国生活2年以上的中国朝鲜族女性为研究对象,通过深入访谈的方法收集中国朝鲜族女性的生活适应相关经验资料,并且对受访对象的访谈一直持续到不再出现新的概念、资料达到饱和为止。

笔者在攻读博士学位的过程中,曾选修过教育学专业开设的质性研究方法课程,并且从那时起就对研究选择跨国婚姻的中国朝鲜族女性产生了浓厚的兴趣。特别是笔者有3名大学同学生活在韩国,且她们都选择了与韩国男性结婚。笔者在韩国学习期间,通过定期与她们见面交流,对她们在韩国的生活状况有了一定程度的了解,也对她们生活中存在的夫妻之间的问题、家庭成员之间的问题、文化上的差异问题等产生了研究的兴趣。不仅如此,笔者作为一名在韩的中国留学生,亲身体验了韩国的文化,从而有了进一步对跨国婚姻家庭中的中国朝鲜族女性的韩国生活适应相关问题进行深入研究的动机。在学习了质性研究方法且明确了研究对象和研究目的之后,笔者在很长的一段时间内,一直致力于对中韩跨国婚姻中的中国朝鲜族女性的适应、中国天津市的跨国婚姻家庭现状,以及多文化和跨文化相关问题的研究。除此之外,笔者还发现中韩跨国婚姻家庭中中国朝鲜族女性的适应问题具有与其他跨国婚姻家庭不一样的特点,也存在着先前的适应相关理论不能充分解释和说明的部分,因此笔者主要想通过质性研究方法,特别是通过扎根理论方法,探索中国朝鲜族女性的适应概念及适应类型,进而构建跨国婚姻中的适应相关理论。

第四节　选择中韩跨国婚姻的中国朝鲜族女性的访谈资料收集过程

在本书中,笔者利用滚雪球抽样方法选取了 17 名选择中韩跨国婚姻的朝鲜族女性为研究对象。滚雪球抽样方法是当我们无法了解总体的情况时,从总体中的少数成员入手,对他们进行调查,向他们询问还知道哪些符合条件的人,再去找那些人并询问他们知道哪些符合条件的人,从而寻找最合适研究对象的抽样方法。如同滚雪球一样,通过这种方法,我们可以查找到越来越多的具有相同性质的群体成员。① 在本研究中,笔者通过与韩国男性结婚的中国朝鲜族女性朋友、亲戚以及跨国婚姻中介所提供的信息有目的性地选择了 17 名选择中韩跨国婚姻的中国朝鲜族女性为研究对象。笔者主要利用寒暑假亲自去韩国或在天津,通过与研究对象见面、微信和邮件联络等方式,对生活在韩国、但也时常往返于韩国和天津的中国朝鲜族女性进行了深入访谈。

在本研究中,笔者分析的资料主要是与研究对象进行访谈而获得的访谈资料和笔者对研究对象在家庭或工作单位的活动进行观察所获得的观察资料。除此之外,笔者还对选择跨国婚姻的中国朝鲜族女性所叙述的韩国生活经验相关书籍和资料,跨国婚姻相关电视节目录像资料,跨国婚姻中介所、

---

① 风笑天:《社会学研究方法》,中国人民大学出版社,2010 年,第 147～148 页。

跨国婚姻人权组织、跨国婚姻自助团体等的网上资料等进行了查阅和分析。在收集资料的过程中,笔者在访谈现场随时记录的有关研究对象的情绪、态度、经验、反应等的资料也作为整个研究分析过程中的重要资料被利用。

为了与研究对象保持访谈的一致性,笔者制定了以下访谈流程表。访谈流程表的内容保证了研究问题相关信息的资料收集,研究问题主要包括"您是如何选择跨国婚姻的?""您在韩国的适应过程中,存在什么样的问题和需求?""为了解决适应上的问题和需求,您主要使用的方法是什么?""为了很好地适应韩国生活,您有什么样的具体需求?"等。

理论敏感性是指研究者个人的资质和能力,是赋予资料某种意义并且能够理解此意义的能力,区分事物是否与现象有关联或没有关联的判断能力。提高理论敏感性的方法主要有对研究资料始终保持质疑的态度,分析资料中的单词、句子和文章,对结果进行不断的比较等。为了提高理论敏感性,笔者通过对以下研究问题的提问收集了分析资料,并且对收集的资料进行了不断的比较。研究问题的主要内容如表3-1所示。

表 3-1　访谈流程表

研究问题	主要问题	次要问题
与韩国男性结婚的中国朝鲜族女性的韩国生活适应意味着什么?	您是如何选择跨国婚姻的?	1. 您是如何选择跨国婚姻的? 2. 家庭成员及周围的人对您的跨国婚姻有何反应? 3. 您是如何办理出国手续的?
	在韩国为了适应,您主要经历了什么?您是如何理解适应的?	1. 您认为适应是什么? 2. 在韩国生活适应初期,您主要经历了什么?适应上的问题是什么? 3. 在与丈夫的家庭成员之间的关系方面,您主要经历了什么? 4. 在与子女的关系方面,您主要经历了什么? 5. 与周围韩国人的关系方面,您主要经历了什么? 6. 在职场,与韩国人的关系方面,您主要经历了什么?

续表

研究问题	主要问题	次要问题
	在适应过程中,您的需求和理想是什么?	1. 在现实生活中,您经历了什么样的苦恼? 2. 为了适应韩国生活,您有什么样的需求? 3. 您的理想是什么?
	为了解决适应过程中存在的问题和需求,您使用的方法是什么?	1. 您在适应上存在什么样的困难? 2. 您是如何解决适应上的困难的? 3. 在解决困难的时候,您曾经从何人(或机构)那里得到过帮助?

考虑到本书中研究对象伦理方面的问题,笔者在访谈开始之前就向研究对象说明了本书的目的,并且取得了研究对象的研究参与同意书。访谈场所主要根据研究对象的意愿,选择了较为安静和舒适的环境(如,咖啡屋、受访者家庭、工作单位等)。在访谈开始之前,笔者对访谈大纲及主要问题进行了重新整理,并且再次确认了录音机的正常工作情况。在访谈过程中,笔者通过注意观察研究对象的谈话表情、语调等行为,确保了访谈内容的真实性。访谈结束后,笔者马上就在访谈现场中观察到的研究对象的非语言性行为和特征,笔者个人对访谈内容的想法、观点和看法做了记录。访谈内容全部进行了录音,访谈之后笔者马上对录音内容进行了转录(transcript)。

访谈是从日常生活中的对话开始的。比如,"怀孕几个月了? 是不是行动不方便?""今天的天气真好,天气好的时候您主要做什么?""您穿的衣服很好看,在哪里购买的?"等,而这样的对话也是为了在短时间内与研究对象建立更好的信任关系。

在本书中,笔者的资料收集过程如下图 3 – 1 所示。

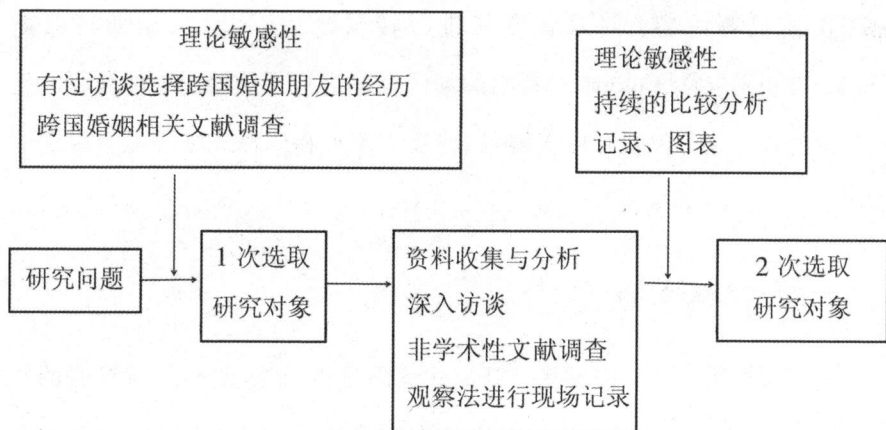

图 3 – 1　资料收集过程

第五节　中韩跨国婚姻中中国朝鲜族女性的访谈资料分析

在本书中,笔者把收集到的录音资料转录成文本资料,并且把它作为访谈的原始资料进行了资料分析。笔者从与第一个受访对象的访谈开始,就对在访谈现场发现的研究对象的情感、态度、反应、经验等都进行了记录,而访谈资料的分析也相应地从第一个受访对象的访谈资料收集的同时就已经同步展开了,访谈结束后笔者也会马上对当天的访谈内容进行转录。

每一案例的文本资料主要由与研究对象的访谈资料、访谈过程中的体会和转录资料等构成。与研究者的访谈情况部分主要记录了笔者认识研究对象的经过,第一次访谈的时间,整个访谈的起始时间,访谈之前的情况介绍等相关内容。访谈过程中的体会部分记录了研究对象与配偶的个人信息情况、访谈场所、第一次访谈时研究对象的配偶参与情况、研究对象(配偶参与时,包括配偶)的感情、态度、反应等内容,而这些内容也是笔者在现场的随笔记录的内容,包括笔者有可能对某一问题存在的偏见情况、录音机的正常工作情况等内容。对录音资料进行转录之后,笔者根据斯特劳斯(Strauss)和科尔宾(Corbin)所提出的编码程序进行了访谈内容的分析。扎根理论的编码主要包括开放式编码、轴心式编码和选择式编码三个级别的编码。

一、开放式编码

开放式编码又称一级编码。开放式编码是指"研究者以一种开放的心态,尽量悬置个人的偏见和研究界的定见,将所有的材料按其本身所呈现的属性进行登录"①。开放式编码是把收集的原始资料打散、赋予概念,再以新的方式重新组合起来的操作化过程。登录的目的是从资料中发现概念类属,对类属加以命名,确定类属的属性和维度,然后对研究的现象加以命名及类属化的过程。类属化的过程也是提炼范畴的过程。而类属化过程是通过持续提问和比较而达到。在本研究中,笔者也利用线单位分析方法对类属的属性和维度进行了持续的发展。也就是说,笔者通过仔细阅读和分析每一句访谈内容,在认为有意义的和感兴趣的句子和文章处进行了命名。此时,笔者也努力做到尽可能使用研究对象的原始用语进行概念命名,并且笔者还通过抽象的解释对研究对象的陈述中所包含的概念内涵进行了命名。具体概念命名的案例如下:

我们是通过相亲认识的。(案例8)——相亲

父母更希望我能嫁给韩国人。(案例9)——顺从父母的意见

在进行开放式登录时,需考虑以下六项基本原则。①进行登录时,一定要仔细阅读资料,不要漏掉任何重要的信息;登录越仔细越好,直到资料达到饱和。如果发现了新的码号,应该在下一轮进行进一步的原始资料收集。

---

① 风笑天:《社会学研究方法》,中国人民大学出版社,2010年,第326页。

②注意寻找能够作为码号的研究对象所使用的原话。③可以利用研究对象的原话,也可以使用研究者自己的语言,给每一个码号进行初步的命名。④进行资料分析时,就有关的词语、短语、句子、行动、意义和事件等进行具体询问。比如,"这些资料与研究有何关系?""此事件可以产生什么类属?""这些资料具体提供了什么情况?""为什么会发生这些事情?"等。⑤对概念的维度进行分析,这些维度都可能让我们联想到具体的访谈案例,如果没有相关案例,应该马上寻找。⑥注意列出来登录范式中的有关条目。

为了使自己的分析不断深入,笔者在对资料进行开放式登录的同时还经常停下来写分析型备忘录(analytic memo)。它是实地笔记的一个特殊类型,是实地研究者对于编码过程的想法和观点的一种备忘录或一种讨论记录。分析型备忘录是研究者写给自己看的,或者说是研究者自己与自己进行讨论的一种笔记。这是一种对资料进行有效分析的手段,可以促使研究者对资料中出现的理论性问题进行思考,通过写作的方式逐步深化自己已经建构起来的初步理论。"分析型备忘录锻造了具体资料或者粗略证据与较为抽象的理论思考之间的链条。它包含着一种研究者对资料和编码的主动反应及思考。笔者不断将这些反应和思考添加到备忘录中,并且当他用其他类型的编码来分析资料时,也同时使用这些备忘录。高质量的分析型备忘录中修改而成的部分,可以成为最终报告的一个部分。"①

卡麦兹(Charmaz)提到"备忘录有助于你停下来想一想你的数据;把质性代码作为分析的类属;形成写作者的声音和节奏;激发灵感,在研究现场进行检验;避免把你的数据强行放到已有的概念和理论之中;形成新鲜的想法,产生新的概念,发现新的关系;展示类属之间的关系;发现数据搜集存在的漏洞;把数据搜集和数据分析、报告写作联系起来;形成论文的整体部分

_____
① 风笑天:《社会学研究方法》,中国人民大学出版社,2010年,第328页。

和各章节;深入到研究过程和写作过程中;提升你的信心和能力"①。

关于分析型备忘录写作,一些研究者提出了下列建议:

①在收集资料、整理资料或其他形式的编码过程中,可随时停下来写分析型备忘录,以免那些转瞬即逝的思想火花和有创见的眼光消失掉。这就是要使分析型备忘录真正成为研究者"备忘的记录"。

②对写好的备忘录要反复进行比较,看看能否将那些相近的进行结合,或者看看是否可能将那些有差别的编码弄得更清楚。

③为每个概念或主题都做一份专门的分析型备忘录。将与这一主题或概念有关的资料、事例、方法、问题以及研究者的感想、认识等集中在一起,并用标签标明这一概念或主题。

④在写某个概念或主题的备忘录时,要注意思考它与其他概念或主题之间的相似性、差异性以及因果关系。

⑤将分析型备忘录与资料记录分开写,因为它们具有不同的目的。资料记录是证据,而分析型备忘录则具有概念的和理论建构的目的。

二、轴心式编码

轴心式编码又称二级编码。轴心式编码首先发现和建立概念类属之间的各种关系,展现资料中各个部分之间的有机关联。这些联系包括因果关系、时间关系、语义关系、结构关系、功能关系、策略关系等。然后对各种关系进行排列和组合,而此时可以利用分析工具,即通过模式对研究所需要的各种关系进行整合。扎根理论研究的分析模式主要包括因果条件、中心现象、脉络条件、中介条件、作用/相互作用策略、结果关系等内容。因果条件

---

① Kathy Charmaz,Stories of Suffering:Subjective Tales and Research Narratives, *Qualitative Health Research*, No. 3,1999,pp. 362 - 382.

指对现象有影响作用的事件,现象作为中心思想通过作用和相互作用来调节。脉络条件是现象的属性,是为了对应某一特定现象所需要的具体条件。中介条件属于某一现象之中,作为相对广范围的结构上的前后关系,对作用/相互作用进行调整。作用/相互作用策略是指为了应对或处理现象而采取的有意图的行为。结果是指作用/相互作用策略的产物。

在轴心登录中,研究者每一次只对一个类属进行深度分析,围绕着这一个类属寻找相关关系,因此称之为"轴心"。随着分析的不断深入,各个类属之间的各种联系变得越来越具体。在对概念类属进行关联性分析时,研究者不仅要考虑到这些概念类属本身之间的关联,而且要探究表达这些概念类属的被研究者的意图和动机,将他们的言语放到当时的语境以及他们所处的社会文化背景中加以考虑。

在每一组概念类属之间的关系建立起来之后,研究者还需要分辨其中什么是主要类属,什么是次要类属。这些不同级别的类属被辨别出来之后,研究者可以通过比较的方法把它们之间的关系联结起来。当所有的主从类属关系都建立起来之后,研究者还可以使用新的方式对原始资料进行重新组合。为了明确这些分析方法是否具有实践意义,研究者还可以在对各种类属关系进行探讨以后,建立一个以行动取向或互动取向为指导的理论雏形。这种理论雏形将分析的重点放在处理现实问题和解决现实问题上,其理论基础是当事人的实践理性。①

三、选择式编码

选择式编码又称核心式登录、选择式登录或三级编码。选择式编码是

---

① Anselem Strauss, Barney Corbin, Grounded Theory, https://baike. baidu. com/item/%E6%89%8E%E6%A0%B9%E7%90%86%E8%AE%BA/8233319? fr = aladdin.

指在经过对所有已发现的概念类属的系统分析以后,选择一个"核心类属",分析不断地集中到那些与核心类属有关的码号。核心类属必须在与其他类属的比较中一再被证明具有统领性,能够将最大多数的研究结果囊括在一个比较宽泛的理论范围之内。归纳起来,核心类属具有以下特征。①核心类属必须在所有类属中占据中心位置,比其他所有的类属都更加集中,与最大数量的类属之间存在意义关联,最有实力成为资料的核心。②核心类属必须频繁地出现在资料中,或者说那些表现这个类属的指标必须最大频度地出现在资料中;它表现的应该是一个在资料中反复出现的、比较稳定的现象。③核心类属应该很容易地与其他类属发生关联,这些关联不应该是强迫的,应该是很快就可以建立起来的,而且相互之间的关联内容非常丰富。④在实质性理论中,一个核心类属很容易发展成为一个更具概括性的理论;在发展成为一个形式理论之前,需要对有关资料进行仔细的审查,在尽可能多的实质理论领域进行检测。⑤随着核心概念被分析出来,理论便自然而然地发展出来了。⑥由于不断地对核心类属在维度、属性、条件、后果和策略等进行登录,因此其下属类属可能变得十分丰富和复杂,寻找内部变异是扎根理论的一个特点。①

在核心登录阶段,研究者应该经常问:"这个(些)概念类属可以在什么概括层面上属于一个更大的社会分析类属? 在这些概念类属中是否可以概括出一个比较重要的核心? 我如何将这些概念类属串起来,组成一个系统的理论构架?"这个时期研究者写的备忘录应该更加集中,针对核心类属的理论整合密度进行分析,目的是对理论进行整合,直至取得理论的饱和和完整性。核心类属被找到以后,可以为下一步进行理论抽样和资料收集提供

① Anselem Strauss, Barney Corbin, Grounded Theory, https://baike.baidu.com/item/%E6%89%8E%E6%A0%B9%E7%90%86%E8%AE%BA/8233319? fr = aladdin.

方向。

第六节　研究过程的评价标准

在本研究中,笔者采用了林肯(Lincoln)和古巴(Guba)对研究过程的评价标准。他们的评价标准主要包括了事实的价值(truth value)、适用性(applicability)、一贯性和中立性(neutrality)等四个评价标准。[①]

事实的价值是评价研究对象的感受和体验真实性的标准,它指研究对象对现象做了多么充实的叙述和解释。在本研究中,笔者通过邮件、电话、微信和邮寄等方式把访谈记录内容和分析结果转给研究对象,进一步明确了研究者的记录和分析内容与研究对象的体验内容的一致性。除此之外,笔者还与没有参加本次研究,但是也选择了中韩跨国婚姻的中国朝鲜族女性进行了访谈内容和分析结果的交流,结合她们的实际生活适应经验,听取了她们对访谈内容和分析结果的意见和评价,从而对研究结果中所出现的适应相关概念,以及非研究对象是否与研究对象有着同样的生活适应经历做了比较和确认。

适用性是指除了本研究外,研究结果能够被适用的程度和范围,它指研究结果的适合与否。在本研究中,笔者通过对研究对象进行深入访谈、收集资料直到再没有新的概念出现,即通过使访谈资料达到饱和状态的方式满足了研究适用性的条件。

一贯性是指通过资料的收集和分析来评价研究结果是否有一贯性的评价标准,换句话说,当其他的学者对研究的资料、观点和情况也得出与研究者相似或相同的结论时,我们可以说研究结果的一贯性程度较高。在本研

---

① Yvonna S. Lincoln, Egon G. Guba, *Naturalistic Inquiry*, Sage Publication, Inc., 1985.

究中,笔者对研究方法、资料收集和分析过程进行了详细的描述,同时请教了有着丰富的质性研究经验的专家,持有社会学和社会工作博士学位的高学历者,邀请韩国的质性研究学术委员会相关成员对本研究结果进行了审阅,并且通过接纳和参考专家和学者们对整个研究过程和研究结果的评价,对范畴化进行了修正,从而提高了研究的一贯性。另外,笔者还通过搜索在韩中国朝鲜族女性活动网站、相关文化和艺术等方面的调查资料,对研究对象的访谈内容进行了真伪和一贯性方面的比较和确认。最后,笔者还把研究结果传给了选择中韩跨国婚姻但并没有参与本研究的若干名中国朝鲜族女性进行阅读和评价,以此保证了研究结果的一贯性。

中立性是指研究者不论在研究过程中,还是在进行研究结果分析时,都应注意做到从所有偏见中解放出来。在定量研究中,只有在信度和效度较高的情况下才能满足研究的中立性条件。在本研究中,笔者从研究开始一直到研究结束,通过记录研究者个人在研究过程中存在的个人见解、假设、偏见等的方式,不断地提醒自己应保持中立态度,并努力保持了研究的客观性。

第四章　选择中韩跨国婚姻的中国朝鲜族女性的文化适应意义探索及类型建构

第一节　研究对象个人信息简介

为了更好地构建理论,在扎根理论研究中,研究对象会被理论性地进行选取。这种选取方法被称为理论性抽样。在质性研究中,抽样需要满足两个原则,即合适性和充分性。合适性是指为了构建理论,研究者查找并选择能够为研究提供最好信息的研究对象的状态。充分性是指研究者为了对现象进行充分的、丰富的解释和说明,收集经验资料直至达到饱和的状态。在本研究中,笔者为了充分反映抽样的合适性和充分性原则,以选择中韩跨国婚姻且在韩国生活2年以上的朝鲜族女性为研究对象,并且通过深入访谈,收集了中国朝鲜族女性生活适应的相关经验资料,访谈一直持续到不再出现新的概念、资料达到饱和。

从2011年起,笔者对往返于天津和韩国,且主要生活在韩国的17名选择中韩跨国婚姻的中国朝鲜族女性进行了长时间的联系和多次的一对一的访谈。笔者与每一位研究对象的访谈次数也从最少3次到最多15次,各不相同,且每一次的访谈时间约为2小时。为了研究方便,本研究对所有的研究对象都按着案例1、案例2等的形式进行了标注。

案例1的研究对象在读大学期间曾经做过导游工作,因为是中国朝鲜族,懂韩语,因此她主要的服务对象是从韩国到中国来旅游的韩国人。她在一次做导游的过程中遇到了现在的韩国丈夫。观光结束后,男生回了韩国,但是两个人却没有忘记对方,始终通过电话、邮件等方式保持联系。当时也是大学生的男生回国后在学校申请办理了下学期到中国大学学习的短期研修,而申请的学校正好是研究对象所在的学校。在男生来中国学习和生活期间,两个人的接触变得更为频繁,之后二人确定了恋人关系,最后走向了婚姻殿堂。结束了大学4年漫长的恋爱生活之后,研究对象与男生在毕业季办理了婚姻登记。之后研究对象在中国利用6个月的时间办理了护照和签证等出国手续,最后到了韩国,实现了与韩国丈夫的团聚。结婚初期,由于男女双方家长都反对这桩跨国婚姻,因此研究对象与丈夫只在中国举办了简单的婚礼,而在韩国并没有再次举行婚礼。研究对象的公公在三十多年前已经离开人世,婆婆目前在韩国经营一家小超市,而家中的大姑姐虽然参加了工作,但是还没有结婚,因而他们要在一起生活。结婚初期,研究对象在韩国经营了一家主要面向中国同胞的小饭店,但是由于之后出现了经济上的困难、身体上的疾病、精神上的压力和夫妻之间的矛盾冲突,研究对象关闭了饭店。2016年,研究对象努力在韩国就业,但是仍然没有找到工作,处于无业状态。其丈夫是一名公司职员,目前两个人生活在韩国京畿道。

案例2的研究对象在高中毕业之后没有上大学,直接选择了在中国的韩国企业工作。当时,其现在的韩国丈夫是同一企业韩国本部海外营业部的一个职员。由于海外营业部的职工出国出差的机会较多,因此男生来中国出差的机会也自然比较多,而随着男生与研究对象在中国见面机会的增多,两个人的感情也变得越来越深,最终发展成了恋人关系。两个人通过长途电话、邮件等方式保持了恋人关系,最后走到了一起。由于研究对象婚前在韩国企业工作过,也接触过很多韩国人,她对韩国文化和风俗有了较深的了解,她也很清楚如何与韩国人建立良好的关系,因此来到韩国生活的适应初期,研究对象与韩国人的关系建立并没有因文化差异而不适应。研究对象在韩国已生活 3 年,生了个女孩,2016 年研究对象辞了职,在家里主要养育孩子。之前研究对象有过与丈夫在同一韩国企业工作过的经历,因此研究对象非常理解丈夫的职场生活的不易,而且对丈夫的工作也表示大力支持。研究对象认为韩国生活非常适合她,她也不断努力使自己尽快成为韩国社会的一员。

案例 3 的研究对象在国内曾经有过离婚经历。其与现在的韩国丈夫是通过婚姻中介而认识。其现在的韩国丈夫在遇到研究对象之前也曾经有过通过婚姻中介认识了一位中国朝鲜族女性,并且结了婚,但是之后又离了婚的经历。而他选择离婚的主要原因是与朝鲜族前妻性格不合,以及两人在赡养父母问题上存在分歧。因此案例 3 的研究对象与其丈夫都是再婚。研究对象与前夫育有一个 9 岁大的女儿,她把女儿交给在中国的亲生父母抚养,独自一人来韩国生活。而韩国丈夫对研究对象表示非常满意。2016 年研究对象作为全职太太在家里抚养丈夫与其前妻的孩子,她的愿望之一是把在中国的女儿邀请过来一起在韩国生活。

案例 4 的研究对象是在中韩建交初期便选择了中韩跨国婚姻。研究对象在大学读书期间认识了现在的韩国丈夫。当时男生在中国大陆的韩国企业工作。一次男生所在的韩国企业在国内招聘中国朝鲜族职员,研究对象看到招聘信息后就参加了面试,最终还成功地被该公司录取。找到工作之后,研究对象就放弃了学业,参加了工作。两人在同一公司工作,久而久之相互之间产生了感情,建立了恋人关系。研究对象谈到她选择跨国婚姻的最主要原因是对韩国生活充满了美好憧憬,以及为了解决家庭的经济问题。2016 年研究对象在抚养两个子女的同时,经营一家中韩跨国婚姻中介所。之前研究对象也曾做过汉语讲师、中韩翻译、导游等工作。

案例 5 的研究对象婚前在中国,毕业于某一专科学校,并且有作为幼师在幼儿园工作的经历。其与现在的韩国丈夫是通过中介认识,而且在两人有过几次交往之后就闪电式地选择了跨国婚姻。在国内,研究对象主要生活在汉族人口聚居较多的地区,因此遇到同民族男性结婚的机会非常少。其父亲早逝,其母亲最大的心愿就是希望女儿能够与同一民族的男性结婚。为了满足母亲的心愿,也为了去看一看父亲出生的地方,研究对象选择了与现在的韩国丈夫结婚。在结婚之前,研究对象对韩国没有一点儿了解。研究对象想通过跨国婚姻,通过在较为发达的韩国生活来实现自我理想,因此对韩国充满了期待和希望。但是当她来到韩国,发现自己的理想和现实之间存在很大差异的时候,她很彷徨、迷茫和失望。之后为了缓解在韩国生活的孤独和寂寞,研究对象建立了在韩中国女性自助组织,她通过组织选择跨国婚姻的中国朝鲜族女性参加活动,为她们提供帮助和支持。但是由于经济上的困难,以及选择跨国婚姻的中国朝鲜族女性在韩国仍然处于弱势地位,因此在组织活动的时候总是会遇到不少的困难。2016 年研究对象在韩国某大学读书,研究对象与韩国丈夫的女儿在读小学,他们一家三口与婆婆生活在一起。

案例 6 的研究对象与韩国丈夫在中国举行了婚礼,之后因丈夫需要在中国工作,所以婚后他们在中国生活了 3 年,之后才回到韩国生活。研究对象与现在的韩国丈夫通过中介认识。婚前研究对象根本没有考虑过跨国婚姻。因有一名女性无法去相亲,受在中介所工作的一位好友的嘱托,研究对象代替那位女性去相了亲,结果遇到了当时来相亲的韩国丈夫。两人在交流中相互产生了好感,于是决定交往,最后两个人选择了结婚。其韩国丈夫婚前在中国已经生活多年,丈夫的大伯在中国经营一公司,丈夫在大伯的公司工作,因此对中国文化并不陌生。当时其丈夫也已过结婚适龄期,但是却没有结婚的想法,于是大伯就委托中介所给侄子找一对象,之后遇到了研究对象。结婚两年后,研究对象就取得韩国国籍,她认为在韩国生活固然很好,但是为了更自由地生活,她计划去美国。

案例 7 的研究对象在韩国遇到了现在的韩国丈夫。研究对象的母亲在中韩建交初期以亲戚访问的形式来到了韩国。之后,研究对象通过母亲在韩国的人脉关系,办理手续来到了韩国。来到韩国,研究对象就在一家饭店工作。而其现在的韩国丈夫当时也在同一饭店工作,由此两个人相互认识并走到了一起。研究对象夫妇在婚前有较长时间的交往,研究对象对韩国文化以及韩国人也有某种程度的了解,因此研究对象对跨国婚姻并没有持否定态度。目前研究对象夫妇经营与中国服装有关的生意,并且生活得非常美满。研究对象在婚后也仍然保持着中国式的男女平等的生活方式,而韩国丈夫对此也没有任何不满。研究对象的妹妹也与韩国男性结婚且生活在韩国。

案例 8 的研究对象通过中介与现在的韩国丈夫认识并结婚。其韩国丈夫婚前认识到以自己当时的条件很难遇到合适的韩国女性做配偶,因此委托了婚姻中介所为其介绍一女性。而研究对象之前在中国通过与韩国人的交往,对韩国人有较好印象,因此对中韩跨国婚姻并不排斥。另外,研究对象对韩国女性婚后全身心投入子女教育的生活模式产生了浓厚的兴趣,认为选择与韩国人结婚,对子女的教育会有很大帮助,于是有了选择跨国婚姻的念头。研究对象从婚前开始就对韩国生活持肯定的态度,因此在韩国生活适应方面也表现出了较为积极和肯定的态度。2016 年研究对象一方面在饭店工作,另一方面又与丈夫一起经营中韩跨国婚姻中介所,两人暂时还没有子女。

案例 9 的研究对象通过中国朝鲜族妯娌的介绍认识了现在的韩国丈夫。在本研究中,案例 9 的研究对象与其丈夫的年龄差最大,为 17 岁。研究对象在婚前一直生活在中国农村,并且只有初中学历。妯娌是同一故乡的邻居,两人一直相互联系且相处得非常好。妯娌先于研究对象选择了跨国婚姻且生活在韩国,妯娌在韩国生活美满的消息在村里迅速传开,研究对象的母亲着急,联系了妯娌,嘱托她为自己的女儿也寻找一合适的韩国男性。于是妯娌也趁此机会把研究对象介绍给其丈夫的哥哥。目前研究对象处于怀孕之中,几乎不懂韩语,日常生活受妯娌的帮助较多。也因为如此,慢慢地妯娌对研究对象的家庭生活有了越来越多的干涉,家庭内部有需要讨论的问题时,研究对象的丈夫也会更多地尊重和听从妯娌的意见,由此研究对象的夫妻生活出现了不少的问题。

案例 10 的研究对象通过中介认识了现在的韩国丈夫。研究对象在国内时生活在农村,初中学历,婚后与公公、婆婆在韩国一起生活。目前研究对象在居住区的社会福祉馆学习韩语。虽然研究对象没有工作,但是研究对象说只要有机会就会参加工作。研究对象称自己掌握着家庭的经济大权,因此心里觉得很踏实。

案例 11 的研究对象在中国的韩国企业工作时认识了在同一企业工作的现在的韩国丈夫。两个人相处没有多长时间,公司就派遣研究对象去新加坡工作。虽然生活在两地,但是两个人仍然通过电话和电子邮件的方式保持了密切联系。男生回到韩国之后,希望研究对象从新加坡直接到韩国来工作和生活,最后在双方的共同努力下,研究对象选择了与男生一起生活在韩国。婚后研究对象因婆婆的赡养问题与丈夫的家庭成员产生了矛盾,并且与他们断绝了来往。婆婆与研究对象的关系也因此恶化,婆婆毅然决定从家里出来独自在养老院生活,而婆婆在养老院生活了几个月,便突发心脏病离开人世。之后,研究对象与丈夫的关系恶化,因为丈夫埋怨母亲的离世与研究对象有关,夫妻之间的矛盾不断升级,丈夫也因此提出与研究对象离婚的要求。但是研究对象称自己仍然爱着丈夫,因此没有离婚的想法,还说会为改善夫妻关系而做出自己的努力。

案例 12 的研究对象在国内读大学期间曾经教一位韩国教授汉语,而其现在的韩国丈夫当时也是通过那位韩国教授的介绍以交换生的身份来中国读书,并通过韩国教授的介绍认识了研究对象。研究对象大学毕业后就留学于韩国丈夫所在的韩国高校读研究生,在读研的 3 年期间,与现在的韩国丈夫一直保持了很好的恋人关系。研究生毕业后研究对象就和现在的韩国丈夫结了婚。研究对象现在作为全职太太养育着两个子女。2012 年因丈夫所在公司派遣丈夫去美国工作,研究对象就带着孩子跟随丈夫一起去了美国。在假期研究对象会带着孩子们回韩国和中国来看看父母。由于研究对象在读书期间就有了宗教信仰,因此在韩国也与家里人一起参加宗教活动,并表示对韩国生活非常满意。

案例 13 的研究对象在国内有离婚经历。研究对象在国内没有听从家里人的反对,与不是同一民族的满族男性结了婚。婚后,研究对象希望能够抚养孩子好好生活,结果发现当时的丈夫有了婚外恋,这也导致了夫妻矛盾的激化。其当时的丈夫还会因两人不是同一民族对研究对象实施家庭暴力,研究对象忍无可忍最终选择了离婚。离婚后为了忘掉痛苦的回忆,忘掉曾经生活过的地方,研究对象通过中介认识了其现在的韩国丈夫。其韩国丈夫是一名出租车司机。研究对象作为全职太太在家里抚养 20 个月大的孩子。研究对象以亲戚访问的形式邀请了自己的亲生父母来韩国生活,父母一起在饭店工作。研究对象与前夫生有一子,她虽然很想看望孩子,但是由于经济上的困难无法来中国看望。

案例 14 的研究对象大学毕业后到韩国留学。读书期间研究对象利用课余时间到一家韩国公司打工,而其现在的丈夫当时正工作于此公司,两个人见面的次数多了,久而久之就产生了好感,恋爱 1 年之后,两个人走入了婚姻的殿堂。因丈夫的公司在中国有业务,因此夫妻双方 2016 年来到中国生活。研究对象目前有两个子女,她在承担养育子女的任务之外,还在丈夫所在的公司负责管理中国方面的贸易工作。研究对象对自己几乎承担公司所有的中国方面的贸易工作感到非常自豪。研究对象认为在跨国婚姻中,双方的国籍并不是最重要的,对于他们来讲,最为重要的是夫妻之间的爱和信任,研究对象目前对她的婚姻生活感到非常满意。研究对象还没有争取韩国国籍的想法,她认为从长远来看,中国比韩国更有发展前景,与其拿韩国国籍一直生活在韩国,不如早一天到中国开创自己的事业。

案例 15 的研究对象是在中韩建交初期通过中介认识了现在的韩国丈夫。当时出国虽然是一件非常难的事情,但是研究对象对到韩国充满了期待。等研究对象终于办理完手续到了韩国才发现,在韩国的婚姻生活并不像她所期待的那样浪漫和美好。因为期待和梦想与现实之间的差异很大,研究对象对跨国婚姻充满了失望和后悔。其丈夫生活在韩国的农村,在研究对象到韩国之前,丈夫一家已经欠有一大笔债,研究对象虽然努力生活,想尽快还清债务,过上幸福生活,但是只靠干农活维持家计的生活,让研究对象看不到曙光什么时候能够到来。研究对象说其没能得到婆家的一点帮助和支持,研究对象能够与丈夫维持 16 年的婚姻生活,最主要的原因是她一直有着丈夫的支持和爱。结婚初期由于承受不了过重的身体和精神压力,研究对象曾离家出走,但是最终还是因为丈夫的爱和包容,重新回到了家庭。目前研究对象在养育着两个子女的同时,还与丈夫一起经营一家练歌厅。在韩国,研究对象说她曾经得到过宗教组织的帮助和支持,因此她也很想对他人保持善良,而且真诚地生活下去。研究对象说她也曾经以公司职员、教会宗教人士、学校学生为对象,参与过汉语教育。她说她对在韩国的生活充满了自信。研究对象通过自己多年的努力,已拥有机动车驾驶证、电脑等级以及料理等多个资格证书,目前研究对象的理想是去大学读书。研究对象认为在国外生活最为重要的是靠自己的努力和夫妻之间的信任和爱,她说她要为自己能够成为一名真正的堂堂正正的韩国人而继续做出努力。

案例 16 的研究对象在中国有离婚经历,与前夫有一 20 岁的儿子。其当时在国内没有固定工作,通过做服装生意维持生计,后来通过中介认识了现在的韩国丈夫,生活在韩国已有四年。研究对象之前就职于服务行业,但是由于健康状况不是很好,后来放弃了工作。其现在的韩国丈夫是初婚,没有稳定的工作,在经营一家小超市。由于有过一次离婚经历,也受过不小的伤害,因此研究对象对目前的婚姻生活并没有抱太大的希望。研究对象称在取得韩国国籍之后,如果与丈夫还像现在一样过得幸福就会继续维持婚姻生活,如果不是自己所梦想的婚姻生活,她会选择再次离婚。研究对象很想邀请在中国的儿子到韩国一起和她生活,但是儿子拒绝了她的邀请。结婚初期研究对象因语言障碍与韩国丈夫之间存在过交流上的障碍,但是现在可以与丈夫进行某种程度的较深交流。虽然研究对象是全职太太,但是在取得韩国国籍之后,研究对象希望在饭店或其他服务行业工作。

案例 17 的研究对象是通过中介认识了其现在的韩国丈夫。来韩国之前,研究对象会说韩语,因此在与韩国人沟通的时候没有语言上的障碍。其现在的韩国丈夫在一家韩国企业工作,而研究对象则在语言学院教中文。两人还没有子女,对婚姻生活表示满意。研究对象最大的梦想是通过继续学习发展自我。为此,她利用业余时间在语言学院学习英语,以便通过考试去大学读书。研究对象性格外向,对做任何事情都充满自信,对中韩跨国婚姻也持肯定态度。

以上 17 名研究对象的年龄均在 30~44 岁,而她们的韩国配偶的年龄在 30~50 岁。研究对象中 7 人生活在首尔,2 人生活在京畿道,4 人生活在仁川,1 人生活在忠清南道,1 人生活在光州,1 人生活在水原,1 人生活在江原道地区。除了在天津与研究对象相约进行访谈之外,笔者利用假期去韩国的机会也与研究对象见面做了访谈。其中生活在首尔、仁川、忠清南道和京畿道的研究对象是笔者亲自到她们的居住地进行了访谈,而生活在水原、光州、江原道的研究对象则是笔者通过与她们相约,利用她们来首尔办事的时间,与她们在首尔见面并进行了访谈。访谈场所均为方便访谈的比较安静的地方,比如研究对象的家、笔者所入住的酒店、安静的咖啡馆等。17 名研究对象中,有 4 人在国内的学历为专科,其余 13 人的受教育程度均为高中毕业。研究对象在韩国的生活时间为 2 ~ 15 年,各不相同。

目前大多数的研究对象作为全职太太生活在韩国,而有的研究对象在语言学院做中文教师,有的在饭店等服务行业从事服务工作。除此之外,本研究中还有 4 名研究对象从事个体经营。本研究中有 3 名研究对象有过离婚经历。另外,17 名研究对象中有 6 人在结婚初期参加过韩国女性相关机构(如福祉馆、洞事务所、女性文化会馆、在韩女性组织等)组织的韩国文化体验活动。在研究对象个人信息中,有 10 人在国内的汉族学校读书,其余 7 人在朝鲜族学校读书。在本研究中,笔者根据自己的判断标准对接受访谈的研究对象的韩语表达能力和理解能力按上、中上、中和下的层次进行了分类。

本研究的研究对象基本的个人信息情况如下表 4 – 1 所示。

表 4 – 1 研究对象基本个人信息

案例	年龄 (岁)	配偶年龄 (岁)	在韩时间	国内所读学校	再婚情况	参加、体验韩国文化活动	韩语能力	目前工作	居住地
1	30	30	7 年	汉族学校	无	无	中上	全职太太	京畿道
2	30	34	3 年	朝鲜族学校	无	无	上	全职太太	仁川
3	34	41	4 年	朝鲜族学校	有	有	上	全职太太	首尔
4	39	46	10 年	汉族学校	无	有	上	婚姻中介所	忠清南道
5	34	44	11 年	汉族学校	无	有	上	研究生过程	仁川

续表

案例	年龄（岁）	配偶年龄（岁）	在韩时间	国内所读学校	再婚情况	参加、体验韩国文化活动	韩语能力	目前工作	居住地
6	30	37	3 年	汉族学校	无	无	下	饭店	首尔
7	37	43	14 年	朝鲜族学校	无	无	上	个体经营（服装）	首尔
8	29	36	3 年	朝鲜族学校	无	无	中上	饭店、婚姻中介所	首尔
9	21	38	2 年	汉族学校	无	无	下	全职太太	仁川
10	24	31	2 年	汉族学校	无	有	下	全职太太	仁川
11	33	39	9 年	朝鲜族学校	无	无	上	中文讲师	首尔
12	29	35	6 年	汉族学校	无	无	中	全职太太	京畿道
13	36	44	3 年	汉族学校	有	无	中上	全职太太	水原
14	29	37	5 年	朝鲜族学校	无	无	上	个体经营	首尔
15	39	44	15 年	汉族学校	无	有	中上	个体经营（练歌厅）	江原道
16	44	50	2 年	汉族学校	有	无	下	全职太太	光州
17	28	35	6 年	朝鲜族学校	无	有	上	中文讲师	首尔

　　本研究中的访谈资料主要根据斯特劳斯和科尔宾提出的编码程序①进行了分析。在扎根理论的开放式编码中，笔者把收集的原始访谈资料打散，赋予了概念，然后把相关的概念进行了重新组合，实现了概念范畴化。在轴心式编码中，为使范畴更加明朗，对相关范畴进行了关联性分析。在选择式编码中，笔者通过对主范畴的系统分析，最后选择了一个核心范畴，并且围绕着这一核心范畴，建构和发展了跨国婚姻女性生活适应类型理论模型。这一过程可以简单整理为表4-2。

---

① Strauss A., Corbin J., Grounded Theory Methodology：An Overview, In N. Denzin, Y. Lincoln (Eds.), *Handbook of Qualitative Research*, Sage Pubulications, 1994, pp. 273 – 285.

表4-2 主范畴、对应范畴及概念

理论模型	主范畴	对应范畴		概念
因果条件	选择跨国婚姻	结婚动机		1. 情/爱 2. 过了结婚年龄 3. 摆脱农村生活 4. 离婚经历 5. 想去看看父母的故乡 6. 经济上的期待/憧憬 7. 无知的决定 8. 实现梦想的好机会
		相遇经过		9. 同一职场工作 10. 中介 11. 邻居等人的介绍
		对跨国婚姻的态度		12. 他人的反对 13. 顺从父母意见 14. 命运/缘分 15. 冒险 16. 意识到男女不平等关系
主要现象	承受压力			17. 忽视 18. 缺乏信任 19. 差别对待/偏见 20. 干涉/控制 21. 认识上的差异 22. 性格及年龄差异 23. 暴力
脉络条件	文化差异			24. 语言再学习 25. 酒文化差异 26. 饮食文化差异 27. 家庭文化差异 28. 夫妻之间的沟通 29. 祭祀文化 30. 女性文化
	认同感混乱			31. 认同感确立 32. 认同感缺失
	经济期待与现实之间的差异			33. 被高物价惊吓 34. 对期待产生失望、困惑、混乱
作用/相互作用策略	对自我和婚姻的认识上的改变	他人的认可		35. 得到家庭成员的认可 36. 得到邻居、亲戚等人的认可
		产生自信		37. 掌握家庭经济权 38. 对持续发展充满自信
		积极接纳		39. 对夫妻关系充满自信 40. 确信选对了跨国婚姻
	自我实现需求	自我发展意识		41. 不断为自我发展而努力 42. 设立经济目标 43. 通过子女实现自我
		规划新目标		44. 规划新目标

续表

理论模型	主范畴	对应范畴	概念
中介条件	影响自我发展的条件	否定条件	45.较低学历 46.家庭和社会支援不足 47.自助组织的支援不足 48.男权中心的职场及社会文化 49.未取得韩国国籍
		肯定条件	50.发现自身优点 51.发现自身力量 52.经济独立
	压力应对	积极的压力应对	53.努力解决问题 54.求助于韩国人 55.挑战传统权威 56.家庭关系再定义 57.参与社会活动
		消极的压力应对	58.逃避问题 59.问题最小化 60.消极接纳压力 61.消极方式应对压力
	社会支持	家庭支持	62.配偶的支持 63.原家庭的支持 64.婆家、妯娌等的支持
		社会支持	65.利用社会资源 66.邻里之间分享有用资源 67.获得自信
		媒体影响	68.媒体提供有用信息
		自助组织的支持	69.解决孤独感 70.获得精神上的支持 71.获得有用信息 72.获得解决问题的技巧和方法 73.获得主张自我权利的勇气

在开放式编码中,通过剔除和聚拢相关概念,共获得73条原始语句及相应的初始概念,实现了概念范畴化。在轴心式编码中,通过对范畴的关联性分析,归纳出具有突出关键意义的主范畴10个,对应范畴20个。基于以上编码,本研究在选择性编码中确定"承受压力"为选择中韩跨国婚姻的中国朝鲜族女性生活适应类型的核心范畴,它也是理论模型中的主要现象。

第二节　文化适应意义分析

在本节,笔者主要以与17名选择中韩跨国婚姻的中国朝鲜族女性的访谈资料为依据,对选择跨国婚姻的中国朝鲜族女性的韩国生活适应的意义进行了深入分析。在这里,笔者主要从以下六个方面对选择跨国婚姻的中国朝鲜族女性进行了分析:选择与韩国男性结婚的社会背景、在韩国的主要生活经验、对生活经验产生影响的主要因素、为适应韩国生活而采取的行动、影响为适应韩国生活而采取的主要行动的因素、文化适应的意义。

一、选择与韩国男性结婚的社会背景

中国朝鲜族女性选择与韩国男性结婚的背后有着多种多样的社会背景。在本书中,笔者主要从结婚动机、相遇经过和对跨国婚姻的态度三个方面对中国朝鲜族女性选择跨国婚姻的社会背景进行了分析。

（一）结婚动机

中国朝鲜族女性并不是一开始就有与韩国男性结婚的念头。在中国改革开放和中韩两国建交之后,随着两国在各领域的合作不断扩大,两国人民之间的友好往来不断深入,中国朝鲜族女性与韩国男性认识的机会变得越来越多,进而促进了男女双方之间的相互交流。特别是在本研究中,有偶然相遇而一见钟情的研究对象,也有到了结婚年龄、有过离婚经历而不得已选择与韩国男性结婚的研究对象。除此之外,本研究中也不乏想脱离农村生活、认为韩国是父母的故乡、为了解决家庭的经济困难而选择中韩跨国婚姻的研究对象。

因此,在本书中,笔者提炼了"情/爱""超过适婚年龄""摆脱农村生活""离婚经历""想去看看父母的故乡""经济上的期待/憧憬"等概念,并且把这些概念整理到结婚动机的范畴之中。

1. 情/爱

中国朝鲜族女性通过与韩国男性相遇、相识和相爱,相信了爱情是没有国界的。另外男女双方通过电话、邮件等手段相互保持持续联系,加深了感情,最后走到了一起。因此,她们相信两人虽在异地,但是男女双方始终保持密切联系对于爱情的稳定是至关重要的。特别是在信息化时代,电话、电脑等通信工具使异地相恋的男女双方维持恋人关系成为可能。在本研究中,有一些研究对象称她们与韩国丈夫能够最后走到一起,最主要的原因是他们相互之间产生了真感情,真的很相爱。是情和爱让她们选择了跨国婚姻。

　　我真的很爱我老公,所以选择了和他结婚。如果不爱的话,我不会从新加坡直接飞到韩国的。那个时候,好像我的眼里除了他,就没别人了。别看我们是跨国婚姻家庭,但我们的婚姻真的是建立在爱情之上的。(案例11)

2. 超过适婚年龄

朝鲜族是中国55个少数民族之一。中国的延边朝鲜族自治州是朝鲜族的生活聚居区,中国大多数的朝鲜族生活在以延边为中心的东北地区。但是生活在中国的很多朝鲜族人为了接受更好的大学教育、找到一份合适的工作、适应和接纳社会环境,移居到其他少数民族或汉族较多的地方安家落户。但是受传统民族文化的影响,很多中老年朝鲜族父母仍然希望自己的子女能够找一个相同民族的朝鲜族异性结婚。与此相反,从小接受过国内教育、受汉文化的熏陶较深、与汉族同学和同事相处时间较长的年轻朝鲜族一代却没有那么严格的民族观念。她们认为婚姻与民族并没有太大关系,只要两个人相亲相爱,没有什么可以成为婚姻的障碍。因为持有这样观念的朝鲜族年轻一代越来越多,因此她们努力去寻找同一民族的异性,与其建立恋人关系且最终迈向婚姻殿堂的可能性就变得越来越小。不仅如此,随着朝鲜族女性的教育水平和经济地位的提高,她们对配偶的条件也有了较高的要求。而在符合这些条件的朝鲜族男性并不是很多的情况下,朝鲜族女性选择满意配偶的概率就大大降低了。在国内找不到合适的朝鲜族男性,而自身又到了结婚年龄的朝鲜族女性只能通过跨国婚姻的方式,选择韩国男性为终身伴侣。

> 当时我岁数也不小了,眼光也越来越高,想结婚也找不到合适的。我生活的那个地方朝鲜族特别少,所以像我妈要求的那样找一个朝鲜族男的真的挺难,我妈还跟我说过要不你嫁给韩国人吧,你也可以去看看你爸爸出生的地方。所以我和我爱人属于闪婚,年纪一大家里人一催也就不考虑那么多了,很快就结婚了。(案例5)

3. 摆脱农村生活

为了解决韩国农村单身男性的婚姻问题,韩国政府曾经大力地鼓励和主导过跨国婚姻。而在中国的农村地区,也存在一些更加偏好中韩跨国婚姻的中国朝鲜族女性。生活在农村,因学历较低而不能就业,或者想摆脱农村生活的中国朝鲜族女性则会更多地选择中韩跨国婚姻。而这些女性选择跨国婚姻其实也与她们的父母一辈子以农民身份生活在农村、父母的婚姻生活并没有给她们留下积极的影响有关。

> 就是在农村也没有什么事儿可做,中学毕业之后就一直待在家里了,反正也得结婚,就想嫁到韩国也没什么不好呀。也不想在农村继续生活了。农村这个地方我已经待够了,穷不说,年轻人都上大城市打工了,我本来也是想去大城市的,但是家里人觉得我还小,出去万一出个事儿也是很麻烦的一件事儿。另外我父母还是觉得女孩子最重要的就是嫁个好人家,打工挣钱了最后是要结婚的,所以他们一心想赶紧给我找个对象。我其实也没文化,初中毕业了就一直没事儿干,在农村也待

够了想出去,想想既然父母让我结婚,那结婚也没什么不好吧,反正只要离开农村就可以,所以就嫁到韩国来了。你想想,其实像我这种情况,在这里找个好对象挺难的。(案例9)

4.离婚经历

本书中也有因在国内有过离婚经历而选择跨国婚姻的中国朝鲜族女性。有一些中国朝鲜族女性在国内的离婚经历不仅带给了她心理上的伤害,而且也让她失去了很多曾经拥有的资源,而这些又让中国朝鲜族女性失去了在国内好好生活下去的勇气。离婚女性为了摆脱周围人对她们的偏见和歧视,为了摆脱社会上给离婚女性所贴的标签,为了逃避只留下无力感的生活环境,她们选择了中韩跨国婚姻,希望在新的环境开始新的挑战。

　　我在国内结过一次婚。他是汉族人,是我的高中同学,我们是自由恋爱一段时间后结婚的。但是没有想到结了婚以后他就像变了个人,经常打我。一开始其实家里人都反对这桩婚事,因为不是一个民族的人,但是我们当时真的很相爱,所以结了婚。可是谁能想到他能打人呀!谈恋爱的时候爱得死去活来的,那个时候好像是被爱冲昏了头脑,谁的话也听不进去,现在想想其实父母还是过来人,他们有的时候反对你做这件事,反对你做那件事,其实不是没有道理的,当时也许他们通过我前夫的某些行为看出来了他并不适合我吧,所以父母就借着不是相同民族、两个人之间会有文化差异、性格差异的借口反对我,但是我当时就觉得父母是故意要拆散我们,所以我就没听他们的,结了婚也生了孩子。但是没想到有了孩子之后他好像完全变了一个人一样,甚至开始喝酒,还动手打人,结果我实在受不了了,选择了分手。离过婚而且还有孩子的女人总会有人在后面指指点点的,而且再想找个好人家,好好过日子总是觉得没有自信,所以就选择了到韩国来开始新的生活。我现在挺好的,总算离开了那个伤心地,我不想回去,也不会回去的。(案例3)

5. 想去看看父母的故乡

在本书中,有一些研究对象认为韩国是祖辈或父辈的故乡。因为她们的祖辈或父辈出生在韩国,但是在战争年代从韩国逃亡到中国,因此出生在中国且长在中国的朝鲜族女性就对韩国有一种特殊的感情。特别是从小就从祖辈那里听说过他们的移民经历、看到或听到父母回忆幼年时期在韩国的生活经历时,中国朝鲜族女性就会有一种想去父母的故乡看一看的想法,而当这种想法越来越强烈,且对韩国民族也有同一民族的认同感的时候,中国朝鲜族女性就更容易选择中韩跨国婚姻。

> 其实我母亲有韩国国籍。户口本上有我妈妈的名字。虽然之前我们都生活在中国,但是我一直认为韩国就是我妈妈的故乡。中韩建交之后,我妈妈来过韩国,那个时候其实我也挺想一起来的,主要是因为我觉得韩国毕竟是妈妈的故乡嘛。来看看妈妈出生的地方,找找亲戚,找找根儿也并不一定不好,一是可以解决婚姻大事,二是也可以看看母亲出生的地方,我就选择了跨国婚姻。(案例7)

6. 经济上的期待/憧憬

1978年中国的改革开放不仅对中国的社会和经济产生了巨大的影响,也给中国女性的生活带来了巨大的变化。随着改革开放,中国女性在劳动力市场中的竞争越来越激烈,有很多女性甚至面临着失业的危机。第六次全国人口普查数据显示,2010年女性就业率比男性低13.8个百分点,近10

年女性就业率的下降幅度比 1990—2000 年的 5.8 个百分点还要大,而男性近 10 年的下降幅度则略小于上一个 10 年(4.1 百分点)。① 在城市女性就业率较低的情况下,农村女性的就业就更成了一大难题。为了解决家庭的经济问题,很多农村家庭的朝鲜族女性选择出国打工,或者通过跨国婚姻的方式移民国外生活。在本研究中,有一部分研究对象谈到她们是为了解决家庭的经济问题,或者为了保障安定的家庭生活而选择了中韩跨国婚姻。

> 我是家中老大。下面还有弟弟和妹妹……我读书的时候因为经济方面的问题考虑了很多……那个时候是 20 世纪 90 年代,进入国内的韩国企业也不是很多,给的钱也不少,所以就工作了。我在那个公司遇到了现在的老公。后来我和我老公感情越来越好了,但是说句老实话,一开始选择中韩跨国婚姻有很重要的一个原因就是要解决家里的经济问题,那个时候我还是大学生呢,要是咬紧牙坚持下去也许大学就读下来了,但是当时家里有弟弟妹妹,他们也要读书,而我又被韩国公司看上了,可以工作挣钱了,就想大学毕业了也是要找工作挣钱的,再说了等毕业了再找工作也不一定能找到韩国这家公司,心一狠就把学业放弃了。(案例 4)

在本研究中也有一些研究对象谈到选择中韩跨国婚姻的主要原因是对韩国的憧憬。而这样的理由也可以在先前的一些研究中得到证实。姜海顺(1999),金淑子、江柔贞(1999),李圣梅(1994)等的研究中提到,中国朝鲜族女性是以挣钱为目的,成智慧(1996)在研究中提出她们主要是因为经济方

---

① 杨慧:《女性就业现状及行业与职业分布性别差异》,360 个人图书馆,http://www.360doc.com/content/17/0219/12/17911488_630267169.shtml。

面的因素而选择了中韩跨国婚姻。而诱发朝鲜族女性对韩国充满憧憬的主要原因有在国内播放的韩剧中所反映的韩国都市生活的华丽,韩国男性的帅气、温柔,以及去过韩国的一些朝鲜族的衣锦还乡和大款形象。

> 我问过即将成为我丈夫的男朋友,如果我们结婚了,我是不是可以不用上班挣钱,他非常肯定地说当然不用上班了。当时我真的被他的这些话感动了,也想着韩国真是一个好国家,我不用辛辛苦苦挣钱了。当时也对韩国充满了憧憬和幻想。当时在国内也看过韩剧,韩剧里出来的女主人都是不上班的全职太太,安排孩子上学、老公上班之后,自己约朋友喝个咖啡,聊聊天,顺便在外面吃个饭回来,多美的一件事儿呀。我就挺向往这种生活的,不用被逼着去挣钱,不用为没有工作而发愁。(案例5)

> 其实当时我曾经有过中国男朋友,后来我还是选择了现在的韩国丈夫,原因是当时我对韩国确实充满了好奇和憧憬。可能这种想法太强烈了。我曾经想过韩国是没有农村的国家。因为看到韩剧里都是过得很好、很干净的那种画面。当时我一直为家里的经济问题苦恼着,看到韩剧里出来的那种和谐、温馨、干净、优雅的画面,我就想如果我嫁到韩国也会过得那样好,所以想来想去后来还是决定和前男友分手,因为前男友也是穷大学生,我们未来能不能在一起,而且能不能过得幸福都是说不好的事儿,而眼前的韩国男朋友就很现实,就在我的面前,所以我更多的是因为对韩国的那种美好憧憬选择了这个婚姻。(案例4)

7. 无知的决定

中韩建交之前,有很多的中国人,就连中国很多年轻一代的朝鲜族对韩国也不是很了解。因此,由于无知而选择中韩跨国婚姻的中国朝鲜族女性也不占少数。在本书中,案例5的研究对象就谈到她由于对韩国的无知而选择了跨国婚姻。

> 我对韩国真的是一无所知……在来到韩国之前我对韩国的认识只有三个方面。一是韩国有很多的宗教。二是韩国的体育运动很厉害。三是韩国是女性没有地位的国家。当时是因为母亲催婚,自己还过了结婚年龄,所以匆匆地在根本不了解韩国文化的情况下选择了结婚。无知的选择,真的是无知的选择。爱情也好,婚姻也好,都需要有相互的了解,不能盲目选择,否则后悔就晚了,婚姻过得也不一定很幸福。(案例5)

8.实现梦想的好机会

随着越来越多的中国朝鲜族去韩国探亲、访问、学习、打工挣钱,他们回国之后在生活方面有了明显的变化,因此在很多没有去过韩国的朝鲜族眼里,韩国是一个"自由的国家""挣大钱的国家""可以继续学习深造的国家"。因此也有一部分中国朝鲜族女性为了实现自己的理想、实现自我而选择了中韩跨国婚姻。在本研究中,案例5的研究对象曾经在中国有过继续学习的想法,但是由于受到周围环境的影响,她没能完成自己的梦想。而她选择跨国婚姻也在某种程度上与她梦想在韩国实现自己的理想、实现自我有一定的关系。

> 我当时也问过我丈夫,如果我结婚去了韩国能不能继续读书,他说只要我愿意当然可以读书,而且他还说如果我能考上首尔大学他就给我交学费。当时我根本也不知道首尔大学是一所什么样的学校,但是我还是被我丈夫的话感动了,对我的未来也有了更大的期待。其实我

就是有个继续读书的梦想,在国内我也当过老师,我也知道学习的重要性,而且我也喜欢继续读书,所以我跟我丈夫当时问的最主要的几个问题之一就是我能否在韩国继续读书,因为我听说韩国女人一般都是结了婚就在家,有工作的女性也都不工作了,甚至有的女人书没读完也都不读了。当时他当然很痛快地同意了,而且还说我能考上首尔大学的话就连学费也给我交,我当时根本不知道首尔大学是什么样的一个大学,我想可能就是首尔市里的一所大学吧,后来我才知道首尔大学是韩国最有名的大学,进那里读书的人都是在学校考前一二名的学生。现在想想我真笨,怪不得我老公当时那么痛快地答应,他当时可能想我根本考不进首尔大学吧。(案例5)

(二)相遇经过

在本书中,选择中韩跨国婚姻的中国朝鲜族女性通过在国内的韩国公司工作与韩国丈夫相遇,或者通过中介、周围朋友和亲戚等人的介绍认识了现在的韩国丈夫。在本书中,笔者将"在同一职场工作""中介""邻居、亲戚、老师等人的介绍"归纳到相遇经过的范畴之中。

1. 在同一职场工作

中韩建交之后,很多韩国企业进入了中国市场。初期在中国的韩国企业为了解决因中韩文化、语言等方面的差异而产生的问题,招聘了一些既懂韩语,又懂汉语,且熟悉中国文化的中国朝鲜族为职员,而中国朝鲜族员工也因自己在语言及生活方面的优势很好地把握了在韩国企业工作的机会。特别是中国朝鲜族女性通过在韩国企业工作,有机会与韩国男性相遇,而与韩国男性的相遇又让他们相亲相爱,最后走到了一起。

我们俩是在公司认识的。我在大连的韩国企业工作的时候,我爱人那时在韩国的公司本部。后来他有几次到大连出差,我们就有了相互见面的机会,再后来他回韩国,我们通过电话和电脑一直保持了联系。我会中文和韩文,我老公来了做市场调查或者见客户,我就主要陪着他去做翻译,有时他还需要整理资料,我给他收集整理,然后他写个报告的时候就能帮上很大的忙,他挺感激我的。后来他来中国的时候就开始给我从韩国买礼物,而且还单独请我吃饭,一来二去见面的次数多了,他的一些家庭情况、我的一些个人情况,我们都互相聊了很多,回韩国了他就会一个礼拜给我来三四次电话,也经常相互发送邮件联系。(案例2)

2. 中介

韩国的跨国婚姻中介业始于20世纪60年代。那时的韩国女性梦想着去美国,实现自己的美国梦,因此一些人就开始把有这样梦想的韩国女性介绍给当时驻扎在韩国国内的美国军人,韩国的跨国婚姻中介业后来就慢慢形成了。一直到1970年年末,韩国的跨国婚姻中介业都主要以美国、日本、德国等发达国家的男性和韩国女性之间的相互联姻为主要目标。从1988年开始,发达国家男性和韩国国内女性相互结合的需求突然有了下降趋势,韩国国内的很多跨国婚姻中介机构开始出现了生意不景气的现象,有一部分跨国婚姻中介机构不得已选择了改行做别的生意,或者被迫选择了关门停业。20世纪90年代初中韩建交,中国朝鲜族女性与韩国男性之间的跨国婚姻又呈逐渐增长的趋势,韩国的跨国婚姻中介业又起死回生,恢复了当年的兴盛。笔者在本研究中也发现,17名研究对象中有11人是通过中介的介绍选择了跨国婚姻。

我们通过中介认识。沈阳有婚姻中介所,主要是介绍中国人和韩国人结婚的。我丈夫那个时候就是去沈阳的婚姻中介所,通过他们的介绍认识了我。我本来也不反感韩国,而且韩国毕竟在生活环境方面、子女教育方面都要好于中国,所以在婚姻中介所工作的姐姐说需不需要见一面的时候我也没犹豫就同意了,见面后我们相互之间感觉还可以就互相留了电话号码,然后继续保持联系,后来自然而然地就走到了一起。(案例8)

3. 邻居、亲戚、老师等人的介绍

在本研究中也有一些研究对象是通过邻居、亲戚、老师等人的介绍认识了其现在的韩国丈夫。

邻居家有一个姐姐,她嫁到韩国了。她嫁到韩国之后,韩国姐夫的朋友曾经跟姐姐谈到了想找一个中国朝鲜族女性的事,后来姐姐就把我介绍给他——也就是现在的丈夫。我父母接到姐姐从韩国打来的电话,问我父母有没有把我嫁到韩国去的想法时,我父母没怎么反对。主要是那个姐姐嫁到韩国之后过得挺好的。我爸妈本来就挺羡慕这个姐姐的,因为她父母经常在村里见到邻居就夸自己女儿在韩国过得好,还夸自己的衣服、包、电饭锅、吸尘器都是女儿从韩国寄过来的,好多邻居都羡慕,那我父母也羡慕呀,就跟那个姐姐说让她在韩国帮着看看有没有合适的人给我介绍,所以姐姐来电话的时候,我父母也没反对,可以说是很痛快地就答应了。(案例9)

(三)对跨国婚姻的态度

在本研究中,研究对象与周围的很多人对跨国婚姻都持有不同的态度和看法。有一些研究对象主张自己选择了之前连想都没有想过的跨国婚姻,是因为她认为这就是缘分,这就是命运的安排,因此对跨国婚姻也表现出了宿命论的态度。还有一些研究对象表示,选择中韩跨国婚姻并不是其本人的强烈愿望,而是听从父母的意见、尊重父母决定的结果,因此她们对跨国婚姻表现出了顺从的态度。

通过中介所的介绍而选择跨国婚姻的中国朝鲜族女性在发现了中介过程中"根据中介人的决定,自己的婚姻对象随时都会发生变化"这一事实之后主张跨国婚姻从一开始就是一个冒险的行为。另外,研究对象周围人对朝鲜族女性与韩国男性的婚姻也有着不小的影响。

在本书中,笔者把"他人的反对""顺从父母的意见""命运、缘分""冒险""意识到男女的不平等关系"等概念归纳到对跨国婚姻的态度这一范畴之中。

1.他人的反对

在跨国婚姻问题上,大多数的中国朝鲜族女性的家人、亲戚、朋友、邻居等人都表示了反对。反对的原因主要是"不能随时能看到她""有困难的时候身边没有能真心帮助她的人"等。特别是很多人认为韩国的父权制文化会使接受过男女平等思想教育的中国朝鲜族女性感到压抑和不自由,因此他们也积极反对中韩的跨国婚姻。由于反对跨国婚姻的人较多,因此中国朝鲜族女性选择与韩国男性结婚的事实很难得到周围人的认可和接纳。

不仅仅是中国朝鲜族女性的家庭及周围人反对中韩跨国婚姻,韩国丈夫的家庭成员及亲朋好友也对韩国男性与中国朝鲜族女性的结合表示强烈的反对。而韩国家庭反对跨国婚姻的主要原因则与一些中国朝鲜族女性通过伪装结婚进入韩国之后弃家而逃、寻求自己的金钱利益等有一定的关系。此外,在本研究中,案例2的研究对象谈到,自己的婚姻遭到家里人的反对主要是因为研究对象有一韩国亲戚曾欺骗过她们,所以研究对象的父母对韩国人有了偏见,对研究对象的跨国婚姻决定也表示强烈反对。

我妈总是担心我,她说:"我不能把你送到那么远的地方,平时想见你都难……在那么远的地方我也不知道你到底过得怎么样。"她也一直反对这桩婚姻,在我婚礼那天,说句老实话,我妈也没完全接受这个事实。那天,她还抓着我老公的手说:"作为男人,你不能拿这双大手打我女儿,不管有什么矛盾也一定要用嘴说,千万不能动手。"(案例1)

我们家就有一位亲戚是韩国人,他还是我叔叔呢。真的可以说是很亲很近的亲戚了。但是就是这么亲的人到了中国,对我们家人又是骗,又是说大话的……所以我父母一听到是韩国人,他们都愤怒。(案例2)

2. 顺从父母的意见

在本研究中也有一些研究对象是因为顺从了父母的意见而选择跨国婚姻的。特别是本研究中的案例5的研究对象谈到,她选择跨国婚姻是因为她认为对父母尽孝的最好办法是尊重父母的意见,听从他们的决定。

我母亲希望我能跟同一个民族的人结婚。所以当她听说我和韩国人相亲了的时候,她也没有表现得非常惊讶。我母亲一个人养大我们不容易,所以我当时就想,对我母亲尽孝的最好办法就是尽量让她高兴,听她的话。而且之前她也为我的婚姻大事操了不少的心,父亲去世早,我母亲就觉得我们几个孩子的婚姻就是她余生中最大的事情,她希望在她的晚年能够看到我们几个孩子都有自己的那个伴儿,最好再给她添个孙子孙女,她的任务也就完成了。我也知道我母亲不容易,所以就尽量听从她的意见,尽量让她高兴。选择这桩婚姻有很大一部分原因也是跟我母亲希望我嫁给语言上能够沟通,她认为的生活习惯也好,文化方面也都有些相似的人为好有关系。(案例5)

3. 命运、缘分

一部分中国朝鲜族女性认为，分别生活在文化和社会环境都不同的两个国家，相互见面的次数也有限的韩国男性和中国朝鲜族女性能够最终结合在一起，不是她们自己的能力和计划能实现的，她们主张跨国婚姻是命运的安排，是他们的缘分所在。

> 但是挺奇怪的，我当时就是对那个（中国）男朋友没有感情。我想都是缘分吧。我和我老公都觉得我们的结合完全是命运的安排。谁也没有想到我打工做导游的时候会遇到他，而且他还有心回国之后就申请了交换生到我们学校来学习，也很巧我们学校当时还有针对韩国学生的短期交换拿学分的制度，因为我在做导游的时候我们互相交换了手机号，还互相留了邮箱等其他的联系方式，所以中间有了一些联系，所以我想有缘分的人不论在哪里，一定会在某一个时刻相遇。（案例1）

4. 冒险

选择中韩跨国婚姻的一部分朝鲜族女性主张，不能简单地把跨国婚姻理解为一个人跨越国境到另外一个国家生活，它其实也伴随着预测不了的未来，以及自己是否有能力解决好问题等，因此跨国婚姻对个人而言既是一个挑战，又是一个冒险行为。特别是对通过婚姻中介所的介绍而选择跨国婚姻的中国朝鲜族女性来说，在短时间内无法对韩国男性有真正的了解，仅仅通过几次的见面就要决定终生，更无法预测自己是否能够适应新的生活环境，在不能预测未来会发生什么事情的情况下，选择跨国婚姻本身就是对自己人生的一次赌注，因此也必然增大了冒险概率。

> （韩国男性）在韩国找不到对象了，才会到中国来找对象的……怎

么说呢，一般这样的人都是并不优秀、有这样或那样缺陷的人。所以，如果没选好，就会很危险。我自己就是因为离婚后想离开那伤心地，所以选择嫁到韩国的。我老公也是离过婚的人。我不是说离婚的人不好，而是因为有这样经历，说明它在婚姻的某些方面处理事务的能力还不是很好，或者理解对方、接纳对方的心理承受能力还不是很强大，等等。所以再婚也好，跨国婚姻也好，几乎不是很了解的外国人就通过几次见面后走到一起生活，我想还是有一定风险的。我们谈那么长时间的恋爱，到时候都会有这样那样的问题出现，更何况是相互不认识的两个人在短时间内就建立关系，这危险性不更大吗？（案例 3）

5. 意识到男女的不平等关系

通过中介所的介绍而选择跨国婚姻的中国朝鲜族女性主张，从一开始中介就已经使韩国男性与中国朝鲜族女性之间形成了不平等关系。婚姻中介所虽然从韩国男性和中国朝鲜族女性两边收取了同等额度的介绍费，但是却没有给双方提供同等的选择婚姻对象的机会。据介绍，婚姻中介所会同时介绍多名中国朝鲜族女性与同一名韩国男性见面，韩国男性会在这几名中国朝鲜族女性中选择一个自己第一眼看上的女性并与她进行单独的见面和交流，然而中介所却不向中国朝鲜族女性提供可以同时与多名韩国男性见面的机会。

在本研究中，案例 4 的研究对象就是亲自经营婚姻中介所的一位中国朝鲜族女性，她称每一次当她看到外表和各方面的条件都比韩国男性要好的中国朝鲜族女性与比其条件差很多的韩国男性结合时，她就觉得特别气愤，也觉得对中国朝鲜族女性太不公平。而案例 3 的研究对象也提到，每当看到中国朝鲜族女性像商品一样被韩国男性自由选择和抛弃的时候，就觉得男女之间真的很不公平。

（中介所的）老板跟那个女的说,现在来客人了,需要出去吃饭,希望那个女的下次再来,他们也会再联系她的,然后就把她打发走了。然后就临时决定让(韩国男性)与我见面。当时我也没有当场就答应,但是老板觉得可以了……于是就成了……韩国男的就一个,但是来见他的中国朝鲜族女的就有很多,他见了一个,紧接着又见一个,但是我真的无法理解这种行为。女性就像商品一样被选来选去,如果不满意了再换另一个,直到他满意了为止,婚介所介绍男女双方见面就是这样,真的很不公平,凭什么一个韩国男的就在那里坐着,我们中国女性就任他来挑、让他满意,分明是性别歧视。(案例3)

以上笔者主要就中国朝鲜族女性选择与韩国男性结婚的社会背景进行了探讨和分析。中国朝鲜族女性与韩国男性结婚的社会背景属于扎根理论分析模式中的因果条件部分。扎根理论中的分析模式是对范畴之间的关系进行排位和组织时所使用的结构式图示。扎根理论中的分析模式是通过系统地整合范畴关系的结构和过程,帮助资料收集和整理的又一个分析方法。它由因果/偶然条件和对现象起着影响作用的事件组成。

在本书中,笔者主要以对17名与韩国男性结婚的朝鲜族女性的访谈资料为依据,通过持续的比较分析过程,抽取概念,发现概念类属,形成更为抽象的范畴,再根据分析模式中所包含的条件对范畴的属性和维度进行分析,最后得出了研究结果。

正如在上文我们可以看到的,在本书中笔者把"结婚动机""相遇经过"和"对跨国婚姻的态度"等整理为对应范畴,而把这些对应范畴又整理到"选择跨国婚姻"的范畴之中。另外,"选择跨国婚姻"的范畴会随着本质这一属性的不同,在维度上出现冲突和一致两种不同的结果。也就是说,中国朝鲜族女性婚前对婚姻和婚姻生活本质的态度与实际在韩国的婚姻生活的态度一致与否,会对中国朝鲜族女性在韩国的生活适应过程带来不同的影响。

在本研究中,笔者根据对访谈资料的分析,得出扎根理论因果条件中的范畴,范畴的属性和维度整理为表4-3。

表4-3 因果条件的范畴、属性和维度

主范畴	对应范畴	概念	属性	维度
选择跨国婚姻	结婚动机	情/爱	本质	冲突——一致
		过了结婚年龄		
		摆脱农村生活		
		离婚经历		
		想去看看父母的故乡		
		经济上的期待/憧憬		
		无知的决定		
		实现梦想的好机会		
	相遇经过	在同一职场工作		
		中介		
		邻居、亲戚、老师等人的介绍		
	对跨国婚姻的态度	他人的反对		
		顺从父母意见		
		命运、缘分		
		冒险		
		意识到男女的不平等		

二、在韩国的主要生活经验

与韩国男性结婚的中国朝鲜族女性在韩国会有很多的生活体验。她们通过与韩国丈夫、公婆、妯娌(或姑嫂)以及周围其他韩国人建立关系而直接体验韩国生活。在与韩国丈夫的家人及亲戚建立关系的过程中,朝鲜族女性可能会因交流方式的不同、饮食文化的差异,甚至因为嫁妆问题,家庭的经济、子女教育，以及妇女的社会参与等面临韩国生活适应方面的困难，她们也将因此而有与一般婚姻不同的生活体验。

在本书中，笔者主要从中国朝鲜族女性与其韩国丈夫、公婆、妯娌（或姑嫂）及周围其他韩国人的关系入手，探索并分析了选择与韩国男性结婚的中国朝鲜族女性在韩国的主要生活体验。

（一）忽视

1. 丈夫

中国朝鲜族女性谈到从韩国丈夫的不守诺言、不倾听、自我行事等行为中感觉到丈夫根本不关心和重视自己，自己被丈夫忽视了。在本研究中，案例11 的研究对象谈到，婚前丈夫分明承诺最少每两年就让妻子回一趟中国看看父母，但是她已结婚九年，还没有回国一次。而通过这件事情，案例11 的研究对象很气愤地说韩国丈夫根本不在乎她，也根本不把她当重要的伴侣来看待。

> 我老公分明是跟我承诺的。说让我最少两年回一趟中国，因为毕竟国内有我的父母和兄弟姐妹。但是每一次我提出来要回去的时候，他就会找出各种理由不让我回去，什么来回飞机票太贵了，什么在韩国经常打电话联系不就行了，一定要回去吗？什么他工作忙，没时间回去呀，等等。我结婚到现在快十年了，但是还一次也没回过中国。父母当然来过韩国，但是我也想回去看看父母、亲戚、朋友，他好像不是我谈恋爱时的他了，也许中间发生了太多的事情，从婆婆的赡养问题到婆婆去世，也许很多事情让我们之间出现了一些问题。（案例11）

案例5 的研究对象也提到，当她把与婆婆之间的分歧向自己的丈夫倾诉时，丈夫非但不理解和安慰她，反而站在婆婆的一边，对自己又是喊，又是骂,认为所有的错都在妻子身上,甚至还要求研究对象无论父母说什么,做什么,研究对象必须听从父母的意见。而研究对象通过这件事情,也感到自己一人在异国生活是多么的无助和无奈,她也意识到了韩国的父权制思想对韩国男性的影响有多深,她甚至有一段时间对生活都失去了信心和希望。

与韩国男性结婚的很多中国朝鲜族女性都想通过为父母提供经济上和情感上的帮助来减少家庭成员对自己选择跨国婚姻的偏见,或表达自己对父母的孝心。因此,中国朝鲜族女性总是想通过经常给中国的父母打电话的方式来证明自己的选择是正确的。而她们也希望其韩国丈夫能够对自己的父母表现出一些关心,以此让父母对自己的婚姻生活安心。但是现实生活却事与愿违。从韩国丈夫掌握着家庭的经济大权,韩国丈夫对妻子的家庭成员漠不关心,以及韩国丈夫强制性要求中国朝鲜族妻子与婆家人保持良好关系等情况中,中国朝鲜族女性感到了丈夫对自己的忽视和不尊重,因此中国朝鲜族女性对婚姻生活也表现出了失望之情。

> 我邀请父母来韩国,父母来了,我当然是希望他们跟我们生活在一起的。在国内,女婿和丈人、丈母娘一起生活,这不也很正常吗? 但是我老公不想一起生活。没办法,他们在外面租了一个小房子,那个房子其实很小,就一个屋子,而且还在地下……我本来是想着他会关心一下,最起码给他们找一个稍微好一些的地方,但是没有。当时我真的伤心得不得了,也觉得特委屈。(案例13)

> 他晚间下班回家了,我就跟他诉苦,说白天与婆婆不愉快的一些事情,其实我只是想让他知道我受委屈了,心里不舒服,想让他安慰我而已,结果他非但不听我的,还振振有词地说这就是要成为一个真正的韩国女人必须经历的过程。他说韩国女人都是对自己的婆婆毕恭毕敬的,即使婆婆有说得不对、做得不对的地方,也都是顺从婆婆,也不敢说

婆婆不是的,说我怎么这么多事儿……我老公绝对是永远都站在我婆婆一边的人。他不会听我解释,就算是我婆婆错了他也觉得我就应该听着,不能反驳,他说韩国女人都是这么过的,有什么大惊小怪的。我真的好无奈,慢慢的我也不再对我老公有什么期待了,一下子很失望,一下子觉得我的那个伴儿根本就不属于我。(案例5)

2.公婆

在与韩国公婆之间的关系处理上,中国朝鲜族女性也称自己遇到了不少的困难。在本研究中,案例4、案例5、案例11的研究对象称自己的婆婆不仅曾经轻视过她,而且还对她使用过语言上的暴力。案例1的研究对象还提到,在结婚初期她曾经与婆婆一起去市场买菜,当时有邻居曾问过婆婆与研究对象的关系,但是婆婆觉得自己有中国儿媳妇很没有面子,所以含含糊糊说了与问题无关的话,就匆匆离开了。而研究对象从婆婆的行为中感觉到了自己不被婆家认可,婆家轻视和忽视自己的态度。

骂人的话我好像都听她说过。我当时真的非常失望,我根本也没有想到她会是那样的人。一开始我忍了。因为毕竟是父母,她也岁数大了,而我也不是做得都对,但是说句老实话真的太过分了。我做得再不对,婆婆也不能用那么难听的话骂自己的儿媳妇吧?如果我是韩国儿媳妇,我想我婆婆也不会那样的,也许她本身就是那样的性格,我也不清楚,反正我受了很多的委屈和侮辱。(案例11)

3.妯娌(或姑嫂)

在与妯娌(或姑嫂)之间的关系上,中国朝鲜族女性也称自己曾经被她们嘲笑和轻视过。在本研究中,笔者通过访谈发现,有的研究对象有过遭受同样从中国结婚过来的中国朝鲜族妯娌语言暴力的经历，有的研究对象提到因不了解韩国饮食及其他文化而被韩国妯娌嘲讽、指使和干涉的经历，也有的研究对象称被韩国妯娌要求完全承担赡养父母的责任。

> 因为赡养婆婆问题我们大干了一场。大嫂说婆婆必须由我们来赡养。其实我也可以赡养，这不成问题，但是就是她太欺负人了，赡养是大家一起商量的事，怎么能你说谁赡养就谁赡养呢。还不止这些，她还骂人呢。说我岁数不大，还那么没教养，不尊重长辈，我想并不是我不尊重长辈，而是你作为长辈是不是首先要有长辈的样儿呀，另外我只是就事论事，觉得有的事情并不是她们想的那样，那我就谈我的想法而已，也许我说得不一定对，但是大家既然都是一家人，有什么事情都可以一起商量呀。但是我们这一家就不是，小的就不应该说话，什么都得听他们的安排才行。再说了要是论赡养父母，在韩国还都是大儿子赡养呢，还轮不到我们小的呢，大嫂很无理取闹的。这分明是欺负人呀！
> （案例 11）

还有的研究对象谈到韩国有祭祀文化，并且韩国人非常重视祭祀活动，对祭祀程序及供品等都有严格的要求，因此准备祭祀桌和祭祀饮食并不是一件容易的事。而由于中国朝鲜族女性与韩国妯娌在准备祭祀的过程中不能很好地合作，韩国妯娌表现出对中国朝鲜族女性的轻视和嘲讽，中国朝鲜族女性感到自己受了委屈，觉得自己被当作了门外汉。

> 最让我心烦的就是她不帮我摆放祭祀桌。一直都在我家过祭祀。我也挺累的。所以有一次我跟她说了咱们两家轮换着过祭祀，结果她说她是不会在自己家过的，如果不行就商量以后别再过祭祀了。但是

你说这可能吗？我婆家也不能同意呀。哎，伤心也没用。我真的不喜欢韩国的这种祭祀文化，一年都不知道过多少次呢，而且还都是在大儿子家过，祭祀桌上的东西还很讲究，都需要在家里亲自准备，要在市场买最好的水果。上桌的材料买回来，女人还需要在家亲自煎、拌，说祭祀需要表现诚意才行，这样才能给家庭、子孙带来福气，这需要很长时间的，也是很费精力的一件事儿，但是几乎每年都是在我家由我和婆婆准备着。（案例3）

我听到她们在我后面说我坏话，我就问她们为什么说我，结果她们毫不在乎地说："你做得好，我们还能在背后说你吗？"你说多可气。我结了婚，养好我的孩子，跟丈夫关系也好，没什么问题的话，你不帮我也罢，最起码别说我坏话呀？真的很可气，叫人特讨厌。（案例11）

4.社会

中国朝鲜族女性在韩国生活必然会与韩国人建立不同的社会关系。大多数与韩国男性结婚的中国朝鲜族女性为了解决家庭的经济困难会选择参加社会活动。但是由于很多中国朝鲜族女性学历较低，在异国获取就业相关信息的渠道有限，因此她们只能在劳动强度较大的饭店、工厂、医院等地工作。在为他人提供服务的职场工作中，中国朝鲜族女性不可避免与饭店老板及顾客，工厂厂长及工人，医院护士及患者等人建立起不同的工作关系。而在与社会上的不同服务对象建立不同关系的过程中，中国朝鲜族女性也常常因他人的指使、命令、叫骂和批评等行为，感到了自己能力的有限、他人对自己的不尊重和轻视。

本研究中案例8的研究对象谈到在饭店工作期间，饭店老板总是区分韩国人和中国朝鲜族，且根据国籍的不同分配不同的工作任务，而给中国朝鲜族女性的工作往往是更辛苦、更脏的活儿。不仅如此，饭店老板对中国朝鲜族女性实施的语言暴力也给她们带来了不可磨灭的心理伤害,而从这些经历中,中国朝鲜族女性也感受到了自己不被韩国人尊重、被轻视。

> 刚开始的时候就那样,老板和韩国职员都一样,一提到什么事情就会与我们联系起来,然后时不时就伤害我们。他们还说朝鲜族是一个民族的,然后又说你们朝鲜族是中国人吧,中国人怎么那样呢,等等吧,反正就是那样的语气。(案例8)

朝鲜族女性也谈到由于她们所使用的语言和语调与韩国人不一样,因此也会遭到韩国人的不公平对待。有的研究对象谈到,由于语言方面的原因,在商场等公共场所购物时,她们往往会遭到商场工作人员的差别对待。在本研究中也有研究对象称自己因语言方面的问题曾经被韩国人轻视过,有过这样的不愉快经历之后,她在之后的购物中有了尽量不说话或少说话的习惯。

> 一出去就感觉韩国人瞧不起中国人,好像咱们都不如他们的那种感觉。买东西的时候也是那样,我们想了解商品,想让她们给我们做更多的商品说明,但是她们好像先通过衣着和语调判断我们不是韩国人,然后她们的态度也就变了。有的时候知道我们是中国人,还故意抬高衣服的价格,就觉得咱们中国人没钱,肯定买不起,那种瞧不起我们的样子。(案例7)

(二)缺乏信任

1. 丈夫

到目前为止,在韩国的家庭结构中,男性被认为是家庭的首要生计抚养者,因此韩国男性作为一家之主掌握着主要的家庭权力。而这样的家庭结构很容易导致跨国婚姻家庭中中国朝鲜族女性在家庭中被男性控制。尤其在很多周围的旁观者主张只要有了韩国国籍,中国朝鲜族女性就很有可能离开家庭的负面影响下,跨国婚姻家庭中的韩国男性不会轻易把家庭的经济权交给妻子来管理。而韩国男性对妻子所抱有的"是否会逃跑""是否把钱汇给了中国的父母"等疑心和焦虑,也再一次证明了其对中国朝鲜族女性的不信任。

本研究的案例9的研究对象向笔者诉苦,其韩国丈夫要求她每天坚持把当天的花销列出明细汇报给他。另外案例5的研究对象也谈到,为了与丈夫共同承担家庭的经济重任,她曾经选择了参加工作,但是由于丈夫怀疑妻子会逃跑,结果不得已放弃了工作,目前在家里当全职太太。

> 我现在已有5个月身孕了。上次我丈夫给了我30万生活费。但是可气的是,当我丈夫听到妯娌说她一个月只用20万的生活费就够了的时候,他马上跟我要回了10万块钱。他还让我省着点儿花呢,本来生活费已经不够了,他还让我用这些钱再买营养品吃。我都怀疑他跟我结婚的目的是什么,既然那么不在乎我,跟我结婚做什么,我也承认姐姐来得比我早、做得比我好,但是我有我的生活方式,我没有必要模仿她的日子过吧,更可气的是我丈夫宁可相信她的话也不信任我,我真的很伤心,我还怀着孕呢,我想正常男人在这样的关键时刻首先想的都会是自己的妻子还有肚子里的孩子的健康,而不是计较钱,更不是信任别人胜过自己的妻子吧。(案例9)

2.公婆

在本研究中,有一些研究对象谈到了自己在婚姻生活中由于受到公婆的干涉而承受过很大心理压力的经历。婆婆对儿媳的饮食、生活起居、生儿育女方面的介入使很多的中国朝鲜族儿媳妇感受到了心理上的压力。不仅如此，由于媒体对跨国婚姻中的伪装婚姻事件的大量报道，使得很多韩国人对中国朝鲜族女性的跨国婚姻持否定和怀疑的态度，因此他们在对待朝鲜族女性的态度上也表现出了轻视和批判。而这些行为和态度也在无形中带给选择中韩跨国婚姻的中国朝鲜族女性很大的心理伤害。

（婆婆）天天问我什么时候生孩子。现在想想我感觉那个时候其实催我生孩子的最主要原因是婆婆根本不相信我是真心为了过日子而结婚的。她可能怕我逃跑吧。只要我老公一上班，我婆婆就会来电话，几乎天天都来电话。也没什么事，就是问在不在家呀，做什么呀。我和我老公还是认识并谈了一段时间的恋爱之后结婚的呢，但是我婆婆还是怀疑我。也许是因为我做过导游，我妈也没不赞成这桩婚事，我们还很年轻，媒体经常报道伪装结婚的，我婆婆就更不相信我了。她觉得我生个孩子的话离开的可能性会小吧，所以天天催我生孩子，有的时候甚至不跟我打招呼就直接来我家看我在不在家。（案例1）

3. 社会

韩国媒体在跨国婚姻方面的夸大事实和反面报道也在某种程度对韩国社会对选择跨国婚姻家庭的中国朝鲜族女性的信任程度产生了一定的负面影响。当时，很多报道重点播放了跨国婚姻家庭中存在的问题，很少或几乎没有报道跨国婚姻家庭中的外国女性遇到的适应上的问题，而她们又是如何去解决这些问题的相关正面报道，因此负面的新闻报道也对韩国社会正确理解和认识选择跨国婚姻的中国朝鲜族女性的真实生活产生了不利影响，并且增加了韩国社会对跨国婚姻的否定和批判。很多韩国人甚至认为中国朝鲜族女性并不是真正为了爱情、为了生活,而是为了钱选择跨国婚姻。社会上对跨国婚姻的否定和批判也导致了已经选择跨国婚姻的韩国男性对中国朝鲜族妻子的不信任,由此也激化了夫妻双方的矛盾和冲突。

　　当我们告诉父母要结婚的时候,公公和婆婆其实并没有很赞成。他们当然更希望自己的儿子跟土生土长的韩国女人结婚,对儿子选择并不是很了解的外国人结婚,他们有些不理解。这是一个原因,其实还有一个最主要的原因,那就是当时电视上动不动就报道伪装结婚的,今天这个跑了,明天那个跑了的,所以他们当然也没对我有什么好感。(案例7)

　　电视上出来的几乎都是评价不好的报道,看这些新闻,心里其实挺不舒服的。甚至还有出问题的跨国婚姻家庭中的夫妇上节目谈他们之间存在的问题和矛盾的,其实谁过日子不都一样吗? 有过得好的时候,也有吵吵闹闹的时候,有过得好的家庭,也有过得不好的家庭。他们韩国人过日子不也一样。怎么这样的节目播的就是那些有问题的家庭呢? 如果想让大家过得好,让这个社会更安定的话,是不是应该让过得好的家庭出来谈谈如何克服困难,他们可以成为很多家庭的模范,也可以帮着很多家庭去解决好自己家庭的问题,那多好呀⋯⋯(案例6)

(三)差别对待、偏见

1. 公婆

韩国的婆婆因嫁妆等方面的问题对中国朝鲜族儿媳妇产生偏见。在本研究中,案例1的研究对象就谈到,她的婆婆曾经埋怨中国朝鲜族儿媳妇在结婚的时候没有给婆家带来任何嫁妆,由此还产生了中国人生活很贫困,中国朝鲜族女性嫁给韩国人就是为了钱等偏见。

也谈嫁妆的事。(婆婆)说她们也花了不少钱把我娶回了，还给我们买好了房子，那我就应该把空空的屋子填满才行……因为这样的事儿也吵了不少次。我也跟我婆婆说过很多次了，我说我结婚只是因为我爱我的老公，并没有想通过婚姻获得其他的什么，如果没有房子我们可以挣钱租房子，如果不喜欢，我们可以从这个家搬出去，我们可以不住这个房子的，反正就这样的事儿多着了。(案例1)

在本研究中，案例5的研究对象还谈到她的婆婆把对中国怀有的不好感情投射到研究对象的身上。每当电视上报道中国的负面问题时，婆婆总会来一句"只有中国能干出来这样的事儿"，进而她还对中国朝鲜族儿媳妇发泄不平，并且在很多情况下，婆婆总是对研究对象的意见持否定态度。

我婆婆就是那种韩剧中经常出现的婆婆的形象。自己永远是对的，而别人永远是错的那种。在我们家别人其实就指我一个人。不管我在家里说什么，反正到我婆婆那里就绝对是错的，不行的。去市场买菜，她就总是唠叨说不让我买中国大蒜呀，不让我买中国大白菜呀，她觉得中国的全是假的。(案例5)

另外，本研究的案例4的研究对象还谈到韩国婆婆对自己的亲孙女和亲孙子也有差别对待。虽然研究对象的女儿和儿子是婆婆的亲孙女和亲孙子，但是只因为孙子是男孩子，而孙女是中国朝鲜族儿媳妇所生的"外人"，所以婆婆对待孙女和孙子也有差别。

我公公和婆婆是那种典型的重男轻女的人，来我家就给我儿子零花钱，就给他买糖。所以我女儿也不知哭过多少回了，因为她什么都没

有。作为母亲,我当然心疼了,我也很难受呀。(案例4)

在本研究中,有的研究对象还谈到婆婆把自己与儿子之间的矛盾归因于中国朝鲜族儿媳妇,因此对中国朝鲜族儿媳妇充满了不满和偏见。特别是当自己的儿子跟自己顶嘴时,婆婆总会愤愤地说"没结婚之前我儿子从来不跟我顶嘴的,现在怎么变成这样了",说完还会把矛头指向研究对象。

　　我婆婆把我老公叫到一边,还说让我老公好好教育一下我。我老公当然也不理解了,所以也跟我婆婆顶了一句,说:"妈,你到底要干什么?"一看我老公那样顶撞她,她当然就更受不了了。她就冲着我说他儿子以前从来没有跟她顶过嘴的,怎么现在结了婚就跟变了个人似的。意思是说是我把她的儿子变成这样了,由孝子变成不孝之子,都是我的问题,然后对我的态度就更不好了。(案例1)

此外,在案例11中,研究对象提到自己与韩国姒娌都是婆婆的儿媳妇,但是婆婆却对她们表现出不同的态度,因此也有过委屈和难过的时候。研究对象称婆婆更喜欢韩国儿媳妇,可能与韩国姒娌参加工作,而研究对象没有工作,每到重要日子韩国姒娌给婆婆更多零用钱有关。

　　这一次(韩国姒娌)又来电话说让我辛苦准备一下祭祀。我忙上忙下地准备了一整天,我婆婆还嫌我动作慢,催我快点干呢。后来姒娌下班后过来了,来得还有些晚了,但是一进门她就直冲着婆婆去,还给了我婆婆装了钱的信封,结果我婆婆马上笑着跟我姒娌说:"你工作一天了也挺累的,赶紧洗洗吃饭,歇一会儿吧。"我真的很生气,谁不会出去干活挣钱呀,我也是在外面工作的,钱给的不管多少那都是心意,我按照我的生活水平表示我的心意,作为婆婆就应该理解才行的,她怎么可以拿钱多钱少进行区别对待呢,我也是给了婆婆钱的,我还特意请假早回来准备祭祀的呢。(案例11)

2. 社会

有很多的研究对象称自己在社会生活中也曾经被周围的韩国人差别对待过。在本研究中,案例7和案例8的研究对象谈到她们在饭店工作的时候,饭店老板很明显会通过区分中国人和韩国人而分配给她们不同的工作任务,并且一般是把重活儿、脏活儿分给中国人,而把相对轻松和干净的活儿分配给韩国人,而且她们在工资待遇上也有明显的差别,韩国人最后拿的工资一般都会比中国人多。

另外,案例5的研究对象谈到因语音和语调不同,曾多次遭受过出租汽车司机投来的疑惑的眼光。而案例4的研究对象也谈到在经营自己的跨国婚姻中介所的时候,有很多韩国男性认识不到自己的不足,不仅在条件等方面夸大事实、过高评价自己,还对研究对象做出谩骂等粗鲁行为,而研究对象从这些行为中也感受到了韩国人对中国人的差别对待、不尊重和轻视。

我也做过饭店的服务员,所以我也知道是有差别的。其实从中国来的人并不多想什么,只想把自己的工作干好。但是韩国大妈们可不同。她们分明干得比我们少,却比我们拿的工资高。而且她们在老板面前也是毕恭毕敬的样子,装出来的多。(案例7)

说句老实话,有很多中国女人嫁到韩国,受暴力,被瞧不起的。我做这个中介所也知道,当你说你是中国人和你说你不是中国人的时候,韩国人对你的态度是完全不同的。我自己也能感觉得到。(案例4)

　　有子女的中国朝鲜族女性还对子女的学校及社会生活充满了顾虑。很多研究对象会担心自己的孩子因为妈妈是中国人而遭受朋友及老师的差别对待。特别是子女从幼儿园或从学校回到家,谈论起在学校发生过的与自己有关的不愉快事情时,研究对象也不止一次地感到过冲击。另外,案例12的研究对象也谈到自己虽然与韩国学生获得相同的研究经费资助,但是当教授分配给她与韩国学生不等的工作任务时,她感到自己并不是被韩国教授照顾和关心了,而是被差别对待了。

　　我女儿在幼儿园会毫无思考地说自己是韩国人。开学了小朋友们说自己在假期的时候去过美国,去过日本的时候,她也会自豪地说自己去过中国。老师会问她为什么去中国了,爸爸妈妈是不是在中国有工作,或者去过中国?我女儿就会说我妈妈学过汉语,精通汉语,所以去中国不会有多大问题。其实她根本没有跟老师说自己的妈妈是中国人,她不想说。我听了真的有点儿伤心。(案例7)

　　差别是一定有的。我读研的时候也感觉到有差别。一开始我还以为像学校这样的地方,大家都是学生,在教授那里应该是不会存在太大的差别对待的,但是不是那样的。比如说,我们教授会把课题的一部分交给韩国学生去做,而不是我。他可能觉得韩国学生做科研会比中国学生强,会做得更好。而且几乎每一次有课题的时候都会这样的。我想是差别对待。但是对于我来说,我就觉得我只是一个只拿研究经费资助,在研究室占据一个位置而实际上对教授一点儿帮助都没有的人。(案例12)

（四）干涉、控制

1. 公婆

选择中韩跨国婚姻的中国朝鲜族女性谈到在结婚初期她们也曾遭受过婆婆对她们婚姻生活的干涉和控制。在本研究中，案例1的研究对象称自己因婆婆的坚决反对，把曾经做过一段时间的工作也给辞了，虽然这份工作是经丈夫同意后选择的，但是婆婆却干涉夫妻之间的生活，说只要结了婚，女人就应该在家相夫教子，而不应该出头露面，因此她感到特别的委屈。

> 为了出去挣钱的事儿跟婆婆也有过一些摩擦。我婆婆觉得女人只要结了婚就应该待在家里，好好带孩子，伺候好自己的丈夫，说房子也有了，丈夫也有稳定工作，你出去挣钱做什么，你能挣多少。韩国婆婆都这样吗？我真不理解，她们也是女人，也一辈子在家没有经济权力、辛苦了一辈子，她们也希望自己的女儿是生活幸福的，而且希望自己的女儿是有经济地位的。但是换了儿媳妇，婆婆的态度就变了，我去工作也要干涉。我这么年轻，天天在家里做什么呢，老公一上班我就像废人一样，什么也不做，整天在家看电视、睡觉、吃饭，想出去都有婆婆盯着，真的受不了。（案例1）

案例11的研究对象谈到她的婆婆甚至还会调查自己家庭的所有经济方面的开销，进而干涉儿媳妇的婚姻生活。而案例13的研究对象提到，当自己的亲生父母来到韩国之后，婆婆还一直埋怨家庭的经济负担加重了。

> 她什么都管。比如我们家的所有东西她都要过问。什么这个为什么要买，那个为什么要扔，钱都花在哪里了……反正所有的家事她都管。也许是因为她儿子辛辛苦苦挣回来的钱，她不想让我乱花吧，也是

不相信我吧。但是这分明是干涉我们生活,说句不好听的就是侵犯我们私生活呀,我都纳闷我婆婆怎么就那么堂堂正正地拿着我们家的钥匙随便进我的家里来,还随便地翻这个翻那个的呢,这可是我的家呀。(案例11)

我父母第一次来韩国。他们实际上是想上韩国挣点钱。其实在中国父母们都没有多少钱,他们当然也不会带多少钱过来。所以我知道他们没有钱,我就跟丈夫和婆婆说了,在他们开始干活挣钱之前,我想给他们一些临时生活所必需的零用钱,结果我婆婆非常生气地说:"想来韩国你父母是不是也应该自己好好想想带点儿钱来呀,不是一来就能找到活儿了,可以挣钱了,他们是不是最起码拿生活三个月的钱过来呀,怎么能一点儿钱都不带来呢? 看着你嫁到我们家了,想指望你帮他们吗? 咱们家也不是什么富裕人家,都是挣一天花一天的,更何况你们还有刚出生不久的孩子得照顾,我儿子挣钱不容易的,起早贪黑的。"就是这样还没等我老公说什么呢,我婆婆那里就已经把我的想法否定了,后来我就偷偷地从家里的生活费中抽出一点,再从我个人的卡里拿出一点儿给了我父母。(案例13)

2. 妯娌(姑嫂)

有韩国妯娌的中国朝鲜族女性谈到,在生活上她们也曾经遭受过韩国妯娌的干涉和生活介入。而中国朝鲜族女性认为韩国妯娌对她们生活的介入很有可能与韩国妯娌想证明自己比中国朝鲜族妯娌更有话语权、行使权等有一定的关系。在本研究中,案例4的研究对象称自己因对韩国文化的不了解曾遭受过韩国妯娌的忽视和轻蔑。韩国妯娌甚至在研究对象的家庭生活方面也有过介入和参与,而这使研究对象感到非常不快。

我家厨房好像都成了她家的了。在我家她就像女主人一样,又是开冰箱,又是做料理的。我做饼的话,她就会说:"哎哟,姐姐,饼可不是这样做的。你怎么连这个都不会呀?在中国是不是没做过饭呀?"说了以后她也不是真心要教你,好像就是你不会,她轻视和瞧不起你的那种表情,后来我实在受不了还跟她吵过一次。(案例4)

在本研究中,案例9的研究对象的妯娌也是通过跨国婚姻从中国到韩国的朝鲜族女性。案例9的研究对象称结婚初期自己因不会韩语,没有办法只能依靠妯娌,而这种依靠却成了妯娌干涉自己生活的开始。因两人同是中国朝鲜族儿媳妇,如果相互之间感情不和,就很有可能导致整个家庭成员之间的矛盾和冲突,而这种矛盾和冲突往往更为突出、更为严重。

一开始我不会韩语,那时还怀了孕,一个人在家也挺寂寞的,所以我就经常去福祉馆学习韩语。她(妯娌)就说孕妇不好好在家待着老往外跑什么跑,再说既然嫁到韩国来了,就像韩国女人一样好好在家做家务就好了,去外面还花钱什么的……我老公还就听她说的。(案例9)

(五)认识上的差异

1.丈夫

由于韩国丈夫和中国朝鲜族妻子来自不同的国家,接受过不同的教育,具有不同的价值观,因此他们在对事物的认识方面,不可避免地会有不同的见解和态度。在本研究中,案例5的研究对象称自己与韩国丈夫经常因电视上播放中国政治、文化等相关新闻内容而发生口角。

看电视我老公就会说什么民主党呀,自由党呀,什么这个派呀,那个派的。还有这个历史人物是怎么回事,那个历史人物是谁的,我也不懂。我一个初中毕业的,在国内也是只知道一个中国共产党,再说了我对这些政治也不感兴趣,他跟我关心的东西都有些不一样,我感觉可能是代沟,我们毕竟年龄相差太大,想的也不一样。他把我当自己的孩子对待,有的时候我发现我都听他的,也只是把他当作比我大很多的大叔一样看待,有很多认识上的差异,很多不一样。(案例9)

2. 公婆

韩国公婆虽然承认自己的儿媳妇是来自异国的朝鲜族,应该算是外国人,相互之间会有文化等方面的差异,因此需要相互理解。但是在现实生活中,韩国公婆却并不把中国朝鲜族女性作为不精通韩国文化、韩国礼节,在生活细节方面可能会存在差异,需要她们接纳和理解的外国人来对待。他们往往以要求韩国儿媳妇的标准来要求中国朝鲜族女性,所以当中国朝鲜族儿媳妇没有听懂或理解韩语,由于语言方面的障碍,不知道什么时候该使用什么样的尊称而与公婆交流的时候没有使用尊称的时候,韩国公婆往往会表现得非常生气,他们有时甚至会对中国朝鲜族儿媳妇的所作所为做出完全否定的评价。

特别是韩国公婆遇到中国朝鲜族女性在她们面前强烈主张自己的观点、不屈不挠强调事情的来龙去脉、对他们表现得不是很有礼貌时,他们觉得这是中国朝鲜族儿媳妇对他们最大的不孝和不敬,而这对于韩国人来讲是绝对不能容忍的事情。对此很多中国朝鲜族女性主张在自己并没有做错事情的情况下,公婆一味地要求她们顺从他们的"命令",要求她们无条件承认错误的强硬态度也是令人不能接受的。因此韩国公婆和中国朝鲜族儿媳妇之间经常因不同的文化和行为差异而产生矛盾。

　　我婆婆当时挺不高兴的样子。她就觉得我这么一个小黄毛丫头，岁数也这么小，竟然一句也不输给她，跟她评理，特别没礼貌，然后就是一通教训，再把我妈也带上，什么我妈没有好好教育我呀，什么中国女人都这么强势呀，想想就生气，但是我想那不是没礼貌，而是我没有做错就是没错，她要是误会了，我就想跟她把这事儿说明白了，让她消除误会。老人说的怎么可能都是对的，我们晚辈一句话也不能说呢？但是我要是说了，我婆婆就说我没礼貌。（案例1）

3. 妯娌（姑嫂）

　　中国朝鲜族女性与韩国妯娌（姑嫂）之间也会因认识上的差异而导致相互之间的矛盾。在本研究中案例6的研究对象就有过与韩国小姑子因认识上的差异而产生矛盾的经历。研究对象称她的小姑子的婚恋观与自己有着明显的差异。小姑子主张婚前可以与多名男性见面相处，甚至可以以脚踏两只船的方式选择最终自己喜欢的配偶，这样的行为虽然有可能会伤害到一方，但是并不能说是不道德的，因为优胜劣汰，婚姻是一件大事，马虎不得，只有通过比较才能知道谁更适合她。而研究对象的婚姻观就与小姑子完全相反。她认为脚踏两只船的行为本身就是不诚实的，而有这样行为的人婚后也有可能对家庭不诚实，做出欺骗丈夫和子女，甚至欺骗家庭其他成员的事情，因此是绝对不可取的。由于双方在婚姻观方面的认识不同，相互之间产生了矛盾，有一段时间还中断过来往。

　　我其实很不理解韩国女人一出来就毫不忌讳，而且以无所谓的态度说自己处过多少个对象，而现在分手了，现在又跟谁处了……我想咱们一般是对婚姻挺慎重的，处对象也是以结婚为目的的多一些。但是我那小姑子就不那样。她以前的那个男朋友好像处了好长时间，他也给我小姑子买过不少礼物,我也觉得他们挺般配的。但是现在我那小姑子又看上了比他条件更好的,可问题是她跟前面的那个男朋友还继续处着,就是脚踏两只船的那种,说是在两个人中间最后要选一个更好的。我觉得婚姻是大事,我不反对你可以多处几个,然后最后选择一个最合适的,但是不知道我是不是太保守了,我觉得应该是跟前一个分手之后再处新的朋友,而不是同时脚踏好几只船,这样毕竟对所处的几个男生都是不负责任的,更何况你还总是收这个男朋友、那个男朋友的礼物,花他们的钱,我觉得这就真的不好了。(案例6)

4. 社会

选择跨国婚姻的中国朝鲜族女性在韩国的生活中不可避免地与邻居等人建立起社会关系。有一部分研究对象谈到,在中国,邻居之间相互见面不打招呼、不交流、不来往并不是一件奇怪的事情,因为这是工业化和核心家庭形成之后,邻里之间出现的一种特殊的社区文化的结果。但是在韩国邻居之间的关系却不是这样。在同一楼栋居住的邻居之间,见面相互之间打招呼,以及新搬来的住户会准备糕点亲自上门打招呼等是韩国人非常重视的邻里之间的文化。因此没有接触过韩国文化,在中国已经形成相互之间不相往来、以自我为中心生活的中国朝鲜族女性在接触到韩国的邻里文化之后产生了一种不自由的感觉,觉得自己的私生活被别人强制性地介入了,因此她们对韩国的邻里文化表现出了不理解,甚至拒绝。喜欢通过自然的方式与邻居建立邻里关系的中国朝鲜族女性与喜欢主动建立共同体文化的韩国人之间存在着认识上的差异。

我从来没有想过我先过去和他们打招呼。在中国邻里之间用不着特意去打招呼,但是在韩国就不一样。韩国人搬家了,新住户就会拿糕

点挨家挨户地敲门来告诉你他是新来的，住在几楼几号。反正跟咱们不一样。（案例10）

（六）性格及年龄差异

如同普通的夫妇都有可能因性格、年龄及生活方式等方面的不同而产生矛盾一样，选择中韩跨国婚姻的中国朝鲜族女性也会因性格不合等方面的原因与韩国丈夫产生矛盾和冲突。

> 我们夫妻俩的性格正相反。我丈夫属于那种圆滑但是性格开朗的人，而我就属于直筒子性格。是就是，不是就不是的那种。因为性格差异我们没少吵架。（案例6）

在本研究中，笔者发现研究对象与韩国配偶的年龄差较大。在本研究中，研究对象与其韩国配偶的平均年龄差为7岁，最大年龄差为17岁。本研究中夫妻之间年龄差最大的案例9的研究对象谈到，因为自己与丈夫之间的年龄相差太大，因此夫妻之间相互交流的领域、关心的领域和爱好等都有所不同，甚至很多情况下研究对象感觉自己和丈夫之间存在着代沟，研究对象有时更多是把丈夫当作父亲来看待。

> 因为跟丈夫的年龄差太大，所以跟他说话也不能那么随便，也不能随便地让他帮我这个，帮我那个的。有时他还听不懂我们这个年龄的人说的话。有的时候他不像我丈夫，倒是更像我父亲。他说什么，有的时候我也不反驳，直接答应去做了。年龄差还是不能忽视的，一下子让我觉得我应该尊重他的那种感觉。其实一般的夫妻之间也应该相互尊重，但是那种尊重是妻子也可以谈自己的想法，丈夫也有自己的想法，

一起商量一起解决,相互尊重对方观点的那种感觉,也可以吵架然后又和好,反正就是浪漫的那种。我和我老公好像很少有浪漫的时候,都是他好像高高在上,像个大爷一样,然后我什么事儿都得像孩子跟父母要求什么,然后征得父母的同意的那种关系。(案例9)

(七)暴力

在本研究中,案例6的研究对象谈到在结婚初期与丈夫的吵架过程中,丈夫曾经使用过暴力。因为丈夫的暴力问题,研究对象不仅受到了身体方面的伤害,而且也受到了精神方面的伤害。因此她也曾想过与丈夫结束这段婚姻。

> 那一次他动手打过我。那时候我们俩都在气头上……后来就没有了。如果有什么问题我们尽量用嘴来解决,而不是动手……那时心情当然不好了,我受到了很大的精神伤害,也想过跟他离婚。(案例6)

以上笔者就选择中韩跨国婚姻的中国朝鲜族女性的韩国生活体验做了具体的分析。中国朝鲜族女性在韩国生活中的主要体验对应的是扎根理论分析模式中中心现象部分的内容。而中心现象作为展现"在这里到底发生着什么"的相关内容,是根据一系列的作用/相互作用策略得以调节的中心想法或事件。

在本研究中,笔者通过对中国朝鲜族女性在韩国的生活体验的分析,发现跨国婚姻家庭中中国朝鲜族女性的韩国生活适应过程中的中心现象为"承受压力"。而这一中心现象又由于程度属性的不同,维度也出现了大和小两种不同的类型。"承受压力"这一中心现象的属性和维度如下表4-4所示。

表4-4 中心现象的范畴、属性及维度

主范畴	下属范畴	概念	属性	维度
承受压力	压力经验	忽视	程度	大一小
		缺乏信任		
		差别对待、偏见		
		干涉、控制		
		认识上的差异		
		性格及年龄差异		
		暴力		

三、对生活经验产生影响的主要因素

如前文已经分析到的,选择与韩国人结婚的中国朝鲜族女性在韩国生活中的主要经历是承受压力。而影响中国朝鲜族女性的压力经验的因素也有很多。对于中国朝鲜族女性来讲,语言、饮食、性别角色等文化方面的差异,认识上的差异,与国籍、个人认同感相关的政治方面的问题等都会带给朝鲜族女性不少压力。另外,当中国朝鲜族女性意识到自己曾经对韩国经济方面的期待与现实存在差异之后,中国朝鲜族女性就会对韩国和自己选择的婚姻产生失望和后悔之情,而这些又带给中国朝鲜族女性很大的心理和精神方面的压力。因此,中国朝鲜族女性在韩国的生活过程中会承受很多的压力,而在这一过程中会有很多的因素影响压力经验。下面就这些影响因素进行集中探讨和深入分析。

（一）文化差异

1. 语言再学习

在韩国生活的跨国婚姻家庭中的中国朝鲜族女性发现,韩国人使用的韩语不论是在概念的使用上,还是在对概念的理解上都存在着与朝鲜语不

同的地方,而这些不同在很大程度上影响着中国朝鲜族女性在韩国的正常生活和与他人的交流。因此,中国朝鲜族女性认为,不论是对于完全接受过中国式教育、对朝鲜族的民族文化没有基本了解的中国朝鲜族女性,还是对于生活在中国、但是没有忘记民族文化、在家庭或学校接受并了解朝鲜族文化的中国朝鲜族女性,只要是在韩国生活,韩语就是她们需要再学习的一门语言。

　　面试结束后她们留下了两个,然后让我们几个先回去等电话。所以我就在家一直等他们的电话,好像等了有一个星期,一直没来电话,后来问了别人才知道,其实他们让你回去等电话的意思基本上就是面试的那天已经被淘汰了,他们只是不直接跟我们说,而是用那种方式告诉我们被淘汰了。但是刚去韩国谁懂呀,他们让我等,我当然就等啦。当然了这也不是绝对的,有的时候他们说给你打电话,如果对你有好感或者觉得有必要联系你的话,可能过一段时间之后公司也会跟你联系的,但是有的时候确实也存在这样委婉拒绝你的情况。面试这样的事情一般还是很正式的,还是会给你来电话的,但是后来我发现有的时候韩国人表面上说的下次联系一起吃饭也好,咱们再联系也好,可能就是一句客套话,说说罢了。千万不要把他们说的所有的话都一一记着真当回事儿。刚开始肯定不懂这些的,接触时间长了就明白了,语言交流方面还需要学习。(案例14)

2. 酒文化差异

中国朝鲜族女性发现韩国和中国的酒文化也存在很大的差异。在中国,中国人一般会边吃饭边喝酒,而且喝酒不会分时间,只要大家高兴相约吃饭,那么白天也可以相聚,工作日也可以相见,而且白天喝酒可以喝到脸红后继续上班或回家休息。这样的现象还经常发生,不足为奇。而在韩国一般是周末晚间下班之后同事或朋友之间喝酒的较多,并且吃饭和喝酒一般分开进行。第一轮在一个地方吃完饭了,第二轮可能就会选择酒吧、KTV等地继续喝酒。在中国,夫妻一同参加聚会的情况较多,双方或一方喝到半夜或到第二天凌晨回家的情况相对较少,在韩国一般情况下是丈夫一人与同事或朋友喝酒喝到深夜,晚上很晚甚至第二天凌晨回家的情况相对较多,而这种情况已成了典型的韩国社会的职场酒文化。

此外,韩国的酒文化中还有一种接杯文化。这种文化指的是在喝酒的时候一般不能自己给自己倒酒,自己斟酒是喝闷酒、自满的表现,互相斟酒才符合礼数。韩国人在与上司或前辈一起喝酒的时候,上司等职位比较高的人会先将自己杯子里的酒喝光,然后把自己的杯子递给对方,并给他斟满。而接受上司酒杯的人通过喝完杯子中的酒表达对上司的尊敬。接杯文化在与前辈一起喝酒时也经常发生。韩国人认为通过接杯缩小了相互之间的距离,增加了相互之间的亲密感。但是中国人一般对这种多个人同时使用一个杯子喝酒的习惯是很忌讳的,因为大家觉得这种行为很不卫生。另外,韩国的接杯文化中还包含有代表一个人权力和地位的父权制思想,中国的酒文化相对来说是自由和平等的酒文化。

> 天天回来晚。一个月有一半是在外面喝完回来的。周末必喝、上夜班必喝、见朋友必喝,反正韩国人真的很能喝。他们好像也习惯了这种文化,不喝酒就不是韩国文化了。还喝得酩酊大醉回来,不理解。喝成那样了第二天还照常早起去上班,然后再喝,天天这样身体能受得了吗?中国酒文化也是很厉害的,但是普通的老百姓哪有上班以后天天聚在一起喝的,除非是做生意或者有这方面业务的人没有办法。在这里,企业文化中就包含酒文化,而且朋友们的聚会也多,反正这个酒是

个问题。（案例3）

中国朝鲜族女性还谈到,她们更不能理解的是韩国女性的酒文化。因为在中国时,她们对韩国女性的印象一直很好,一直觉得她们应该是贤妻良母,而到了韩国她们才发现,很多韩国女性实际的生活方式和生活态度并不像她们想象的那样。每次看到有些韩国女性喝酒喝到很晚已没有了意识,或者醉醺醺地摇晃着身子瘫坐在路边的时候,中国朝鲜族女性就充满了对韩国酒文化的恐惧,而且她们脑海中对韩国女性的美好印象也瞬间变成了泡影。

但是也有研究对象谈到,韩国的酒文化有时在解决相互之间的矛盾,化解相互之间的误会,促进人际关系方面也发挥着一定的作用。一位研究对象曾经因为在韩国生活方面的不适应,与韩国妯娌产生过矛盾,后来还是在酒桌上与妯娌化解了误会,之后改善了关系。研究对象认为,只要控制好酒量,酒可以成为改善人际关系的有用工具和手段,因此她给予了韩国的酒文化较好的评价。

（韩国女性）喝酒也挺吓人的。韩国女人喝完了,在大街上醉醺醺地东倒西歪的,被别人搀扶着走的也不少。之前我在韩国公司工作的时候,我们就经常有聚餐,我们公司的女职工们也很能喝的,有很多都是一起到最后,甚至还有去KTV再喝的,等散伙儿的时候你就看我们公司的有些女职工已经喝过头了。在大街上也能看到一些男男女女也是聚餐喝到很晚的,也有很多女的东倒西歪的。我基本上是从一开始就说不能喝的,从一开始就没加入到他们的行列。所以虽然一起到最后,但是从来都是清醒着回家的。看到她们我就特别不理解,喝到那个程度,形象也没了,到底为什么呀? 中国女人好像很少有那样的。反正我挺讨厌韩国酒文化的。（案例2）

后来我和她(韩国妯娌)在酒桌上解除了相互之间的误解。其实也不是什么大事儿,就是当时谁也没有替对方多考虑而产生了误会。酒有时也挺好,一起喝着酒,慢慢地也就拉近了我们之间的关系,你一杯,我一杯,互相敬对方,我们的关系也往好的方向转变了。所以酒这个东西就是不要喝太多,但是在需要交流、互相倾诉、拉近相互之间关系的时候倒是很好的一个东西,挺好。(案例6)

3. 饮食文化差异

由于受中国饮食文化的影响,中国朝鲜族女性更习惯于吃炒菜等相对油大且偏咸的食物。但是韩国饮食则更偏向于淡、辣、甜的食物,而且多以凉菜、汤类为主。因此有很多刚到韩国的中国朝鲜族女性表达了对韩国饮食的不适应。

一开始我有些不习惯韩国的食物。咱们在中国都是以炒菜为主的,但是这里好像拿油炒的食物很少。我老公喜欢吃辣白菜,但是我不喜欢吃,吃完嘴里全是大蒜味儿。但是他们韩国人顿顿上辣白菜。所以一开始我还因为饮食方面的问题出现了生活方面的不适应,在中国的时候我也经常吃家里做的大酱汤、咸菜什么的,但是韩国的饮食好像跟朝鲜族的饮食有相同的地方,也有很多不同的地方,放的料也挺复杂的,而且在中国我们也习惯了炒菜什么的,所以到这里还有很多菜只是拌的,或者是汤什么的太多,大家还一个汤一起吃,我就有些不习惯了。(案例3)

4. 家庭文化差异

韩国和中国在家庭文化方面也存在着差异。到了休息日,韩国人更重视与家里人一起度过,特别是有宗教信仰的家庭会利用周日的时间全家一起去教会做礼拜或祈祷。而中国人很少有周末以家庭为单位参加社会活动或宗教活动的习惯,甚至有很多人还有可能上班或参加朋友聚会,个人活动相对自由。对于没有宗教信仰,或者对宗教持有否定态度的朝鲜族女性来说,韩国家庭成员的宗教信仰在很大程度上成了带给她们精神压力和心理压力的因素。此外,韩国的家庭重于朋友,女性对子女的家庭教育重于女性参加社会活动的家庭文化也与中国的家庭文化几乎完全相反。这让中国朝鲜族女性有些不知所措。

　　在中国咱们好像觉得朋友更重要。丈夫、男朋友都有可能离你而去,但是朋友就不会,而且朋友处好了就会是一辈子的朋友。但是在韩国就不一样,他们好像周一到周五都用心地上班,和同事在一起。但是到了周末几乎都跟自己的家里人在一起。他们更重视家庭,家庭氛围挺浓的。(案例3)
　　我老公信教,但是我不信。所以一到周末他非要带我去教会,还半强迫性地让我信教,我真的有些受不了了。(案例9)

　　另外,大多数的韩国男性非常重视与父母、亲戚等原家庭成员之间的关系,而且这种对家庭成员的重视度要远远超过对妻子的重视。这种家庭文化与中国人婚后的家庭文化完全相反。在中国,只要成年男女有了属于自己的家庭,夫妻会更重视自己组建的家庭,而且丈夫重视妻子的程度要远远超过对自己的父母和亲戚等原生家庭成员的重视度。在本研究中,案例7的研究对象还谈到,在她临产2天前,丈夫不顾她的身体状况,带着马上就要临产的妻子从首尔出发去了大田,而必须带妻子一同去的原因是为了给丈夫的亲叔叔过生日。

后来过了两天我就生了孩子。生孩子的前两天我老公非要带我去大田。我说我都马上要生了还是不要去了吧。但是我老公就说不行，说什么叔叔岁数也大了，过个生日也不容易，再说家里人过生日还让我们过去，我们怎么能不去呢？要是换了在咱们中国，一般是不让孕妇随便走亲戚的，因为毕竟挺着个大肚子也不方便；二来孕妇也很累，就怕有个闪失，而且不参加一些家里活动，大家也都是相互理解的。但是在韩国好像并不会那样关心孕妇，反正孩子没生下来之前就跟正常人一样，没什么不同。他们更注重的是家庭文化、家庭礼节和家庭中老人们的一些重要日子，如果不去了就觉得我们很矫情，谁都生过孩子，好像我生个孩子就是天大的事儿一样。哎，文化不同呀。（案例7）

5. 夫妻之间的沟通

随着韩国双职工家庭的增多，夫妻之间的交流变得越来越少了。夫妻双方都忙于工作、挣钱、教育孩子，而忽视了对对方的关心和与对方的交流。在本研究中有一部分研究对象谈到，她们的丈夫在公司工作了一天，或者在农地干了一天的农活之后，都会带着疲惫的身躯回到家。全家一起吃过晚饭之后，大多数的丈夫经常会通过看电视或睡觉的方式消除一天的疲劳。每当看到这些，研究对象也自然放弃了与丈夫进行交流。

另外，在本研究中也有一些中国朝鲜族女性是在饭店等服务行业工作。而在韩国，由于夜生活的丰富，饭店等服务行业下班的时间往往会很晚。因此在很多情况下，等她们回到家时，她们的孩子已经入睡，丈夫也准备入睡，外加她们自己也很疲劳，因此夫妻之间的交流也自然而然地变少了。虽然中国朝鲜族女性也是为了解决家庭经济上的问题，或为了过上更好的生活选择了参加工作，但是不固定的下班时间和身体上的疲劳给夫妻之间的沟通和交流带来了不良的影响。

我一般是早晨 6 点起床,然后收拾完就在家门口坐公交到地铁站,然后坐地铁去上班。等我晚间下班回家就已经 11 点了。因为是自己开的中介所,而且很多时候韩国人周末有时间过来找对象,所以周六我还得出来干活儿,所以真的很累的。孩子爸爸当然也很辛苦,这个我知道。他又当爹又当娘的,又是做饭清扫,又是送孩子上学,挺不容易的。但是怎么办呢,家里也不富裕,只能出来工作了。我也不知道孩子们在学校里的表现怎么样,也没时间关心他们。等我回家了,孩子们也都睡了。我们夫妻之间交流的时间就相对少了,平时他也怕给我打电话,而我在面谈的话,他也怕影响我工作,平时打电话谈不了多长时间,谈了也都是简单地问一下吃没吃饭,孩子回来了没有这些内容。等我回家了就太晚了,也没有太多时间交流就睡了。(案例 4)

6.祭祀文化

很多中国传统的文化习俗随着时代的发展渐渐发生了转变或被其他活动所取代,祭祀文化就是其中的一个。在中国,古代的祭祀礼节已被当代的扫墓活动所取代。因此,很多现代的中国年轻人对祭祀文化并不是很了解,甚至也不在家里举行献祭活动。韩国却是一个仍然保留祭祀文化的国家,祭祀文化甚至是韩国文化中被继承和流传的最为重要的文化之一。因此,中国朝鲜族女性选择中韩跨国婚姻而到韩国生活之后,因每年举行多次的家庭祭祀活动而承受了较大的身体和精神方面的压力。在本研究中,案例 3 的研究对象婚后因经历过节日后遗症带来的身体及精神方面的痛苦,因此打算在婆婆去世后就取消家庭的祭祀活动。

到韩国最累的要算祭祀了。在中国根本没有什么祭祀活动,人死了也就三年,到了清明节去扫扫墓就完事了。但是韩国就不是,她们一年就要举行五次,而且还都在家里摆祭桌。过年的时候也要祭祀,真的太累了。后来我说了,等我婆婆以后去世了,我们家就取消祭祀。(案例3)

祭我婆婆的时候,我们几个谁都不知道该做什么。三个儿媳妇谁都不知道桌上应该放什么,放在哪里。所以放完一个,三个人就傻傻地站着,不知道下一个摆哪里了。在中国咱们哪有祭祀祖先的呀,我记得有祖先坟墓的人家可能每年清明节去扫一次墓,火化的可能就是去世后的前三年去保管骨灰盒的殡仪馆祭一下逝者,骨灰进行处理之后几乎就不再有祭祀的事情了。而且子女们去祭祀的很少,我好像没跟着父母一起去过殡仪馆祭我奶奶,都是他们自己去。(案例2)

在本研究中,还有的研究对象谈到,在她患了妊娠中毒症的情况下婆家也没有忘记让儿媳妇准备祭祀摆桌,这一经历让她终生难忘,因为那一次的祭祀活动不仅仅带给了她身体上的痛苦,而且给她留下了永远抹不掉的精神阴影。在中国,孕妇扫墓等祭祀活动是人们相对忌讳甚至禁止去做的事情。在韩国,祭祀活动则与女性是否怀孕没有太大关系,只要是到了忌日,儿媳妇们就会被要求一起准备祭祀摆桌。中韩祭祀文化的不同,使很多中国朝鲜族女性承受了适应方面的压力。

在中国我记得孕妇是不让参加丧事的。都忌讳,说是不好。但是在韩国就不是,我记得就剩几天要生孩子了,结果我还得准备摆桌,那一次我真的受了打击,非常的生气,一辈子都忘不了。我也跟我老公说过在中国对于孕妇来说这样的祭祀活动是很忌讳的,我说我能不能生完孩子之后再做这些事情,但是我老公也是没有办法,当婆婆说哪来的那么多事儿,在韩国不都是儿媳妇准备这些东西的时候,他也就不再吱

声了。当时我真的非常失望，真的受到了很大的打击。（案例11）

7. 女性文化

很多中国朝鲜族女性认为韩国女性非常重视家庭，拥有大家公认的家庭型妇女形象。她们认为韩国女性可以为了子女和家庭牺牲自己的一切。因此，很多韩国女性婚后会以全职太太的身份在家里履行相夫教子、赡养老人的义务。而韩国女性能够一心一意、心甘情愿地为家庭献身的背后少不了韩国社会对女性家庭角色扮演的影响。在本研究中，案例1的研究对象谈到虽然韩国大学开设了丰富的学科和专业，但是这些学科和专业中适于韩国女大学生毕业后进入社会，在社会上得到他人的尊重和社会认可的并不是很多。因为韩国社会仍然是一个重男轻女、强调父权制思想的国家，因此女大学生毕业之后的就业率远远要低于男大学生，而且婚后女性选择离开工作单位，回归家庭的可能性非常大，男女之间始终存在着较为严重的就业方面的不公平。而韩国社会又不断地通过各种方式强调女性在家庭幸福、子女教育以及父母赡养等方面的责任和义务，因此即使拥有高学历，大部分的韩国女性最终还是选择回归家庭。

好像我们跟她们想的不一样。别看韩国女人几乎都是家庭主妇，但是她们懂得特别多，可能跟她们学得多也有关系。教育方面跟咱们不一样。因为在韩国妈妈负责孩子的教育，所以韩国妈妈们只要是为了子女，她们会放弃工作，全身心地投入到家庭中来。好多梨花女子大学毕业的女大学生们读完书、结了婚就回归家庭，她们学历很高也很有智慧。要是换咱们中国女性就拿着知名学校高学历参加工作施展自己才华了，但是她们结了婚基本上就回到家庭，全身心地扶持老公，做贤内助，养育孩子，把孩子教育成才。她们基本上就是把老公的事业成功

和孩子的学业有成作为她一生成功的标准。(案例2)

在本研究中,也有的研究对象谈到了韩国女性有在不同场合扮演不同角色,而且都很有心计的特点。比如,韩国人把为了自己个人利益的达成,通过察言观色、看人行事的女人称为"狐狸",她们称这样的女人大部分有着爱撒娇、言行不一、爱谈论别人、虚荣心强等显著特点。而韩国女性的这些特点与中国女性的直来直去、女强人的形象存在很大不同。因此,当具有不同性格特点的中国朝鲜族女性和韩国女性相互接触之后,她们想建立起较为亲密的关系就显得有些困难。

> 韩国女人有一个特点,就是见面爱嚼舌头,特别不理解她们为什么一见面就爱谈别人。中国女人见面也有相互嚼舌头的,但一般不会没什么事儿可干了,天天聚在一起说东说西的,但是韩国人好像特爱谈别人,她们每一次都会把不在场的另外一个人当作讨论的对象。我就想这些韩国女人都这么爱说别人坏话,她也不怕等她不在的时候大家也会在背后对她说三道四呢?我是尽量少说话的那种,你想想你都在我面前说别人的坏话,你肯定会在别人面前说我的坏话的,如果我说了谁不好,说不定她会到别人面前说是我说的坏话呢。(案例11)

研究对象还谈到韩国女性在选择配偶的时候虽然也看对方的人品和性格,但是她们更看中的还是对方的经济收入和能力。很多韩国已婚女性甚至拿丈夫的社会地位、家庭的消费水平、居住条件等作为自己婚姻生活成功与否的评价标准。在本研究中,案例14的研究对象谈到自己曾经在与丈夫的谈话中了解到丈夫自认为永远也达不到韩国女性所要求的结婚标准,因此放弃了与韩国女性结婚,选择了跨国婚姻。

其实结婚之前有一个女孩子,比我高也比我漂亮,喜欢过我老公。但是我老公还是选择了我,后来我就问他为什么没有选那个女孩,我老公说想找个结婚对象就不能看女孩子漂不漂亮,那个女孩子是很漂亮,但是真要跟韩国女孩儿结婚的话,她们提出的条件是很多的。比如有没有房子,有没有车,有没有工作,工资多少,等等。他说他永远也达不到,即使达到了以后活着也会累。他说就看上我不挑剔,真心想过日子,并且也没有虚荣的一面。(案例14)

(二)认同感混乱

自我认同是寻求“我是谁”这一问题的答案的过程。认同感不仅包括与国籍有关的国家认同,而且还包括与民族相关的民族认同和与个人相关的自我认同。在本研究中,有一部分中国朝鲜族女性谈到自己虽然已经取得了韩国国籍,但是她仍然认为自己是中国人,而另有一部分中国朝鲜族女性认为自己“已经是一名堂堂正正的韩国人”了。另外还有一些中国朝鲜族女性则主张自己既不是完完全全的中国人,也不是韩国人,只是一名朝鲜族而已。因此,研究者整理研究对象解释自己身份的相关概念,并把它们整理为一个重要概念,即认同感确立。

本研究中有一些研究对象还不明确自己到底是谁。她们中有的人谈道:“也许以后某一时刻我拿到韩国国籍了,我就会成为韩国人,但是现在我并不认为我是(韩国人)。”还有的研究对象谈道:“我不知道自己到底是谁”“对国籍并不太关心”。因为对自己是谁的认同感问题还没有很明确的答案,也没有确立起对认同感的坚定信念,因此她们时而模仿韩国人的语言和行为以便让自己看上去更像韩国人,时而也会因回答不上子女们提出的身份相关问题而采取编谎言、不回答等行为来应对。因此,笔者把这些与认同感不确定相关的概念整理为一个重要概念,即认同感缺失。

另外,在本研究中笔者又把"认同感确立"和"认同感缺失"概念整理到认同感混乱的范畴之中。

1. 认同感确立

认同感确立可以被理解为个体明确了自己的身份。在本研究中,有一部分研究对象谈到自己虽然已生活在韩国多年,也已取得了韩国国籍,但是仍然坚持自己是中国人,并且认为不管她做出多大努力,她也不会完全成为韩国人,也不可能完全融入韩国社会中去。

> 我一直认为我就是中国人。不管祖先是谁,对我来说最重要的是我生在中国,长在中国,那里就是我的故乡。那里有我的家人,有我的朋友,那里就是我的家。也许某一天大家看我的外表和举止认为我是韩国人,但是我想那应该只是外表,我的骨子里想的、体验的应该更多的是中国文化。有时在韩国关心的更多的是中国的相关新闻报道,关心的是中国的家人和朋友。我想不是换了国籍成为那个国家的人了,那我就是真正的那个国家的人了,我想决定一个人是哪一个国家的不仅仅是我们能够看到的护照、身份证等这些表面的资料,更重要的是看他的心里、思想里有着对哪一个国家的文化认同,还有自身的身份认同是什么,这些都很重要。(案例4)

> 我没有换国籍的想法。可能大部分人都想通过结婚换得韩国国籍。但是我不想,我也跟我老公说不换国籍。以后中国一定会发展得很好,我想那个时候回中国发展也挺好的。我一直拿的是中国国籍,要是拿韩国国籍我可能早就拿到了,如果读完研究生不结婚,我也可以通过就业拿到韩国国籍,但是一直没想换国籍。我一直认为我生在中国,长在中国,虽然现在在韩国生活,以后也许在韩国的生活时间也会很长,但是我的根就在中国,我的父母、兄弟、亲戚、老家,一切的一切都在

中国,这是改变不了的,换了国籍就变成韩国人了? 我觉得并不是,而且也没有必要一定要换国籍吧,国籍换了,已经养成的生活习惯、国家和民族认同就变了? 一般是不可能变的,所以最好的认同就是认同自己心里已有的、头脑里也已形成的思想。(案例 14)

还有一些研究对象认为自己因在韩国生活多年,已经适应了韩国文化,因此认为自己已经是韩国人了。

我已经在韩国生活了 12 年,我想应该是一个真正的韩国人了。像出生在中国、长在中国就应该是中国人一样,继续生活在韩国的话,我想就应该是韩国人了。(案例 15)

2. 认同感缺失

认同感缺失主要指的是到目前为止还不清楚或不知道自己到底是谁的相关问题。在本研究中,有一些研究对象称虽然自己已经取得了韩国国籍,但是还不是很清楚自己到底是谁。也有的研究对象谈到她一直主张自己是完完全全的中国人,但是为了在韩国大公司就业,曾经有过谎称自己是韩国人的经历。

真的不知道一个人的认同感到底是什么。我一直主张我是中国人。不论在什么场所,我都会堂堂正正地说我是中国人。但是我也不知道怎么了,去公司面试的时候,心里想着我是中国人,但是嘴里却说着自己是韩国人。我也不知道我到底是谁了。也许心里想着一定要就业,而想到对就业能起到帮助的可能就是韩国人的身份,所以说了自己是韩国人吧,但是再想想我现在已经拿到韩国国籍了,那从证件上来看

我确实已经是韩国人了,我也并不是很排斥。(案例3)

在本研究中,还有一些研究对象谈到,每一次与韩国丈夫的同事或朋友见面聚会,就会感觉到自己与韩国人之间还是存在很大的差异,她还称虽然自己已经取得了韩国国籍,但是并没有感觉自己就已经是韩国人了。聚会时,研究对象与韩国人之间存在的交流方式、交流内容、衣着打扮等方面的差异,都让研究对象感到自己与韩国女性之间存在着本质上的不同,但是研究对象坚信总有一天自己会变成一位真正的韩国女性。

那次是夫妻同伴聚会,我为了不给我老公丢面子,去大百货买了一件较贵的衣服,还特意化了妆去的。一开始老公的朋友们看到我就说我不像中国人,比韩国人还像韩国人。当时我听了也挺高兴的。但是跟他们的妻子聊天的时候,我就发现我跟她们真的不一样。她们谈衣服的牌子、谈化妆品、谈艺人、谈国内国外的名人,我真的几乎一个也插不上嘴,我根本不懂那些。突然我就觉得这样的夫妻同伴聚会不适合我参加,我好像不属于她们那个圈。表面上看上去像韩国人不一定就是韩国人了。她们的言行举止都不一样。通过那一次聚会我也发现了之前我是不是过于想做韩国人,因为已经嫁到韩国了,可能就有了那种怕真正的韩国人瞧不起我、排斥我或者对我有偏见呀这些方面的顾虑,所以就有了有人说我是韩国人的时候我就很高兴的态度,后来我就想我是不是韩国人我应该最清楚,我不应该由别人来判断我是谁,所以也有矛盾的时候,有时候又挺清醒的。(案例6)

在本研究中,案例15的研究对象谈到她每一次与韩国丈夫吵架的时候就会说自己是中国人,丈夫是韩国人,两个人是不同国家的人,因此一定会存在各个方面的差异和想法上的不同。但是每一次当孩子们问起他们是哪国人,为什么姥爷和姥姥生活在中国的时候,她就不知道该如何回答。另外本研究案例8的研究对象则谈到其本人对自己是谁并不关心,她认为不管自己是谁,只要跟丈夫和孩子生活在一起,家庭幸福美满就好,没有必要考虑自己到底是哪一个国家的人。

> 姥姥和姥爷为什么生活在中国,他们是不是中国人,他们说我们是韩国人,那为什么妈妈不是韩国人,妈妈是韩国人的话,为什么姥姥、姥爷在中国……类似这样的问题孩子们总是在问。一开始没有好好回答他们的问题。但是他们也慢慢长大了。我想也不能总回避。我自己觉得我是韩国人,但是不能改变的是我出生在中国、长在中国,我不知道认同感应该是什么,有时很明确,有时又不明确。(案例15)
>
> 我还没拿到韩国国籍。但是说句老实话,我对国籍并不太关心。不管是哪国人,对我来说最重要的是和我丈夫、我的孩子在一起幸福生活。自己是谁有那么重要吗?说我是中国人我当然也接受,因为生我养我的地方就是中国,我的父母、亲戚还都在中国呢,那里是我的根呀。你说我是韩国人我也不是很反对,因为从现在开始我可能就一直生活在韩国了,家在这里,等我拿到韩国国籍了,那从身份上就已经是韩国人了,但是我并不刻意要做哪国人,我就是我,而且我不忘本、不忘根,过好自己就好了。(案例8)

(三)经济上的期待与现实之间的差异

选择跨国婚姻的中国朝鲜族女性对韩国丈夫抱有一定程度的经济方面的期待,这是一个不争的事实。因为物质方面的需求是人们赖以生存的最基本条件,也是向更美好生活发展的必要条件。但是当一部分选择跨国婚姻的中国朝鲜族女性发现婚后家庭经济状况与期待存在很大差异的时候，她们感受到了梦想的破灭，因此她们对婚姻也产生了失望之情。

在本研究中，一部分中国朝鲜族女性在国内迷恋过韩剧，因此她们也曾梦想过婚后在韩国的豪华都市生活，可是当她们来到韩国，发现摆在她们面前的是干不完的农活的时候，她们才意识到生活毕竟不是韩剧，继而对婚姻生活产生了失望和后悔之情。

中韩建交促进了中韩两国在政治、经济和文化等各方面的密切交流和发展。特别是随着韩剧在中国大陆的热播，很多中国年轻女性和中年女性深深地被韩剧中帅气、霸道、有钱而又钟情于一女人的男性形象以及韩国都市的豪华和繁荣所吸引，她们追韩剧、追明星，甚至看到从韩国还乡的朝鲜族同胞过上了富裕的生活，她们也开始梦想着韩国行。在本研究中，也有一部分朝鲜族女性因受韩流影响而选择了中韩跨国婚姻。她们梦想着婚后在韩国最终能够过上像韩剧里的女主人公那样富裕而自由的生活。但是婚姻生活毕竟不是电视连续剧，当她们发现来到韩国，在她们眼前出现的是农村而不是城市生活，看到的是丈夫不稳定的工作以及丈夫欠下的贷款债务，需要面临的是市场的高物价和家庭经济收入微薄的现实时，她们才真正意识到梦想和现实之间存在着太大的差异。

在本研究中，笔者把访谈资料中出现的"根本没有想到婆家会在农村""韩国并没有想象中的豪华""对在农村生活的丈夫表现出了失望""意识到了现实毕竟不是韩剧"等整理为"被高物价惊吓""对期待产生失望、困惑、混乱"等概念，并且把这些概念整理到"经济上的期待与现实之间的差异"的对应范畴之中。

1. 被高物价惊吓

在本研究中，一部分研究对象谈到虽然当初是因为对韩国抱有经济上的期待而选择了跨国婚姻，但是当她们发现现实生活与梦想存在很大差异的时候,她们不得不对婚姻生活产生怀疑。特别是韩国的高物价与研究对象自身家庭的低收入之间的差异,使她们不得不面临家庭经济方面的困难。

在晋州生活的那会儿,一个月的收入才八十万,但是去掉酒钱、信用卡钱、电话费等就只剩三十多万。一个月才三十多万的生活费根本不够的。如果要是拿这个钱在中国过,那省着点儿也能过个六个月左右吧,但是在这里根本不行,物价太高。我真的吓坏了,没有想到物价会这么高。(案例1)

2. 对期待产生失望、困惑、混乱

柯林和约翰逊(Johnson)主张经济是影响福祉的重要因素,因此对于对韩国经济抱着很大的期待而选择中韩跨国婚姻的中国朝鲜族女性来讲,经济上的困难会带给她们很大的心理和精神方面的压力。[1] 在本研究中,有一部分研究对象来韩国之前并没有想到丈夫会生活在农村,她们甚至认为韩国是没有农村的国家。而有一部分研究对象认为即使婆家生活在农村,韩国的农村一定会比中国的农村干净、发达。但是当研究对象意识到自己需要在只能容纳两个人生活的空间里开始她的新婚生活,甚至看到比中国的农村环境还要恶劣的韩国农村现状时,中国朝鲜族女性对跨国婚姻的期待和梦想瞬间转变成了失望,而且对婚姻产生了困惑。

在中国的时候我一直以为韩国是没有农村的国家。我以为韩国人都过得很好,就像韩剧里那样,女人在家照看孩子,不用上班干活。等

---

① Leonard I. Pearlin , Joyce S. Johnson , Marital Status, Life-Strains and Depression, *American Sociological Review*, No. 5, 1977, pp. 704 – 715.

我来了才发现不是那样，真的是山沟。好像我在中国也没去过这样的山沟，跟着丈夫到家了，发现周围一片荒凉，连个商店都没有。除了山就是树。真的很害怕，到晚间我根本闭不了眼睛。我就怕突然从山上下来个狼、野猪之类的野兽，我这命都难保了。当时又怕、又后悔、又失望，真的跟我在国内想象的韩国农村完全不是一个概念，我当时还以为韩国的农村都是一幢幢别墅，还是那些有钱的城里人专门在农村盖的，一般老百姓还很难来一趟休息娱乐的地方呢。不是的，完全不是我想的那样，真的什么都没有，还不如咱们国家的农村的感觉。（案例4）

另外，案例15的研究对象谈到，当她在国内看到韩剧中的男主人公都是一人挣钱养家，心想"韩国的女人真珍贵，可以不用干活挣钱就能过得那么幸福"，于是抱着幸福梦想来到了韩国，但是来到韩国才发现事与愿违。

我记得才新婚第四天我就开始跟着丈夫到农田干活了。你知道吗，是3万平方米的白菜地呀，地儿太大了，我记得我们还雇了几十个人来帮忙干活，结果我还得给他们做饭送饭，等忙完一天回到家了，还得抱着脏衣服到河边去洗。当时我脑子里一直在喊着"不是的，绝对不是的，这绝对不是我想要的生活"。我就想我不是为了过这样的日子离开我的父母和兄弟到异国他乡来的。（案例15）

案例11的研究对象对中国和韩国的城市生活进行比较之后，谈到并没有觉得在韩国生活与在中国生活有多大区别。她谈到韩国确实比中国干净，且很多设施让人们生活得相对方便，但是除了这些，她觉得没有看到韩国人比中国人生活得更豪华，甚至觉得他们活得更累，有很多地方都没有早餐供应。从吉林省的延边朝鲜族自治州来到韩国的研究对象谈到，刚来到韩国并没有感到韩国特别陌生,因为延边的城市外貌和城市生活与韩国的城市外貌有些相像,因此来到韩国之后,她并没有来到外国的感觉。这也许是因为在延吉生活着很多的朝鲜族,而她们的生活习惯和民族风俗都与韩国的民族习惯有些相同。另外,延吉大街小巷带有韩语的招牌、广告牌等也与韩国的街边文化大同小异,因此她们并没有感觉到文化上有生疏感。

> 来韩国之前我还是有些兴奋和紧张的,但是到了韩国之后就感觉跟在延吉一样,真的不像是到了国外的感觉。延吉朝鲜族人也多,也有很多韩国人生活在那里,到处都是朝鲜语广告牌,朝鲜族人穿的衣服有很多也都是韩国产的,韩国流行的衣服呀,鞋呀什么的,延吉马上也跟着流行,吃的也都是跟韩国人一样的,辣白菜,大酱汤,还有打糕呀,米肠呀,样样都有,所以根本不觉得有什么不同。(案例11)

以上笔者就选择跨国婚姻的中国朝鲜族女性在韩国生活过程中所经历的压力事件的影响因素进行了探讨。这一部分的内容对应扎根理论分析模式中脉络条件部分。脉络条件是人们通过作用或相互作用创造出需要做出反应的状况或问题的特殊的条件集合,它是为应对某种特定的现象而采取的具体条件。在本研究中,"文化差异""认同感混乱"是对应"承受压力"这一中心现象的具体脉络条件。另外,中国朝鲜族女性在韩国的生活过程中感觉到文化差异的程度是大还是小,对于自己是谁的认同感混乱程度是大还是小,感受到经济上的期待和现实之间的差异程度是大还是小的不同都会在承受压力的程度上呈现不同的差异。因此,脉络条件的属性和维度如下表4-5所示。

表 4 - 5　脉络条件的范畴、属性及维度

主范畴	对应范畴	概念	属性	维度
文化差异	文化差异	语言再学习	程度	大—小
		酒文化差异		
		饮食文化差异		
		家庭文化差异		
		夫妻之间的沟通		
		祭祀文化		
		女性文化		
经济上的期待与现实之间的差异	经济上的期待与现实之间的差异	被高物价惊吓	程度	大—小
		对期待产生失望、困惑、混乱		
认同感混乱	认同感混乱	认同感确立	程度	大—小
		认同感缺失		

四、为适应韩国生活而采取的主要行动

选择中韩跨国婚姻的中国朝鲜族女性在韩国的主要生活体验是承受压力。换句话说,在与各种各样的韩国人接触并建立关系的过程中,由于文化方面的差异、认同感的混乱以及梦想的破灭,中国朝鲜族女性承受了来自生活诸多方面的压力。而中国朝鲜族女性也通过采取不同的行动和策略,为解决生活中的压力而做出了各自不懈的努力。

在本研究中,笔者发现研究对象主要通过满足自我实现需求、改变对自己和婚姻的认识等方式解决了生活中的压力。下面笔者就中国朝鲜族女性在解决压力时所采取的具体行动进行深入分析。

(一)他人的认可

笔者在本研究中发现,很多研究对象主张在生活中承受的压力还需要靠自己的努力来解决。有一位研究对象称通过自己的不断努力和自身变化

改变了婆媳之间的矛盾关系,婆婆也认可和接纳了现在的中国朝鲜族儿媳妇。在本研究中,案例1的研究对象谈到自己的婆婆后来还亲自向她赔礼道歉,对她说了声"对不起",研究对象流下了感动的眼泪。而另外还有研究对象谈到她周围的很多韩国人通过她改变了对中国朝鲜族女性的偏见和看法,有的还主动要求研究对象给她们的亲戚和家庭成员介绍中国朝鲜族女性认识,而研究对象也通过他人对自己的认可和接纳对在韩国的生活充满了自信和希望。

在本研究中,笔者把在访谈资料中出现的"获得家庭成员的认可""获得邻居、亲戚等人的认可"等概念整理到"他人的认可"这一下属范畴之中。

1. 获得家庭成员的认可

在本研究中,案例1的研究对象谈到曾经对自己的婚姻生活过度干涉和控制的婆婆已经开始接纳和尊重研究对象的意见。当婆婆在周围韩国人面前很自豪地主动介绍研究对象,并且脸上表现出非常幸福的表情时,研究对象也对在韩国的生活充满了希望和信心。

> 上次老公的兄弟一起在婆婆家聚了聚,我公公就当着他们的面儿说还是老小最好,最孝敬了,说以后等他走了,他的那块农场就给我们了。我都吓坏了,他们从来没有说过这样的话,而且我婆婆跟我说她对不起我。说我孤身一人来到人生地不熟的地方,该是多么孤单和委屈,而婆婆也一直没有很好地理解和照顾过我,然后说我们从今往后一定好好过……当时我真的太感动了,委屈的事儿一下子都没了,现在感觉真的很幸福。(案例1)

2. 获得邻居、亲戚等人的认可

有一些研究对象谈到当她们周围的韩国人要求研究对象也给她们没有

结婚的儿子、没有结婚的朋友等介绍中国朝鲜族女性的时候,研究对象感到自己被周围的韩国人接受了,因此感到格外的高兴。

> 我们夫妻俩过得很幸福,所以有的时候我老公大伯的朋友们也经常跟我们说给他们的儿子也介绍一名中国朝鲜族女性。我想我的努力得到他们的认可了吧。其实一个离过婚的外国女人嫁到韩国来,而且过得让婆家满意也不是一件容易的事情,亲戚也好,邻居也好,会对我们有很多的猜测和怀疑,甚至是不友好行为,而要让他们消除这些怀疑和不友好行为,需要的就是夫妻双方的共同努力,让婆家人接受我,让邻里们相信我,这是我最大的幸福。(案例3)

> 我婆婆的朋友,还有我老公的同事也有经常嘱托我给他们认识的人介绍中国朝鲜族女性的。其实像我们的情况,真的是实实在在为了生活嫁过来的,他们也看出来了,并且中国朝鲜族女人不像韩国女人那样条件苛刻,而且中国朝鲜族女人只要结了婚也是完全投入到家庭的,他们也知道。更何况像我和我老公是在大学就认识了,而且我来韩国读研究生,我们又谈了很长时间的恋爱,所以我们的婚姻是真正建立在爱情之上的。再说了父母对咱们的教育也是很严的,最基本的礼节、最基本的尊重老人的教育都是接受过的,还有咱也是上过学的人,无理取闹、不讲理的事儿咱不能做,老老实实地做人、过日子,左邻右舍也都看在眼里,所以他们对我没有什么偏见,见面也互相打招呼,互相有来往,他们也认可我。(案例12)

(二)产生自信

选择中韩跨国婚姻的中国朝鲜族女性会随着时间的推移获得智慧地适应韩国生活的方法。掌握了家庭经济权的研究对象称自己对婚姻生活充满了自信,并且表现出了考取各种资格证等积极面对生活的态度。

因此,在本研究中,笔者把"掌握家庭的经济权""对持续发展充满自信"等相关概念整理到"产生自信"这一对应范畴之中。

1. 掌握家庭的经济权

在本研究中,有很多研究对象谈到女性是否掌握家庭的经济权是关系到其自信心能否恢复、生活能否更加美满的一件大事,因此当丈夫或婆婆把家庭的经济权交给研究对象的时候,研究对象感到无比的幸福和激动。对选择跨国婚姻的中国朝鲜族女性来说,在自己不工作的情况下掌握家庭经济权并不是一件容易的事情。因为媒体和韩国社会较多地对中韩跨国婚姻持有否定和批判的态度,他们认为中国朝鲜族女性选择跨国婚姻大多数是为了经济上的利益,并不是真正为了构建和维系一个家庭。而媒体对一部分伪装婚姻和逃婚现象的大范围报道,导致韩国社会对一些真正为了爱情和家庭而选择跨国婚姻的中国朝鲜族女性也产生了歧视、不信任和否定。在这样的大环境下,家庭中的丈夫或婆婆把家庭经济权交给妻子或儿媳妇来管理的情况也并不多见。

> 在国内叔叔开的工厂工作的时候,叔叔也是把每个月的工资直接打给了我,没有给我老公。然后,我会把钱用在生活上,还有每个月一定要给公公和婆婆零用钱。我婆婆也跟我们说过他们不需要零用钱,让我们自己把钱存下来,用在需要的地方。但是给了他们也就非常高兴地收了,一般我老公也不会太计较钱方面的事情,他也知道我也不会乱花钱,所以安心把钱放到我手里。(案例6)

> 他会把钱交给我管理。从一开始就是我管理的。相信我,把钱交给我管,真的很不简单的。特别是交给中国朝鲜族女性来管理更是一件不容易的事情。因为我知道很多韩国人并不是很相信外国妻子,可

能韩国婆婆也是一样的,她也不相信外国儿媳妇会跟自己的儿子好好过日子,她们怕外国儿媳妇会有一天突然拿着家里的钱就跑了,当然这是极端情况,但是确实她们也这么想。更何况我还离过一次婚,国内还有很大的一个儿子,换别人肯定会更怀疑我是不是把钱寄给自己的儿子了。我明白他们的想法,但是我确实也是做到了财务状况清楚分明,因为我想既然结了婚我就应该先做好自己应该做的,让他们安心我确实是来过日子的,我不是骗子,在国内有过一次失败婚姻那也是不得已的事情,真的是出现了问题而且做了努力也挽回不了,所以离了婚。而我又选择结婚当然是希望好好过日子的,所以也许我老公他们也看到了我的真心诚意,而且也相信我吧,就把钱都交给我管了。(案例16)

2.对持续发展充满自信

在本研究中,大多数的研究对象主张通过学习不断发展自我才是适应韩国社会的最好办法。因此,学历较低的研究对象为考取驾驶执照、电脑等级证书以及烹饪证书而付出努力。除此之外,还有的研究对象把目标设定为在韩国大学读书。

当时又熬夜又流鼻血地把几个证书拿到了手。有了证书找工作就相对容易一些了。像我们这样学历较低的人只能靠自己努力。在中国我也没考过什么证书,在这里找工作什么的,还是需要一些证书的。现在有了证书心里也踏实了些。以后不管我继续做婚介所也好,还是想继续读书也好,或者想做点别的也好,只要有了这些证书,我想找个相对好一些的工作不会有太大问题,我对我自己还是充满自信的。(案例4)

我也考了好几个证,最基本的有驾驶执照、烹饪证书、电脑等级证书……虽然也学习了,但是有证书和没证书在找工作的时候还是有差别的。我还要继续考证。我想只要自己努力应该能拿到很多证书的。虽然现在暂时在美国生活,以后我们还是会回到韩国的,所以我也不断地学习一些东西,我也打算回到韩国之后参加工作,教书也好,去公司也好,自我发展还是很重要的,我也不能一直当全职太太。那就需要一直学习,只要自己不断地学习,不断地成长,以后参加社会活动的时候也能很快适应社会环境。我觉得我是有自信的,没问题。(案例12)

(三)积极接纳

在本研究中,笔者发现对于从丈夫家庭成员以及周围韩国人那里获得支持和关心的中国朝鲜族女性,或者主张目前的婚姻生活与其在国内所想象的婚姻生活并不存在太大差异的中国朝鲜族女性来讲,跨国婚姻是她们的正确选择。主张自己的努力要比周围人的帮助更为重要的研究对象则坚信自我发展在韩国社会适应中的重要性。另外还有一些满足于目前婚姻生活的研究对象则谈到,今后的日子只要像现在一样夫妻恩爱、相互信任、白头偕老就好,她们对婚姻生活表现出了积极接纳的态度。

因此,在本研究中,笔者把"对夫妻关系充满信心""确信选对了跨国婚姻"的概念整理到"积极接纳"这一对应范畴之中。

1. 对夫妻关系充满信心

在本研究中,有一部分中国朝鲜族女性对今后的婚姻充满了希望,她们相信今后也会像现在一样夫妻恩爱,生活幸福美满。研究对象谈到韩国丈夫对研究对象的尊重、信任、支持和爱是她们对婚姻生活充满信心的最主要原因。

我们一定会过得很好的,像现在一样,我对这个绝对有信心。我老公相信我,我也依赖和支持他,我想一定会过得很好的。(案例14)

我们一定会像现在一样相互尊重,相互恩爱地生活在一起的。也没什么跟别人不一样的。只是我想我们会比一般人多了幸福感,我们一定会很幸福的。因为他的为人真的很好,我的公公婆婆和婆家的亲戚都挺和睦的,看公公婆婆就能知道我们未来一定会幸福的。(案例12)

2.确信选对了跨国婚姻

有一些研究对象称韩国是一个很适合她们生活的地方,与她们的生活习惯和个人喜好非常相符。她们确信选对了婚姻。而研究对象与丈夫家庭成员的和睦相处、韩国便利的交通工具、发达的通信手段、干净的环境设施、可以开发自我的机会等是研究对象对跨国婚姻充满信心的重要因素。

> 在韩国生活挺适合我的个性。环境也干净,韩国人也很文明,地铁等交通工具也挺便利……我喜欢生活便利。在大连生活我就习惯了这样的便利生活。另外我觉得我能够这么适应韩国生活也许跟我满意与老公的结合有关系吧,因为我和老公相亲相爱,而且过得很幸福,所以爱屋及乌也喜欢上我老公生活的地方吧,我觉得我选对了老公。(案例2)

> 让我再选择一次,就是十次,我想我还是会选择现在的丈夫的。我不知道我的事业算不算成功,但是我想我的婚姻算是成功的。我不是在夸我老公,真的,我想也没有像我老公这样的好人了,他对我很好。从读研究生阶段认识我老公一直到结婚,再到现在有了两个孩子,我们有着自己喜欢的工作,一起努力一起奋斗,都觉得每时每刻都是幸福的、快乐的,这不也说明没有选错人吗?有很多人一谈到跨国婚姻家庭就想到不幸福,就想到差异、歧视、偏见等词,但是我想说并不都是这样,幸福的跨国婚姻家庭其实也都是建立在夫妻双方的爱情、理解、尊

重和智慧之上的,而这些也都在于夫妻双方如何很好地进行调节和接纳,我想自己首先对自己的婚姻满足、有自信才行。(案例14)

（四）自我发展意识

1.不断地为自我发展而努力

在本研究中也有想通过在大学学习、经营个人事业等方式发展自我的研究对象。她们主要是想通过学习实现自己曾经的梦想,也想通过自我发展更好地养育自己的子女。

> 现在我在经营一家练歌厅,白天的时候教韩国人汉语,也过去帮老公的事业。这一阵子我在想着一件事,就是想9月去大学读书。还有就是想多参加公益活动,也想更好地把孩子们养大。我的理想是不是太大了,但是我想我会努力去做好并实现的。(案例15)

> 我要多学习法律知识,我还计划经营一家专门为我们中国同胞提供服务的福利机构,因为打工过来的中国朝鲜族同胞很多都没有保险,也得不到必要的治疗和帮助,她们很辛苦,也很可怜,有的时候病了也只能简单买药吃。(案例4)

2.设立经济目标

在本研究中,也有一些研究对象谈到自己为了实现自我发展而设立了经济方面的目标,因为她们认为在自我发展的过程中,经济是最为重要的基础部分。在本研究中,案例2的研究对象计划通过几年的努力把家庭的生活水平提高到中上层以上,为达成此目标,研究对象还计划通过参加工作增加家庭收入。

　　本来来韩国之前我们是打算过几年要回中国的，可是生活了一段时间发现在韩国也能生活得很好，只要我们努力挣钱，在这里过上中层以上的生活应该是没问题的。但是如果要达到中上层以上生活水平的话，只靠我老公一人工作是绝对不行的，我也打算挣钱。再说女人自己经济方面独立了也有发言权，趁年轻多挣钱。现在因为怀孕我也不能做什么，但是等过一阵子我想可以教教汉语，或者等以后再进公司工作也是可以的。（案例2）

3. 通过子女实现自我

在本研究中也有一些研究对象把希望寄托在子女的身上，她们希望通过子女的成功达到自我实现的目标。她们称自己会通过子女的健康成长，子女的大学录取和就业，子女幸福的婚姻生活以及子女将来对父母的孝道等感受到生活的幸福和对自我的满足。而本研究中案例11的研究对象因为自己的婚姻生活并不幸福，因此把后半生的幸福寄托在子女身上，想通过子女对自己尽孝而实现自我。

　　我也想通了，从今往后我就把希望寄托在孩子身上，丈夫就是个外人。好的时候真的不知道他这人怎么样，但是出现问题的时候发现他比陌生人还要陌生，甚至有的时候还不如陌生人呢……但是孩子毕竟是我的亲骨肉，孩子们也认我。可以说孩子是我唯一的希望，我相信他们不会忘了我这个当妈的。以后孩子们成功了，我想我也就成功了，我也知足了。（案例11）

韩国可以说是较重视教育的国家之一。韩国女性为了子女的教育可以献出自己的一切。因此当选择中韩跨国婚姻的中国朝鲜族女性看到韩国女性对子女的教育达到几乎疯狂的程度时，她们对韩国女性的行为感到惊讶和恐惧。有一些研究对象甚至认为韩国社会让女性婚后就返回家庭，且把包括子女教育在内的所有家庭重任强加给女性的社会和家庭结构是导致女性为了子女的成功、为了家庭的幸福而奉献一切的重要原因。因为韩国社会把子女的成功直接与母亲的教育方式以及母亲的成功联系到一起来评价一个女性的人生。

　　我一定要把孩子教育成有用的出色人才。韩国女人的成功是什么，不就是子女的成功与否吗？孩子们成功了我想我也成功了，我的人生也没白活。我想我这么说好像我活得很没有自我，读了那么多的书，最后还是为了子女而活的样子，其实也不是，这就要看我个人怎么看这个问题，每个人的人生目标、生活幸福感都不同，我觉得我没有完成的，比如继续读书读到博士、在高校教书既然没有实现，如果我把孩子们教育好了，孩子们以后都在理想的工作单位工作了，甚至在高校当老师了，那我觉得我的理想实际上也实现了，而且我还培养出比我更出色的孩子，那就更自豪了。（案例12）

(五)规划新目标

在本研究中，有一部分研究对象谈到虽然在韩国也会生活得很好，但是为了自身更好的发展，也为了拓宽生活领域，夫妻双方计划到中国工作和生活。因为中国经济的飞速发展和国际地位提升，使很多在海外的中国人有了回国的想法。在本研究中，案例6的研究对象则谈到计划去更发达的美国生活。

　　上次我和我老公回了一趟中国，也见了那里的老板。我们打算在中国做个买卖,经营一个小公司。因为我懂汉语,我可能会比我老公发挥更重要的作用了。我一直没想过一辈子就生活在韩国,我还是想回国发展的。我老公也有这个想法。他也积极地学习汉语,他也喜欢中国。今年内我们一家都有可能回去。我读研的时候读的是对外贸易,我老公也在公司做过这方面的工作,所以回中国之后做中韩之间的贸易合作应该是可以的。现在的打算就是这样,当然还有孩子们在这里的学习,也得听孩子们的想法,但是我倒觉得回中国让孩子们在那里读书,把汉语学会了,对他们以后考好大学也许会有很大帮助,他们也会喜欢上中国的。(案例14)

其实我们一开始是想去美国生活,而不是在韩国。因为我现在还没有拿到韩国国籍,所以办理美国签证还是有些困难。所以我先等韩国国籍下来,拿到了韩国国籍就马上办理美国签证。韩国也不是不能生活,也还可以,只是想去更好的地方生活。在韩国跟在美国相比还是活得有些累,人际关系方面也好,教育子女方面也好,女性地位也好,都不是很理想。(案例6)

在本研究中,案例16的研究对象在韩国的生活时间并不是很长,因此还没能获得韩国国籍,她谈到目前她的生活计划是等待韩国国籍的取得,之后再考虑是否继续现在的婚姻生活。因为该研究对象在中国有过一次令她伤心的离婚经历,因此她对现在的婚姻生活也没有抱太大的希望和期待。

现在没事儿了,活得挺好。我还没有拿到韩国国籍,身体也不是很好,找工作也不容易,所以暂时只是家庭主妇。拿到韩国国籍后,我想我可以做很多我想做的事情。现在丈夫对我挺好,但是可能是因为我有过一次不好的经历吧,我对男人并不抱任何的希望,只要他以后还是

对我很好,像现在一样,那我可能会继续跟他过,如果不是的话就算了吧。(案例16)

笔者在前文就选择中韩跨国婚姻的中国朝鲜族女性在韩国的生活适应过程中为解决生活中经历的各种压力问题而采取的实际行为做了较为深入的分析和探讨。而为解决压力所采取的行为又对应于扎根理论分析模式中作用/相互作用策略部分的内容。作用/相互作用策略是指如同中心现象存在于脉络条件里或者存在于特定条件下一样,对现象进行反应和调节且为应对现象而采取的有意图的行为。

在本研究中,为了应对"承受压力"这一中心现象,研究对象所使用的作用/相互作用策略为"自我实现需求"和"改变对自己和婚姻的认识"。而影响此作用/相互作用策略的中介条件为"影响自我发展的条件""压力应对"和"社会支持"。"自我实现需求"的强弱程度会影响个人的压力应对效果,另外"改变对自己和婚姻的认识"的概念属性程度,维度为强弱。

表4-6　作用/相互作用的范畴、属性及维度

主范畴	对应范畴	概念	属性	维度
改变对自己和婚姻的认识	他人的认可	得到家庭成员的认可	程度	强—弱
		得到邻居、亲戚等人的认可		
	产生自信	掌握家庭的经济权		
		对持续发展充满信心		
	积极接纳	对夫妻关系充满信心		
		确信选对了跨国婚姻		
自我实现需求	自我开发意识	不断地为自我发展而努力	程度	强—弱
		设立经济目标		
		通过子女实现自我		
	规划新目标	规划新目标		

五、影响为适应韩国生活而采取的主要行动的因素

笔者在前文已经介绍过选择中韩跨国婚姻的中国朝鲜族女性在韩国的生活中会有很多不同的经历,而她们也会通过采取不同的行为解决在韩国生活中遇到的各种问题。下面主要就影响中韩跨国婚姻家庭中的中国朝鲜族女性为适应韩国生活而采取行动的因素进行详细的分析。

(一)消极的环境条件

在本研究中研究对象谈到在韩国就业是一件较为困难的事情,因为在就业过程中她们往往会因学历较低、不懂英语以及韩国人对中国朝鲜族的差别对待等而找不到较为满意的工作。特别是韩国政府不积极改善选择中韩跨国婚姻的中国朝鲜族女性所处的恶劣环境,对带有偏见和歧视的社会环境采取漠视的态度,使很多中国朝鲜族女性感到孤立和无助。

韩国社会对选择跨国婚姻的移民女性并不是很友好。特别是对于选择跨国婚姻的中国朝鲜族女性持更为否定和怀疑的态度。而研究对象谈到在这些消极和批判的环境背后是媒体等因素在起作用。

很多研究对象在结婚初期会有"孤身一人"的孤独感。离开家庭、离开朋友、离开祖国的研究对象感到的更多的是孤独。特别是大部分研究对象是通过婚姻中介或者周围人的介绍而认识了现在的韩国丈夫,而且是在只相见几次之后便与现在的丈夫结为夫妻,因此对于研究对象来说,丈夫也是相对陌生的人。中国朝鲜族女性非常希望韩国人能够伸出援助之手帮助研究对象缓解韩国生活适应中的孤独感,但是中国朝鲜族女性发现忙于自己生活和工作的韩国人并没有太多的时间和精力关心他人。因此,中国朝鲜族女性在适应韩国生活的过程中,不得不因中韩两国在饮食、习俗、制度等方面存在的差异而经历适应上的困难。

因此,在本研究中笔者把"低学历""家庭和社会支援不足""自助组织的支援不足""男权中心的职场及社会文化""未取得韩国国籍"等概念整理到对个人的自我发展起消极作用的环境条件这一对应范畴之中。

1. 低学历

在本研究的 17 名研究对象中，大学学历以上的研究对象有 3 名，专科毕业的研究对象有 2 名，其余的研究对象都是高中以下的学历持有者。因此很多的研究对象谈到自己因学历较低而在韩国的工作过程中遇到了不同程度的困难。本研究案例 4 的研究对象对自己在国内没有完成大学学业而选择跨国婚姻一事表示后悔。另外，也有很多的研究对象担心自身的较低学历会在子女教育方面产生不小的负面影响。

> 一开始我去的是学校。我听说那个学校开设汉语课程，结果他们让我去教育厅看看。我又去了教育厅，结果那里说拿我在中国的学历是不能教书的，他们说想在韩国学校教书需要在韩国大学重修必要的课程。我又去过一些教育机构，条件都是大学以上学历，他们根本不承认在中国的学历。我以为到这里来，我读了本科在中学教个汉语应该是没问题的，但是根本不行。就算是教个我非常熟悉的语言也不行，后来也是去了教育机构，我就想在教育机构的学习班教汉语应该没问题吧，结果也是一样的，所以说句老实话，找个工作也是挺费劲的。（案例 5）

> 在韩国教育孩子还是跟国内不一样的。我是在国内受过教育的，我也不懂韩国的教育到底是怎样的，也不知道该做什么。韩国妈妈们懂得也很多，教育子女应该都有她们的一套方法，我就不一样了。我也没上过大学，懂得也不多，很多韩国妈妈说孩子在娘胎里的时候就需要进行胎教，说需要注意的也很多，不仅仅是营养方面的，还有其他方面的，但是我现在是什么也没做呀，我也不知道做什么，当然担心了。（案例 2）

2. 家庭和社会的支援不足

对于选择跨国婚姻的外国移民者来讲,在适应新环境的过程中,当地居民及社会对他们的关心和帮助是非常重要的,因为周围人的关心和帮助会促进移民者在新文化适应方面产生自信。但是选择中韩跨国婚姻的中国朝鲜族女性却很少能得到包括丈夫的家庭成员在内的韩国人的支持。甚至有一些中国朝鲜族女性还会受到丈夫的家庭成员的歧视,她的身份很难得到家庭成员的接纳和认可。

其实夫妻俩能不能过得幸福很受周围人的影响,为了我们能过好,他们应该帮助我们,鼓励我们才对,可是他们却不那么做。他们根本不看好我们这样的婚姻,因此相互都有些不满意,也都有压力,所以家庭问题也出现了。我相信有过得好的,但是据我观察,据我判断能真正过好的十个中也就三四个吧。可能也不到这个数。其实有很多夫妻后来还是离婚了,或者不离婚就对付过了,也没感情什么的。本人有问题,本人的原因大一些吧。就是相互之间也缺乏信任。但是我想最重要的原因应该是周围环境。周围人不是挑好的说,而是专门挑不好听的、坏的地方说,结果弄得两个人真的吵起来了,也不过了。(案例6)

在本研究中,有一些研究对象谈到自己虽然很想学习和参加工作,但是由于子女的养育和教育重任压在了她的肩上,她只能选择放弃学习和工作。在本研究中,案例15的研究对象还谈到她在怀孕和产后调理期间根本就没有得到过婆家及周围亲戚朋友的帮助,而且在产后不到10天时,为了解决家庭的经济困难她便选择了出去干活。另外,在本研究中,案例4的研究对象因为工作不得不将幼小的孩子送到育儿机构照看,而遇到必须早出家门,孩子还在睡梦之中的情况时,她就不得不嘱托邻居来照看孩子,等孩子睡醒后再将孩子送到育儿机构,她说每次想到这些时她都不免心痛。

　　像我们这种情况,孩子还真的成了很大的一个问题。我要上早班、夜班的时候就没有人照看孩子。幼儿园也是只照顾到五点多,早晨也不会让你送那么早的,早送也没用,没人。没办法只能一大早的敲邻居家的门,让她们照看一下孩子。(案例4)

在本研究中,案例15和案例4的研究对象谈到,由于韩国女性相关机关对于移民外国女性在韩国的生活适应是否存在困难,存在何种困难,该如何为她们提供有效的服务等并不是很关心,因此外国移民女性在生活适应方面还是存在不小的困难和不适应。

　　我们毕竟跟本国人是不一样的。我们是跨国婚姻家庭。有一次朋友介绍我去了女性文化会馆。但是去了我就发现根本没有专门为我们外国女性提供的活动内容。针对外国人的好像只有简单地教教韩语、英语,有时间的时候去个一两次文化探访活动,可能也就这些了。说句实话,我们对韩国文化根本不了解,所以有的时候因为文化方面的差异也导致和婆家之间的矛盾发生。所以我们也当然希望女性会馆能在这些方面提供更好的服务,但是真的没有。(案例15)
　　其实在饭店干活是很累的,所以对于在国内工作了六七年、当护士的人来说在饭店工作基本是不可能的事儿。那这些人当然是希望韩国能为她们提供看护这样的活儿,也希望能教她们这方面的专业用语和知识等。其实从国内过来的人有很多是高学历的人,但是即使她们是大学毕业她们也有可能不得已在饭店工作。我们当然希望韩国政府能为这些人很好地适应韩国生活、幸福地生活而提供相应的服务。改善环境也是非常重要的。想找跟国内的工作性质一样的工作基本是不可能的一件事儿,比如说你在国内当了医生,到了韩国想继续当医生给病人看病,这是根本不可能的事儿。因为他们根本不认中国的医师证,在中国如果读了五年的医科大学,然后就可以去一个医院当大夫的话,这里是需要读书读到博士,而且还需要有一定年限的工作经验,那基本上就是10年以上才有可能当医生,所以在这里当医生、老师、护士这些需要专业知识的工作,中国人过来基本是做不了的。(案例4)

3. 自助组织的支援不足

自助组织是通过组织成员对共同关心的事物进行交流,从中获得精神上的支持和物质上帮助的组织。自助组织为很多存在相同问题的人提供可供参考的解决问题的应对策略和方法,通过分享信息使她们获得社会上的支持,从而带来组织成员自身行动的变化。

笔者在本研究中发现,选择中韩跨国婚姻的中国朝鲜族女性为了解决在韩国生活适应过程中遇到的个人及家庭方面的问题,她们首先会想到寻求与自己一样选择跨国婚姻的中国朝鲜族女性这一群体,并且通过与她们见面、认识和交流,共享有用信息,获得解决问题的办法。在本研究中也有一名研究对象是跨国婚姻朝鲜族女性自助组织的创始人。这位研究对象谈到在婚姻初期由于中韩文化等方面的差异,其与婆婆产生了很大的矛盾和冲突,而当她感到孤立和无助的时候,她突然想到了家附近的女性文化会馆,抱着试试看的态度去的女性文化会馆让她产生了创建专门为跨国婚姻家庭中的中国朝鲜族女性提供服务的自助组织的想法。自助组织成立之后,虽然有很多的中国朝鲜族女性认识到参与自助组织活动的重要性,但是又有不少中国朝鲜族女性因家庭经济方面的问题而不得不选择放弃组织活动而出去挣钱。参加组织活动的一部分中国朝鲜族女性也谈到了自助组织本身存在的一些问题,比如不能为跨国婚姻家庭中的中国朝鲜族女性提供系统的专业服务,另外由于自助组织的主要成员为中国朝鲜族女性,因此在使中国朝鲜族女性全面了解和获知其他外国移民女性在韩国生活的过程中遇到的其他方面的困难和解决困难的方法方面存在着局限性,而这又会影响中国朝鲜族女性对韩国文化的全面认识,因此她们非常希望韩国的女性相关部门能够积极地为跨国婚姻家庭中的外国女性提供全方位的支持和服务。

> 我也是那么想的。其实我们也有过几次聚会,但是每一次聚会结束之后我总是觉得没有什么太大的收获。如果每一次都是有针对性地对某一件事情进行专门的介绍和讨论的话,可能会更好一些。比如说韩国女人对化妆都很讲究,而我们中国人就没有那么多的讲究,甚至在中国连妆都不化就有出门的,那我们就希望请一位专业韩国化妆师来教我们怎么化妆,这样我们也学会了,我们也学着化妆不是很好吗?但是现在就是没有系统的有计划的活动,每一次都是见面打招呼,聊天,吃饭,然后就结束了。没什么意思。(案例17)

4. 男权中心的职场及社会文化

在韩国有过工作经验的研究对象称韩国社会是不认可和接纳女性的社会,因为韩国一直维持着父权制的文化,他们主张以男权为中心的职场和社会文化。在本研究中,案例14的研究对象谈到自己曾经在韩国公司工作,并且承担了公司所有与中国相关的业务,但是韩国上司却仍然只把研究对象当作简单的中文翻译。通过职场生活,她也真正体验到了韩国职场较浓的男权中心文化。

> 我们组长一半以上的活儿应该说都是由我来做的。因为是中国方面的业务,所以翻译的活儿,需要和中方通电话联系的活儿等都由我来做。但是在别人面前他只是简单地把我介绍为汉语翻译。我又不是打工的大学生,我可是公司职员呀,哪有他这么对我的,不承认我的能力,总是自夸都是自己做的。(案例14)

5. 未取得韩国国籍

虽然不能说选择中韩跨国婚姻的中国朝鲜族女性最终的婚姻生活目标是取得韩国国籍,但是取得韩国国籍的中国朝鲜族女性可以从法律上获得与韩国人一样的享受国家福利政策以及法律权利的资格,因此很多中国朝鲜族女性还是积极地为取得韩国国籍而努力。但是之前的韩国国籍法规定,在韩国生活的中韩跨国婚姻家庭中的中国朝鲜族女性必须在与韩国丈夫维持2年以上共同生活的前提下才能获得韩国国籍,因此在没有获得韩国国籍之前,中国朝鲜族女性参与社会活动并不是一件容易的事情。因为参加社会活动需要提交与韩国丈夫的相关关系资料来证明自己的身份,因此中国朝鲜族女性在未获得韩国国籍之前,在韩国的生活适应并不是非常如意和自由,而这也给中国朝鲜族女性带来了不少身体和精神方面的压力。

> 我还没拿到韩国国籍。所以我一直就待在家里。身体也不舒服,现在我岁数也大了,所以也没想要孩子。只能等了,再等等看吧,也没别的办法。(案例16)
>
> 不管好还是赖,就这么过了。主要是我得拿国籍。没拿到国籍之前,反正很多事情还需要丈夫的帮助,只能依赖他,没有别的办法。因为有过一次离婚经历所以我对自己的婚姻真的没有太大信心,有时我想好好过,但是周围的人、环境可能就让我很失望,有时我也是半信半

疑的,或者没有太大信心,不知道以后能不能继续跟我现在的老公过好日子,所以我也就把先拿韩国国籍放在了首要的位置,拿到国籍了就有了合法身份,我也可以合法地去做我自己想做的一些事情,那时候可能就有更大自信了。(案例13)

(二)积极的环境条件

虽然选择中韩跨国婚姻的中国朝鲜族女性因学历较低、语言能力有限等个人方面的原因,以及中韩两国之间的文化和习俗方面的差异而承受着生活适应方面的压力,但是她们也发现自身还有着精通汉语这一优势,而精通汉语是很多学习汉语、关心中国的韩国人非常看重的优势,因此中国朝鲜族女性也在汉语以及与中国有关的业务方面存在着很大的自信。中国朝鲜族女性发现自己可以通过教韩国人汉语,做汉语翻译,在跨国婚姻相关机构工作,在饭店等服务行业工作来发挥自己的作用。而中国朝鲜族女性对自身所拥有的这些优势和力量的发现也可以看作是对中国朝鲜族女性在韩国的生活适应起着积极作用的因素和条件,因此笔者在本研究中把"发现自身优点""发现自身力量""经济独立"等概念整理到对自我发展起积极作用的环境条件这一对应范畴之中。

1.发现自身优点

与韩国男性结婚的中国朝鲜族女性把精通汉语当作自己的优势。中韩建交之后,中韩两国之间的关系得到了持续良好的发展,韩国文化在中国大陆也得到了迅速的传播,中国大陆也曾一度出现了青少年对韩剧、韩国流行歌曲以及韩国明星的疯狂追捧而导致弃学、厌学等社会问题。而另一方面,中国经济的迅猛发展也进一步推动了韩国人民对中国的关心和韩国企业对中国的投资。

认识到与中国的交流与合作是长久的发展之路的韩国社会最近几年也

掀起了学习汉语、到中国旅游和留学的"中国风"。韩国青少年、企业界人士、大学生、宗教界人士等纷纷为了到中国发展自我、开创中国事业或者与中方合作而开始学习汉语、了解中国文化。随着韩国社会对中国有了更进一步的认识和来往于中韩两国的韩国人的不断增多,与韩国男性结婚的中国朝鲜族女性为自己精通汉语而感到自豪。

> 去过中国,对中国有所了解的韩国人还真不那样对待中国人,对中国也没有那么多的偏见。说句老实话,我们最起码比韩国人多会一个汉语,这就是优势呀。现在中国在不断地发展,很多韩国人都在学汉语,甚至也有一些年轻人去中国留学,我们能够说韩语和汉语两种语言,这本身就是很大的一个优势。现在韩国的东大门也好,明洞也好,都有很多会说韩语的中国人,或者是在中国读完书回来的会说汉语的韩国人在做着买卖,中国人来买东西他们直接就用中文进行交流,以前如果互相听不懂对方在说什么,得用计算器输出价格,还得用不流利的英文互相交流,现在中国人旅游也根本不需要担心如何交流,到处都是会说汉语的人,他们直接用中文跟咱们交流。这是多大的一个优势呀!
（案例4）

2. 发现自身力量

与韩国男性结婚的中国朝鲜族女性不仅仅是单纯地为了生存而生活在韩国,她们生活在韩国,适应韩国生活,更多的是想通过寻找自身具有的优势和力量来实现自己的理想。在本研究中,一部分研究对象为了更好地适应韩国生活而努力通过学习来获取所需要的各种资格证,还有一些研究对象通过到大学继续深造而实现在中国没有完成的学业之梦。通过对韩国文化的更深了解,通过取得各种参与社会活动而必需的资格证书,中国朝鲜族女性发现了自身所具有的自信、忍耐等优点，而这些优点又让中国朝鲜族女性对在韩国的生活适应充满了信心。

我有很多资格证，比如驾驶证、电脑相关资格证。以后我还想在韩国大学读书，我感觉要学的太多了。不过也只有学习了才能适应这个时代的发展。不要老想着这个也难，那个也难。其实我们身边也有很多成功人士，我们向她们学习，借鉴她们的经验，我想没有什么做不到的。我相信我能做得很好。（案例 15）

我有自信。我们一定会成功的。我想我已经读完了研究生，最起码对中国和韩国都有所了解了。不是自吹，有的时候我觉得我比有些韩国人做得还好，不管生活在韩国还是中国我都不怕，都有自信。我想能力很重要，但是个人发现自身的优点，而且在合适的场合充分地发挥自己的优点这也是相当重要的，有的人有能力但是没有自信，因此在重要场合不能很好地发挥自己的优势，这是很遗憾的一件事情，我觉得我对我自己还是很了解的，我知道我的优点是什么，而且我知道如何肯定我的优点并且想方设法让我的优点发挥作用，这也许就是因为有自信的缘故吧。（案例 14）

3. 经济独立

选择中韩跨国婚姻的中国朝鲜族女性不仅仅满足于当家庭主妇，她们更多的是想通过参加社会活动获得经济上的独立。特别是在中国曾经有过工作经验的中国朝鲜族女性更希望在韩国能有一份工作。在本研究中，一部分研究对象谈到她们在韩国通过做汉语讲师、负责跨国婚姻相关业务、在饭店等服务行业提供服务等工作来解决家庭的经济问题。过去因为经济上的不独立，中国朝鲜族女性不得不看着公婆和丈夫的脸色过日子，而每当向丈夫领取生活费的时候更是感到自尊心受到了伤害,现在有了能够实现经济独立的工作,中国朝鲜族女性感到心里踏实了不少,而且她们对于适应韩国生活也充满了信心。

> 我做婚姻中介工作之后发现自己也能挣钱了。以前都是从老公那里领生活费花的,但是现在就用不着了,我自己也能挣钱,我也可以给孩子们买我想给他们买的衣服,有的时候想吃什么就出去吃,也不用看别人脸色,挺好的。中国女性不同于韩国女人,咱们在经济方面还是非常独立的,因为在国内男女基本上都是一起上班挣钱的,而且咱们还管理家务,家里的财政大权基本上都是中国女人控制着,所以中国女人嫁到韩国来了,可能也就是一段时间在家里做全职太太,但是时间长了就有很多人出来挣钱了。因为你会发现有很多韩国男人不是把所有的钱都交给老婆管的,特别是对外国老婆,他们更是不放心把钱都交给她管。我听很多外国女人谈过,每一次都是老婆跟老公要钱,还得说明钱要花在哪里,真的很心酸。女人已经付出很多、很辛苦了,男人挣钱回家这也是应该的,哪一家养孩子、教育孩子、过日子不需要钱的,在国内老公拿回来钱,老婆花钱一般也不会问那么多的,但是很多有外国老婆的韩国男人就很计较,你都得跟他汇报财务情况,所以像我一样索性出来工作自己挣钱的女人越来越多了。花自己挣的钱心里也舒服。(案例4)

(三)积极的压力对策

与韩国男性结婚的中国朝鲜族女性努力采用最好的方法解决在韩国生活中因文化差异、人际关系、生活方式、个人性格差异等出现的压力问题。在本研究中,有的研究对象主张在解决压力问题上首先应看到自己的不足,且努力改变自己的行为或态度是非常必要的,而有一些研究对象则谈到应在相互平等的条件下通过对话的方式,或者通过向韩国人求助、找专业人员的方式解决面临的压力问题。在本研究中,也有一些研究对象是通过自己参加社会活动的方式解决与家庭及周围韩国人存在的矛盾。

笔者认为在本研究中出现的与以上内容相关的概念都可以看作是研究对象通过积极的方式来减轻压力的具体行为,因此把这样的概念整合为"为解决问题而努力""求助于韩国人""挑战权威""家庭关系再定义""参与社会活动"等概念。另外,笔者把这些概念又整理到"积极的压力对策"这一对应范畴之内。

1. 为解决问题而努力

在本研究中,案例1和案例6的研究对象通过对话的方式解决与他人之间的矛盾,而案例15的研究对象则主张在与他人的人际关系问题上,个人本人的努力和变化是非常重要的,因此她也经常采用自己先改变态度和行为的方式来解决相互之间的误会和矛盾。我们也可以看到,这些研究对象在问题的解决上都一致地意识到了个人努力的重要性。

> 我们在遇到问题之后不能总埋怨是环境不同的原因,或者是文化差异的原因,其实到哪里生活都是一样的,如果一个人有着想积极解决问题的想法,并且为解决问题而努力,不要总看别人的不好,多看看好的一面来改变自己,我想没有什么问题是得不到解决的。(案例15)

2. 求助于韩国人

在本研究中,有一部分研究对象谈到每当她们遇到困难的时候总是会先想到向韩国人求助。她们主张在韩国生活所遇到的各种问题都会与文化差异、社会环境不同等有关系,因此与其向可能会存在同样问题的中国人求助,不如直接向可以给她们提供最直接和最有效帮助的韩国人求助,因为韩国人提供的帮助见效最快、效果最好。在本研究中,研究对象谈到韩国人对他人的亲切行为、对外国人的关心等是她们首先向韩国人求助的主要原因。

真的有很多非常累的时候,但是我倒不因为累了就怕了。因为每当我感到累的时候,我总是相信一定会有人能帮我解决这个问题的。韩国人真的都很有情义,一次、两次甚至多次去找她们,向她们诉苦,她们真的努力想理解你,而且帮你解决问题。(案例 12)

刚开始跟邻居大妈们聊天也觉得特别的别扭,但是经常跟她们见面,跟她们就越来越亲了,现在是见面打招呼,有事就相互帮助,真的挺好。跟韩国妈妈们在一起还有一点好处就是你能从她们那里获得很多有用的信息,她们会都说出来共享。我的孩子当时去幼儿园的时候我们就不知道该送哪个幼儿园好,结果妈妈们你一句我一句,说出了她们送孩子去幼儿园的经历,而且还给我推荐好的幼儿园,她们会一一地告诉你这个幼儿园具体好在哪里,费用、师资队伍、幼儿园环境、孩子们的饮食问题、具体的活动等都会一一地给你介绍,她们都是提前做好这方面调查和研究的,所以像我这样什么都不知道的人,有现成的好信息给你,当然是感激不尽了。(案例 7)

3. 挑战权威

在本研究中,既有通过自身的努力和改变来解决压力问题的研究对象,也有个别研究对象主张有必要向这种压力问题的最主要根源——传统的文化和现存权威进行挑战。虽然个人的努力也很重要,但是一味地顺从只能使不符合现实的传统文化或权威无条件地被维持,因此有必要向导致男女不平等,一味地要求女性顺从社会文化、顺从家庭的传统文化和现存权威进行挑战。只有这样才能最终解决女性面临的各种压力问题。

> 我公公是那种非常吝啬的人，他认为他是一家之主就必须由他说了算。我丈夫也好，叔叔也好，都在我公公的农场干活，但是公公一人掌管所有的钱，我们需要买什么东西还得向他请示。我们给我公公干了那么长时间的活儿，结果手头却没钱。后来我和丈夫摊牌了，一定要分家，出去过。现在我们已经出来了，不和我公公过了。（案例4）

4. 家庭关系再定义

在本研究中，很多研究对象认为在结婚初期对于与丈夫家庭成员之间的矛盾，自己只能选择忍受。因为每当研究对象主张自我的时候，丈夫的家庭成员们就会以"没礼貌""中国女人都太强"等话语进行侮辱。因此研究对象不得已选择了忍受。但是当研究对象发现忍受只能让自己变得更无力，丈夫的家庭成员更歧视和不关心研究对象时，一部分研究对象开始主张自我，与丈夫的家庭成员进行主动的、面对面的交流。甚至还有研究对象称通过"动手"的方式主张自己没有做错。而所有的这些行为变化，在后来的生活过程中不仅得到了家庭成员的接纳，而且还对家庭关系的再定义产生了一定的影响，研究对象称通过自己努力，找回了在家庭中的地位。

> 我当时就感觉她特别的瞧不起我……也不是一次两次的，每一次上我家总是那种态度，后来我一看不行，得给她颜色看看，就跟她大吵了一次。也动手了，东西也扔了。后来她再也没敢跟我嘚瑟。我那个姒娌呀就是欺软怕硬，刚开始我还是忍着的，毕竟我是中国人，他们都是韩国人，而且有很多文化我也不是很懂，我觉得就应该谦虚地学着点，不要不懂装懂。所以我还是很客气的，她跟我说什么我都夸她聪

明。她好像觉得我比他们家的任何一个人都身份低下,而且也没文化,所以从一开始就有那种瞧不起人的架势,她对别人都不那样,就唯独对我是冷嘲热讽,要么就是目中无人。我毕竟比她辈分大,她还这个态度,我觉得太没礼貌了,而且如果我不给她点脸色看,她肯定会一直对我这个态度。所以我找了个机会,我也豁出去跟她大吵了一次,结果我能看出来她当时吓坏了,她没想到我能反抗,我能跟她吵吧。我从她对我没有礼貌开始,把所有她做得不对的地方和平时对我的侮辱全都跟她说了,当时我真的也非常的生气,我都不知道哪里来的那么大的勇气,后来她跟我一起喝酒,然后向我赔了礼。现在她对我是很客气的,称呼上也知道用尊称了。我觉得咱们不应该无理取闹,但是咱们也不能在别人无故欺负咱们的时候还不吱声,我们的权利我们得主张,我们得把握好。(案例4)

5.参加社会活动

柯林主张个人需要通过承担和履行一定的社会角色而被社会化,因此不能很好地履行社会角色会成为造成个人压力的原因之一。[①] 而社会角色是社会结构的组成部分,履行社会角色时所承受的压力与社会现状是分不开的。[②] 在本研究中,一些研究对象为了解决与婆婆之间的矛盾,解决家庭中的经济问题,排解自己的孤独和寂寞而毅然选择了参加社会活动。

中国在发生变化,我也在变,可是永远不变的是我的婆婆。特别是她对我的态度从来就没有变过。我跟她在一起可以说是太煎熬了。后

---

① Leonard I. Pearlin, Role Strains and Personal Stress, In Howard B. Kaplan (Ed.) , *Psychosocial Stress : Trends in Theory and Research* , Academic Press Inc. , 1983 , pp. 3 – 32.

② Goode W. J. , A Theory of Role Strains , *American Sociological Review* , No. 25 , 1960 , pp. 483 – 496.

来我就选择了参加工作,这样就不用天天面对我婆婆了。在外面的时间长了,我也更加喜欢参加社会活动了。后来又办起了中国朝鲜族女性组织,也排解了我的孤独和寂寞。我成立这个女性自助组织,一来是想帮助那些像我一样从国外嫁到韩国在生活适应方面有困难的人,让她们少受委屈,即使受了委屈也让她们知道有这样的一个组织能够听她诉苦,能够帮助她渡过难关;二来是让我自己快乐,让我自己能够从烦恼和众多压力中走出来。我想既然我改变不了别人,那我就要改变我自己,而唯一的改变就是要走出家庭,寻找我要做的、我想做的是什么。在家里天天面对的就是我婆婆,本来我婆婆就不喜欢我,我们在一起事儿就更多了,搞得我还不高兴。我想就得出来发挥我的能力,我受够了气,我就想好好帮助那些需要帮助的人,让我的优势充分发挥出来。(案例5)

我觉得人要不断地学习、不断地发展自我才行。我现在也是在韩国做中文讲师,我不怕新环境,也不怕自己受到他人的歧视,我觉得任何国家的人都是一样的,你只要努力生活、努力工作、努力做自己的事情,积极面对生活,靠自己的能力和双手获得自己想要的一些东西,这个人无论在哪里都是会受欢迎的,而且大家对他的态度也是肯定的。所以到了新环境就要适应新的环境,参与新环境中的社会活动,不断地让自己融入新环境中去,这是最为重要的。(案例17)

(四)消极的压力对策

在本研究中,也有一部分研究对象通过逃避、离家出走、离婚等消极方式来处理自己的压力问题。还有的研究对象把自己的不幸婚姻归为自己的前生一定是罪人的宿命论之中,因此主张自己现在还继续维持婚姻生活并不是为了自己,而更多的是为了不让父母伤心。

因此,在本研究中,笔者把"逃避问题""问题最小化""消极接纳压力""消极应对压力"等相关概念整理到"消极的压力对策"这一对应范畴之中。

1. 逃避问题

在本研究中,有一部分研究对象谈到经常因媒体上报道的相关中韩新闻而与丈夫产生矛盾和冲突。研究对象谈到每当看到媒体上对中国的负面评价和消极报道时,韩国丈夫就会表露出对中国的不满情绪。每当这时,研究对象就总觉得丈夫是针对自己表现出的不满,因此研究对象也感到非常的不快。而研究对象也渐渐地采取了回避、不和丈夫一起看电视等方式来避免矛盾的产生。

> 后来我也想出了一个办法,就是不和他一起看新闻。只要不在一起,我也就不用再听他的不满了。我也知道逃避不一定是最好的办法,但是我也不想跟他争辩,对于我来说,中国是生我、养我的地方,是我的祖国,嫁到韩国了,韩国现在也是我的家。跟他辩论哪个国家好,哪个国家不好,没有意义,最终也不会带来高兴的事儿,所以他在看新闻的时候,我会做我自己的事情。(案例5)

2. 问题最小化

笔者在本研究中发现,有的研究对象采取顺应对方意见的方式来解决和减少与家庭成员之间的矛盾。她们认为顺应对方的意见可以减少因矛盾而带给自己的不必要的伤害。

> 跟老公吵也只是两败俱伤,所以我也不愿意把问题弄大了,即使他说得不对,我也只是回应他说得对。(案例9)

3. 消极接纳压力

虽然本研究中没有离婚的案例,但是有一部分研究对象打算采用离婚,或者为了子女和父母,虽然自己的婚姻生活并不幸福,但是忍受压力继续生活的消极接纳的方式解决自己的压力问题。

有后悔过,但是想想父母我也就忍了,就算为他们活吧。有的时候我就想好好的、年纪轻轻的,为什么嫁到这里来遭罪。婚姻应该是与自己相爱的人在一起,不能听父母、其他人给你安排。当时我妈就是羡慕我现在的妯娌,她也是我们村里嫁过来的,她过得还可以,我妈看着羡慕就让她给我也介绍一个,就把我介绍给我老公了。一开始我什么都不懂,妯娌一开始当然是好心来帮我的,但是时间长了,就变成她管我这儿、管我那儿的,连我们家的事儿,我老公也要跟她商量。我就像一个局外人一样,本来我和我老公的婚姻就不是建立在恋爱的基础上的,也就对付着过了,谈不上幸福。(案例9)

我在国内有过一段不幸福的婚姻生活,我岁数也不小,孩子也都很大了,说句老实话,我这么大的岁数再婚其实并不是因为有了爱情,也许别人会遇到自己的真爱,但是我不是。上一次的婚姻已经让我看透了人生,最容易变的就是人心。谁不是结婚的时候都跟对方说爱她一辈子、要白头偕老的,但是谁能预测未来呢?我的前夫也是因为有了相好的离开了我。我还说过别人可能会出轨,我前夫永远也不会呢,最不可信的就是男人。所以,现在我跟这个丈夫也是一样的,其实我并不抱多大希望,只要他还是像现在一样尊重我、对我还算可以,那我就跟他过,如果有一天他对我不好了,我也不想跟他过了,我就会马上离开。(案例16)

4. 消极应对压力

在本研究中也有研究对象采取离家出走的消极方式解决压力问题。一些研究对象谈到自己因信任和依赖丈夫而来到韩国生活,却发现丈夫并不是她生活下去的强大后盾。案例6的研究对象甚至还谈到,丈夫明明知道妻子孤独、寂寞、有困难,但是当看到丈夫回避和无视妻子的问题的时候,她感到非常失望,最后选择了离家出走解决自己的问题。在本研究中,案例15的研究对象也谈到当自己每天身体疲惫地做着农活,而又看不到希望和未来的时候,她毅然选择了逃离家庭。

> 我老公就站在他妹妹一边,也没说站在我一边。气得我离家出走,在外面待了四天,那四天真的挺伤心的,自己也不知道流了多少泪。要是在国内谁敢这么欺负我,我父母也不会干的,在国内我可能会跑到我父母家了,但是在这里我就不知道该去哪里了。去婆婆家她肯定不会帮我说话的,弄不好还会说我没家教,吵架了就知道离家出走,想去朋友家吧,一来没几个朋友可以去诉苦,二来即使有朋友家可以去,但是又觉得家丑不可外扬,我们夫妻吵架的事儿我也不想让别人知道,但是当时我还不想在家里待着,太生气了,我就想在外面冷静冷静。(案例6)

> 每天都是一样的节奏,一大早起来做饭,吃完饭就到田里干活儿,中午回来还得准备午饭,等大家都吃完了,我还得收拾,收拾完了,我还不能在家休息,大家都在田里干活儿,我也得去再干点活儿,然后就是晚饭,然后就是有一天脱下来的一大堆衣服要洗,天天如此,我已经筋疲力尽了,实在受不了了。我离家出走过一次,因为我觉得就那么拼了命地干活也仍然还不完债,而且我的梦想离我越来越远,甚至是越来越失望,达到绝望的时候,我就想走,真的,你说跑也好,我真的想跑,离开这个家庭,离开这里的人。所以那一次我就拿了最需要的一两件东西

就离家了。我觉得多拿一件衣服都是多余的,或者说是没必要的,因为我的目的是离开,就是离开。(案例15)

(五)家庭支持

社会支持能够缓冲新文化适应带来的压力。对于选择跨国婚姻而移民到国外生活的外国女性来讲,家庭的支持对于她们迅速而积极地适应异国文化生活有着决定性的影响。在本研究中,一些研究对象谈到丈夫在家务方面提供的帮助、丈夫的家庭成员在家庭事件的商议决策中对研究对象的尊重和接纳、研究对象与韩国妯娌的良好关系的维持等家庭的支持对研究对象适应新生活、克服困难、排解孤独等起到了重要的作用。另外,案例4和案例11的研究对象也谈到她们得到过很多原生家庭的帮助和支持。

1.配偶的支持

在本研究中有几位目前生活美满的研究对象谈到她们在家庭中受到丈夫的尊重。她们谈到虽然生活中免不了有矛盾,但是在重要的事情上夫妻会相互尊重,相互商议而做出决定,特别是韩国丈夫的支持对研究对象在韩国的生活适应起到了很重要的作用。

　　我想做什么就可以做什么,因为我老公支持我。我们之间都是互相商量着,然后最后的决定权在我身上。最重要的是他尊重我,真的很好。我觉得跨国婚姻最重要的就是夫妻双方是否能够相互尊重、相互爱护,而且没有偏见和歧视地真心真意对你。我和我老公在国内就认识了,而且是在上学期间谈了恋爱,有了爱情,其实这个挺重要的,因为工作或者岁数大了为了结婚而找对象的话,不一定都是那样,但是有的时候就会出现没有爱情的婚姻。我们的恋爱时间算是挺长的,来韩国留学期间,我们又继续谈恋爱,然后结了婚。所以我们相互之间算是很了解对方，而且确实是因为爱走到了一起，所以他一心对我好，也知道真心疼我。另外我们俩其实也是我们都认识的韩国老师介绍认识的，我们现在还跟那位老师有联系，时不时地还一起见面吃饭。老师对我就像对待自己的女儿一样。如果他对不起我，我们老师也不会饶过他的，不过我说的是心里话，他是真心对我好。（案例12）

也有一些研究对象谈到丈夫会帮助她们做家务。在本研究中，案例2的研究对象谈到自己的丈夫不仅在平时就参与做家务，而且过年过节时也会与研究对象一起购物，做过年过节的准备。案例4的研究对象谈到，由于自己在经营跨国婚姻介绍所，因此平时很难照顾好家庭，而丈夫承担了家庭中所有的子女养育、家务劳动以及做农活的重任，丈夫对自己事业的理解和对家庭的无私奉献让研究对象既感激又内疚。因此她也坦言如果没有丈夫作为强大的后盾，她的事业成功也无从说起。

> 刷碗、打扫屋子都做，帮不少忙，所以我也不期待更多。我不知道别人家是怎么准备祭祀桌的，我们家是到了节日需要准备的扒果子，去市场买祭祀用品等用力气的活儿都由家里的男人们来做。其实很多韩国男人是很大男子主义的，不会在家干家务。特别是韩国有祭祀文化，因为我婆婆去世了，我公公一个人生活，但是每年都得祭祀，我看每次准备东西他都特别细心，而且准备得也特别多。我嫁过来以后就跟着我老公一起准备这些东西，我老公也知道女人不容易，所以每一次都跟着去买东西，有的时候我就说不用他去了，他也一定会去，大的、沉的东西都是他拿着，回到家也是一起准备祭祀桌上要放的东西。（案例2）
>
> 我有自己的工作，婚姻中介所忙的时候一天来好几个需要相亲的人，那我就得一一进行面谈，而且为了尽可能地获得真实的信息，我还

得认真仔细地查看他们的家庭和个人信息，如果信息不充分的话，我还得通过对话的方式了解这些情况。所以平时挺忙的，有很多时候我都会跟一个来相亲的人谈上好几个小时。有的时候你要是碰上个提供假信息的，而且你还不是很有把握的话，那我还得跟对方斗智斗勇地获取信息，有的时候还得亲自打电话或去相亲的人提供的家庭地址看一看。所以我们做这个工作，如果想对得起人，想为相亲双方都带来满意的结果的话，不仅仅要耗费体力，脑力消耗也是很大的，有时回到家已经很晚了，身心疲惫。但是这么累我也能继续坚持下去的原因就是我老公一直在支持我的工作，他是地地道道的农民，他就在家种地，我的工作单位在城里，上下班都需要很长时间，家里大大小小的事儿很多时候都顾不上，我老公就边种地边打理。所以我还是挺感谢他的。（案例4）

当韩国丈夫有心在经济和感情方面给女方父母提供支持时，研究对象会更感动。在本研究中，案例6的研究对象谈到韩国丈夫在没有告诉自己的情况下，经常会给在远方的父母寄去礼物和金钱，而其父母也对韩国女婿产生了更多的信任。

我老公在这个方面做得真的很好。所以我根本也不担心钱方面的事情。有时我只是想得多，做得少。但是我老公就不是。一到过年他也会先跟我说，让我给父母寄钱过去，所以我当然很感激他了。嫁到韩国来，我也不能经常回去看父母，我自己就已经觉得很对不起父母了，如果连老公都不闻不问的，好像娶了我就是跟我一个人有关系，跟我的父母都没有关系，还不经常联系的话，那真的会让人挺伤心的。我知道我的几个朋友，她们也是从中国嫁过来的，她们就经常说自己忙着照顾老公、孩子、公公婆婆，连回家看看父母的时间都没有，自己已经很委屈了,但是有的时候她们的老公还经常怀疑她们是不是把钱汇到中国去了,说为什么总是喊着生活费不够了,跟他们要钱。我朋友们气得不得了,每次都是气呼呼地跟她们的老公理论一个月就那么点儿的生活费用在哪些地方了,像下属跟领导汇报财务情况似的,够没劲了,夫妻之间还这样怀疑来怀疑去的,就那么点儿生活费,他们自己心里没有数吗? 还有余钱汇到中国去吗? 有时候真的应了那句话,嫁人一定得嫁对,否则真的会有很多不幸福的家庭出现。跟她们比起来我幸福多了,最起码我没有为钱方面的事情苦恼过,虽然我不富裕,但我老公的心意在,就已经够了。(案例6)

2. 原生家庭的支持

在本研究中,也有一些研究对象因经济上的困难、与丈夫家庭成员之间的紧张关系等原因而经常得到原生家庭父母在经济和情绪方面的帮助。特别是有一些研究对象把年幼的子女送到父母那里抚养,也有的研究对象谈到她们曾经在父母来韩国探亲的时候得到过父母经济方面的帮助。

当然需要钱的地方挺多的。孩子爸爸做个人事业,而公公婆婆住在乡下,也没什么钱。有困难的时候我只能从母亲那里得到帮助。我母亲在韩国生活有一段时间了,所以她对韩国很熟悉,因为挣钱还有一些积蓄,她也经常帮助我们。然后我们挣到钱了再还给我母亲。我记得有一年,应该是很久以前的事儿了,有七八年了吧,那个时候我们俩做服装生意没多长时间,因为之前是在饭店里打工,也不想太多。但是结了婚,有了孩子,孩子还需要有人照顾,花销增多了以后,我们夫妻俩就决定出来做生意:一来时间上可以自由一些,这样最起码一个人能够照顾家和孩子;二来自己挣钱,挣多挣少也是自己的生意,也不需要听别人的使唤。但是我们毕竟没自己做过生意,所以一开始资金预算方面出了问题,那时候需要钱,但是手头还没钱,我们也不能指望公公婆婆,我们就只能跟我妈借钱,我妈二话不说马上打钱过来。说句老实话,挺大的一笔钱,就算是亲戚也不会轻易借的,但是我妈就是很痛快地借给了我们。借了钱,我觉得非常不好意思,毕竟我已经出嫁了,都这么大的人了,还跟父母借钱也不好看,所以心里还是挺感激的。(案例7)

3. 婆家、妯娌等的支持

除了丈夫的支持外,有的研究对象还谈到在韩国的生活过程中得到了丈夫的家庭成员,特别是婆婆、公公以及妯娌的关心和帮助,因此她感觉婆家就如同自己的亲生父母的家一样舒服和自然。本研究案例12的研究对象谈到她分娩之后由婆婆来照顾坐月子,调理身体,没有感到丝毫的不方便,就如同在自己的娘家一样,她对自己的婚姻生活表示满意。

现在我婆家人都支持我,我说话比我老公说话好使。有什么事他们也都是跟我商量,真的很幸福,真的感觉是一家人。就比如上次我婆婆又问我什么时候要孩子的事情,还问现在的工作能不能就不要做了,好好在家照顾她的儿子,然后生个孩子,那我婆婆也就放心了。我就说孩子我是一定会生的,但是这个不是想生就能生,要顺其自然,另外工作的事儿我也说了,我现在还年轻,而且喜欢教书,年轻人与其在家什么都不做,不如和老公一起出去挣钱,以后有了孩子也能有钱养着,没什么不好,希望我婆婆不要太干涉我们的事情。我说我知道婆婆的良苦用心,但是我们都这么大了有自己的想法和活法,婆婆也希望看到我们幸福,而现在这个状态就是最幸福的状态。婆婆也没再说什么,她自己后来也说也许很多都是她自己的想法,也没有考虑我们自身的感受,她说会慢慢尊重我们的想法，然后让我们自己决定。我觉得我婆婆也变了不少，以前她可能还会花很长的时间给你讲大道理，还会主张自己是过来人，吃的盐比我们吃的饭还多，但是现在已经很尊重我了，还会听我的意见。（案例1）

从一开始我公公和婆婆就对我如同亲人一样。我不怎么会做饭，但是我婆婆也不说什么。有很多时候都是我婆婆做好晚饭了，招呼我们过去吃。我们也很自然地经常去吃晚饭，玩会儿再回家。我生了儿子之后，我婆婆和公公就更高兴了，婆婆还照顾我坐月子，我也没觉得有什么不方便。（案例12）

而案例2的研究对象谈到，在韩国生活让人感到非常欣慰的一件事情就是妯娌之间一直保持了很好的关系。在本研究中，由于研究对象的丈夫经常与兄弟们见面，保持着很好的联系，妯娌之间也很自然地保持了较好的关系。因此当有困难的时候，研究对象首先想到的是向妯娌求助，而在与丈夫的家庭成员的关系维系中，研究对象谈到最重要的莫过于大家经常见面和保持联系。

大哥和嫂子他们对我们真的很好，我挺感谢他们的。我们几乎一个星期见一次面，一起吃饭，经常见面真的挺好。偶尔见一次面可能会互相觉得尴尬一些，但是因为我公公一个人生活，所以我们也经常见面，相互之间也走得更近了。婆婆去世了公公还不跟我们一起生活，跟大哥他们在一起，那我们就要更勤快一些，我也经常给大嫂打电话问有什么需要我做的，大嫂说的一些建议我也经常听。其实这个挺重要的，就是我不能亲自孝敬公公，大哥和大嫂很不容易，我是理解的，所以多关心一下大嫂他们的情况，和他们保持好的关系，毕竟一家人，有什么

事情一起承担,大嫂他们虽然辛苦也不会有不满,大嫂辛苦我们也都知道。(案例 2)

(六)社会支持

在本研究中,有一些研究对象谈到她们在社区洞事务所学习了英语,在韩国女性文化会馆获得了勇气和力量,在宗教组织得到了精神上的帮助。另外通过与邻居的交往,从韩国大妈那里获得了很多与子女教育相关的信息。类似的在本研究中有一些研究对象通过社区的相关机构获得了对适应韩国生活有帮助的信息和直接帮助。

在本研究中笔者把访谈内容中出现的"利用社会资源""邻里大妈之间分享有用信息""获得自信"等概念整理到社会支持的对应范畴之中。

1. 利用社会资源

与韩国丈夫结婚的中国朝鲜族女性为了很快适应韩国生活,会努力去争取可使用的有用资源。在本研究中,案例 5 的研究对象为了解决与婆婆之间的矛盾,排解自身的孤单、寂寞,她找到了女性文化会馆且寻求了帮助;案例 3 的研究对象则在社区的洞事务所学习了英语。而这些研究对象主张为了长期在韩国更好地生活,为了能快点融入韩国人的生活圈,为了更快、更好地解决自身问题,利用可利用的有用资源是非常重要的。

当时我想中国女性要想在韩国很好地适应环境,并且作为前辈能够给后来人做好榜样,能够给她们提供更好的经验和智慧,首先应该做到对韩国有较好的了解,而这需要获得韩国人的帮助,因此我直接找到了社区的女性文化会馆。会馆的工作人员倾听了我的故事,并且给了我很大的力量和勇气。我发现韩国社会工作这一块做得很好,咱们国内现在做得还不是很好,但是这里却相对来说比较体系化和系统化了。

当我伤心无助的时候,我就想到了我曾经看到的女性文化会馆,当时我只是想女性文化会馆可能就是供女性们进去活动健身或者休息、看书的场所,所以我也只是抱着去休息一下的想法进去的,结果没有想到是很正规的一个组织机构,是专门为女性提供帮助和服务的组织。当她们看到我进来了,马上就有一位年轻的女职员带着微笑热情地走过来,而且非常热情地问我怎么来的,还问我有什么她们能够给我提供帮助的,她们让我坐在里面的咨询室,泡了茶水过来,那位女职员还亲自接待我,我一下子有一种被尊重的感觉,一下子觉得我周围还是有很多和我婆婆不一样的人,她们真心关心我,愿意帮助我,愿意听我说话,最重要的是尊重我。我当时就感动了。我跟她谈了很长时间,她也倾听了很长时间,后来她也跟着我的情绪变化回应我。通过那一次的交谈,我一下子找回了自信,找回了要好好生活的信念,坚定了以后如何生活的决心,我看到了希望。之后我有了苦恼就会去女性生活馆,向她们咨询,跟她们聊我的苦恼,聊完回来我的心情就会好很多。现在那里的工作人员我都很熟悉,有的时候我的自助组织需要一些设备、场所,或者我个人需要一些专业服务的时候我也会到这里来,请这里的专业人员为我出主意。(案例5)

在本研究中,也有研究对象谈到她曾经获得过宗教组织的帮助排解了孤单、寂寞,并度过了艰难的时期。对于有宗教信仰的研究对象来说,宗教组织是她们有勇气在韩国生活下去的主要动力,而没有宗教信仰的人通过获得宗教组织的帮助,对宗教有了新的认识。特别是在本研究中有一研究对象谈到自己通过与教会心理咨询师的交流获得了精神和情绪上的安定,从而对韩国生活也充满了自信。

学习的时候遇到了很多困难。因为我不知道的东西太多了，但是很幸运的是我去了教会，从教会获得了很大的力量。我生完孩子之后，教会的一些姐妹给我家的孩子买来了很多新衣服，她们还把自己的孩子小的时候玩过的、现在他们不玩的玩具也送给了我们。(案例12)

2.邻里大妈之间分享有用信息

选择跨国婚姻的中国朝鲜族女性也谈到在韩国的生活中与邻居建立良好的关系是非常重要的。特别是中国朝鲜族女性能够通过邻近的韩国大妈获得子女教育、家庭健康、人际关系等方面的重要信息，因此在本研究中也有一部分研究对象谈到曾经有目的地计划过与韩国大妈建立良好关系。

我留心观察而且发现韩国大妈们知道的真的很多。韩国大妈们坐在一起就会谈论很多与子女教育相关的问题。我从她们那里能获得哪一个学习班有名，哪一个老师教哪一门课很好，哪一个学校好，孩子吃什么会有影响、变得聪明等信息，这些对我帮助都挺大的。后来我也了解到韩国女性婚前的学历都是很高的，她们多是大学本科毕业，也有不少读到研究生的，结婚了有了孩子她们就会全身心地投入到子女的养育中了。有学历的妈妈们聚在一起，就会聊到子女的教育和孩子们的健康问题上。她们就会你一句我一句地说出一些重要信息，比如这附近哪一所小学是有名的，每年招生如何，那里的特色是什么，哪一个学习班钢琴教得好，哪一个老师较出名，去哪一个教育机构能学好英语等，你只要按照她们提供的信息找机构，找学校基本上不会有太大问题。在国内咱们的家长们也为孩子们的学校选择费心的，甚至现在不出来了拼爹一词吗？但是在这里可能就是拼妈了，而且大妈们真的都很厉害。我就属于什么都不懂的，在国内也没觉得我父母为我那么费心地找过学校,找过学习班,在这里我也一样根本没把孩子的事情放在那么重要的位置上,结果跟这些大妈们在一起,我都开始有紧张感了。(案例 12)

我也挺担心该如何教育孩子。在韩国几乎所有的孩子都上学习班学习。学音乐、学美术、学学校课程的相关内容,学得很多。一开始我也没太留心,因为在中国读书的时候也没送孩子去学习班专门学过什么。但是邻居大妈们聚在一起就会提供很多这方面的信息。所以一开始我什么都不知道,就是听大家说我也就跟着送孩子去学习班了。(案例 7)

3. 获得自信

在本研究中,案例 3 的研究对象通过参加社区活动认识了很多韩国人,并且通过在洞事务所学习英语提高了个人的知识水平,因此她对自己的生活和自己的适应能力充满了自信。在韩国,社区的相关机构对外国移民女性的关心和与她们的联系是很多外国女性对在韩国的生活充满自信的主要原因。

我在中国几乎不用英语的。但是到韩国来我发现他们用英语的情况很多。所以我在区政府学了三个多月的英语,在社区的洞事务所学了快六个月了。他们直接给我打来的电话,好像知道我是外国人,都有记录,就打来电话,让我去他们那里学习英语,都是免费的。多会说一种语言,我也有了自信。我的韩语还是可以的,可以进行日常交流,但是有的时候看韩国综艺节目也好,看韩剧也好,或者是跟韩国人聊天也好,你就会发现韩国人时不时地说出一些我听不懂的词儿,刚开始我还以为她们说的是韩语,我没有听懂,后来才知道他们说的是英语,韩国人在日常交流中会掺杂一些英语在口语里,如果不放在那个语境里,也不会英语的话,有的时候真听不出来说的是什么,所以当我们社区安排学习英语的时候我就马上同意了,很好的机会呀,否则自己想学一门语言还得花钱去教育机构学呢,这里多好,免费给你上。学好了还能听懂他们说的是什么,很有用。(案例3)

(七)媒体影响

研究对象通过电视、网络等获得与在韩国的生活适应相关的信息。特别是很多韩国电视节目播放制作韩国料理、电脑教育、韩国历史与文化等移民女性所需的有用信息,因此有很多研究对象谈到韩国媒体对她们更好适应韩国生活起到了很重要的作用。

在本研究中,笔者把"媒体提供有用信息"概念整理到媒体影响的对应范畴之中。

研究对象可以通过电视、网络等获得与日常生活有关的有用信息。特别是研究对象谈到她们可以通过网络获得韩国料理的制作方法,她们也可以通过观看相关电视节目学习韩国料理的制作过程。而有的研究对象也谈到她们制作的韩国料理得到了丈夫的家人的认可,因此她们对在韩国的生活也充满了信心。同时,她们也反省了自己曾在饮食安全及健康方面的疏忽,同时也欣慰获得了知识,可以在今后避免犯同样的错误。

一开始我不会做韩国料理。所以当时我也是挺担心的。但是在韩国只要去书店了你就会发现有很多与韩国料理制作相关的书籍,而且最好的就是网络非常发达,我想做一道菜就直接上网查,网上讲述得非常详细,你跟着她们的烹饪方法做就行。还有很多的与烹饪相关的韩国综艺节目,有的节目里出来的是明星,有的节目里出来的是那些很有名的厨师,他们亲自出来教大家做各种料理,还有明星和厨师一起出来的

烹饪节目,边聊边做,既有趣又能学到如何做菜,很有意思。(案例11)

（八）自助组织的支持

在本研究中也有一部分研究对象谈到自己曾经得到过自助组织的帮助。她们通过定期参加在韩中国女性组织,不仅解决了在韩国的孤独、寂寞和矛盾等问题,而且还找回了主张自我权利的勇气。

在本研究中,笔者把通过参与自助组织活动而实现的"解除孤独感""获得精神上的支持""获得信息""获得解决问题的方法""获得主张自我权利的勇气"等概念整理到自助组织的支持这一对应范畴之中。

1.解除孤独感

对于选择跨国婚姻的中国朝鲜族女性来讲,最为困难的莫过于受到韩国家庭成员及韩国人的排斥,自己产生孤独感。与韩国人结婚并生活在韩国,使中国朝鲜族女性失去了在中国已建立起来的人际关系,一个人在韩国生活不免觉得寂寞和孤独。因此,当得不到韩国人的帮助,或者遇到困难的时候,一部分中国朝鲜族女性就会向自助组织寻求帮助。

有的时候想想我建立这个组织的最大原因是我太孤独、太累了。我需要的是理解我、倾听我的人。有了自组组织之后,大家相互沟通,有困难互相帮助,我从中也获得了很大帮助。(案例5)

嫁到韩国的几个朋友时不时见个面挺好的。一是解除孤独感,二是相互交流,我们见面就用我们自己的语言、自己的方式交流,所以觉得特别的亲切。其实不管你生活在这里多长时间,不管我们自己觉得适应得有多好了,但是总有一种孤独感是挥不去的,那种孤独感不是因为我不适应,也不是因为我不幸福,是一种总是觉得自己是一个人、心里孤孤单单的那种感觉,好像没有属于我的、说不清的那种感觉。但是

跟几个中国朋友聚在一起就好像能畅所欲言,就能找回一些抚慰和幸福的感觉,好像心里的那种孤独感能暂时消失一样。(案例15)

2. 获得精神上的支持

中国朝鲜族女性能够在自助组织得到精神上的支持。因为有着相同的移民背景,她们能够通过相互慰藉获得勇气和力量。虽然韩国家庭成员有可能误会跨国婚姻家庭中的外国女性,周围的韩国人不关心跨国婚姻家庭中的外国女性,但是自助组织中的成员们却尊重和倾听研究对象,而且为她们提供帮助,因此得到了研究对象的一致好评。

> 我们的自助组织有一点好,那就是有理解我的人。在婆家受到的委屈和压力,我可以上这里来诉说。我跟家里人说他们也不理解我,但是我又不能跟邻里们说。但是到这里就不一样,大家都有同感,也能很快产生共鸣。我从汉族学校毕业,韩语说得也不好,有的时候我说话不是故意的,就是因为韩语说得不好,也许就没有使用尊称,我也不知道什么时候使用什么样的尊称,现在还在学习韩语的过程中,所以有的时候我婆婆她们就以为我是不尊重她们,说我没家教、没文化,然后就是教训我一通,怎么跟她们解释也是没用的,只要她们没有想理解你,你做得再好也是不好。幸运的是我知道了自助组织,这里的成员都有着与我一样的经历,她们就会给我提供很多解决问题的方法,我也就慢慢地在我遇到困难的时候改变我自己,精神上也得到了很大的支持。(案例10)

也有一部分研究对象谈到,当她们在自助组织听到生活环境比自己恶劣却还没有失去希望而努力生活的其他中国朝鲜族女性的生活经历时,她们也因此受到感染,获得了好好生活下去的勇气和力量。

> 我还算好,在这里还有中国朋友,丈夫和婆婆还对我很关心。但是我看到她却不一样,她是连最近的丈夫和婆家人都瞧不起她,她该是多苦呀!但是即使是那样的环境,她也是堂堂正正地把孩子养大成人,而且还让他们读到了研究生,她自己还参加了很多社会活动,真的很了不起。每次看到身边有比我过得还不好,所处环境比我还差很多,但是却把子女养育得很好,也能实现自我的女性,我就会被鼓舞。(案例 10)

3. 获得信息

一部分研究对象还谈到她们在自助组织获得了就业、适应在韩生活的相关活动、子女教育和养育等相关信息。

> 我们一般情况下有什么不知道的也不愿意问韩国人。即使活得很累,但是在别人面前也假装活得很好的样子。但是参加了这个组织之后,大家相互交流,分享自己遇到类似问题时使用的方法和利用的资源,我觉得对我帮助很大。我学历低,找工作也只能是干重活、累活之类的,而且有的时候可能还会受骗,比如人家说好了你工作几个小时就给多少钱,但是他们又会以除去吃饭时间、休息时间的方式给你结算工钱,这些都不是一开始就说好的,所以遇到这样的情况时,我们是哑巴吃黄连,有苦说不出。但是在自助组织有过相同经历的姐妹就会告诉我们她们是如何用法律的手段维护自己权益的,因为我们毕竟都是以合法的方式结婚、生活在这里,所以我们也是有权利通过法律的手段正正当当地维护自己权利的,这个组织就会给你提供这方面的信息,很有帮助。(案例 10)

4. 获得解决问题的方法

在本研究中，一部分研究对象谈到在韩国的生活过程中，遇到过很多生活及适应上的困难，由于没有找到合适的解决方法而苦恼过。但是参加了女性自助组织之后，她们可以通过组织中其他中国朝鲜族女性的帮助和提供的信息找到解决问题的方法。

> 那个朋友很没有自信。她周围也没有别的朋友，有的也就是那一个朋友，而且那个朋友因为自己也没遇到过太多困难，过得还可以，所以总是指责这个朋友的不是。我单独找这个朋友聊了聊。我告诉她什么是该做的，什么是不该做的，告诉她非常详细的部分。而且还隔三岔五给她打电话问候一声，现在她过得挺好的，还经常打电话跟我联系，还感谢我帮了她。（案例4）

5. 获得主张自我权利的勇气

参加自助组织的中国朝鲜族女性虽然在被压抑、控制、干涉和忽视的环境下生活而失去了自信，但是她们却在自助组织中意识到了人人应该平等，人人应该受尊重，她们也因此找回了自信和主张自我权利的勇气。自助组织中的中国朝鲜族女性谈到她们也对自己过于懦弱和低估自己能力的现实而感到气愤和委屈，因此也想通过参加自助组织找回自信，找回主张自我权利的勇气。

> 通过组织这样的一个自助团体，我觉得我的权利也得到了认可。我想抛开国籍、学历和金钱不谈，我想最起码我们作为一个人，大家应该都是平等的。（案例5）

以上笔者就在韩国生活的过程中,对影响中国朝鲜族女性行为的因素进行了探讨和分析。而此部分又是扎根理论分析模式中的中介条件部分。中介条件是因果条件减少或改变对现象所起的作用,在已有的状况或脉络条件下调整作用/相互作用战略,并且在多个现象之间存在并起着作用的相对广义的结构状况。

笔者在本研究中发现"影响自我发展的条件""压力应对""社会支持"是对"承受压力"这一作用/相互作用战略起影响作用的中介条件。对于选择中韩跨国婚姻的中国朝鲜族女性来讲,影响自我发展的条件是积极的还是消极的,她们的压力经验会存在不同。另外研究对象的"压力应对"概念的属性是态度,维度是消极和积极。研究对象从家庭、社区及自助组织等地方获得的支持,通过媒体获得的帮助的多少,会在"承受压力"上呈现出差异。因此,中介条件的范畴、属性和维度如下表4-7所示。

表4-7 中介条件的范畴、属性和维度

主范畴	对应范畴	概念	属性	维度
影响自我发展的条件	消极条件	低学历	类型	积极—消极
		家庭和社会的支援不足		
		自助组织的支援不足		
		男权中心的职场及社会文化		
		未取得韩国国籍		
	积极条件	发现自身优点		
		发现自身力量		
		经济独立		

续表

主范畴	对应范畴	概念	属性	维度
压力应对	积极的压力对策	为解决问题而努力	态度	积极—消极
		求助于韩国人		
		挑战权威		
		家庭关系再定义		
		参加社会活动		
	消极的压力对策	逃避问题		
		问题最小化		
		消极接纳压力		
		消极应对压力		
社会支持	家庭支持	配偶的支持	经验	多—少
		原家庭的支持		
		婆家、妯娌等的支持		
	社会支持	资源利用		
		邻里大妈分享有用信息		
		获得自信		
	媒体影响	媒体提供有用信息		
	自助组织的支持	解除孤独感		
		获得精神上的支持		
		获得信息		
		获得解决问题的方法		
		获得主张自我权利的勇气		

六、文化适应的意义

选择中韩跨国婚姻的中国朝鲜族女性通过在韩国生活、适应韩国文化，最终会跨越文化障碍而产生实现自我、成为生活的主人的需求。换句话说，中国朝鲜族女性的生活适应的意义是成为生活的主人。

笔者在本研究中发现研究对象把适应理解为坚强、自由地生活且保持持续成长的过程。而且通过这样的过程,研究对象最终成为自己生活的主人,成为掌握自己生活和命运的人。

> 其实研究生学习结束之后我选择和丈夫一起回中国发展很重要的原因是我想通过做我自己想做的事情而得到他人的认可,也许最重要的原因是我想成为生活的主人。在韩国只要你是女性,即使你有能力社会也不会认可你。另外,与婆家人在一起,与妯娌这样的亲戚在一起,有的时候关系很复杂,所以你想真正成为生活的主人也很难。(案例14)

> 从现在开始我就按照我想过的方式过。现在我婆婆偶尔也干涉我的生活,但是我无所谓了。在婆婆面前我会什么都答应,我会说:"知道了,我会改。"但是只要婆婆走了我还是按照我的方式生活。有时她不高兴就依着她好了,何必跟她犟呢,互相心情不好。我会成为我的生活的主人。(案例5)

这一部分是扎根理论分析模式中的结果部分。结果是为应对或解决现象而跟随作用/相互作用战略出现的部分。

在本研究中受访对象在韩国的生活适应中的"承受压力"这一中心现象,通过"自我实现需求"和"对自我和婚姻的认识上的变化"这一作用/相互作用策略而得出了"欲成为生活的主人"的结果。以上对范畴的分析过程如下图4-1所示。

```
                    ┌─────────────────┐
                    │   因果条件       │
                    │  选择跨国婚姻     │
                    └─────────────────┘
                            │
┌──────────────────┐        ▼              ┌──────────────────┐
│    脉络条件       │   ┌──────────┐        │   中介条件        │
│    文化差异       │──▶│  现  象   │◀───── │ 影响自我发展的条件 │
│   认同感混乱      │   │ 承受压力  │        │   压力应对        │
│ 经济期待与现实的差异│   └──────────┘        │   社会支持        │
└──────────────────┘        │              └──────────────────┘
                            ▼
                ┌─────────────────────┐
                │  作用/相互作用战略    │
                │   自我实现需求        │
                │  对自我和婚姻认识      │
                │     的变化           │
                └─────────────────────┘
                            │
                            ▼
                ┌─────────────────────┐
                │      结  果          │
                │ 1. 持续努力成为生活主人 │
                │ 2. 不得已顺应成为生活主人│
                │ 3. 积极忍耐成为生活主人 │
                │ 4. 试图变化成为生活主人 │
                └─────────────────────┘
```

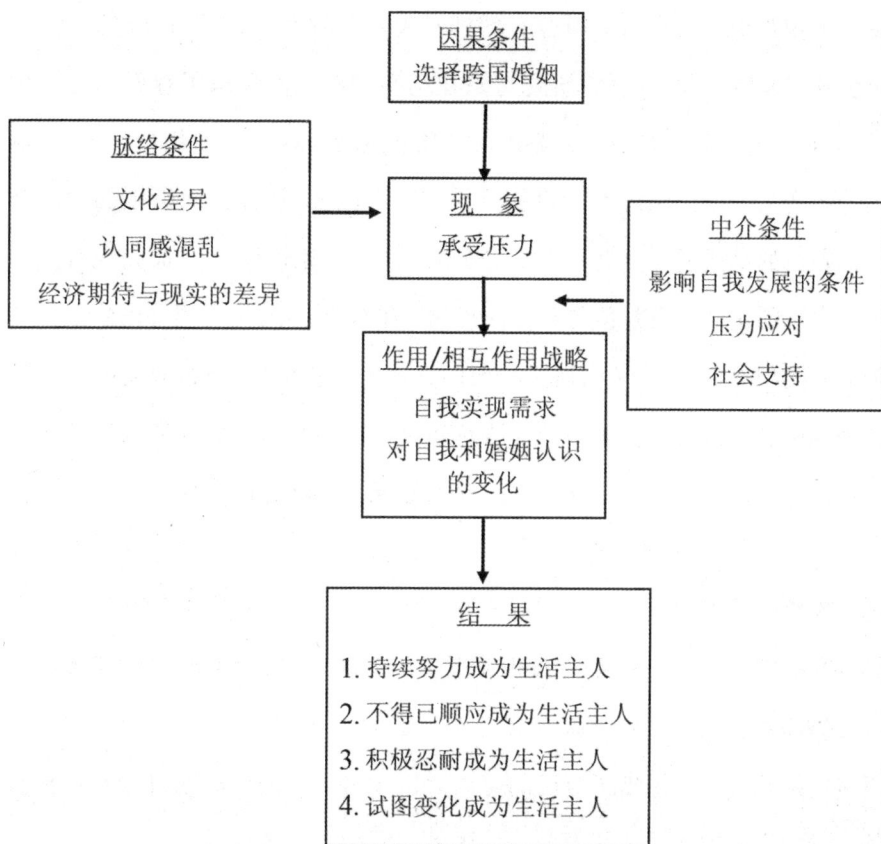

图 4 - 1　选择中韩跨国婚姻的中国朝鲜族女性在韩国的生活适应分析模式

第三节　文化适应的类型分析

类型分析是指为了构建理论,把资料的假设规范化和关系陈述文与依据资料进行持续比较,并对每一个范畴之间反复出现的结果进行规范化的过程。

在本研究中以关系陈述文为依据,笔者推导出持续努力型、不得已顺应型、积极忍耐型、试图变化型和流动型等五种适应类型。但是这五种适应类型并不相互排斥。换句话说,随着时间、特定条件和环境的改变,适应类型也会随之发生变化。比如,研究对象在结婚初期虽然采取了容忍的态度生活,但是随着时间的推移,持续努力型有可能转变成试图变化型。另外,流动型转变为不得已顺应型的可能性也很大。因此,选择跨国婚姻的中国朝鲜族女性的生活适应类型并不是很明确,也不是固定不变的,而以混合型的形式出现的这一特点是值得我们注意的。在本研究中,笔者划分出的上述五种适应类型也是以对17名研究对象的访谈内容为依据,通过对研究对象的结婚动机、经济地位、在韩国的生活时间、教育程度、与丈夫的家人的关系等与韩国生活适应有关的客观条件的深入分析而推导出的结果。

首先,从结婚动机上来看,所有的持续努力型的中国朝鲜族女性在婚前都与现在的韩国丈夫有过在同一公司工作,或在同一学校学习的经历,且与其现在的韩国丈夫一直保持恋人关系。因此,持续努力型的中国朝鲜族女性在婚前对韩国丈夫以及韩国文化有一定的了解,并且为了与韩国丈夫最终走向婚姻殿堂而做出了自己的努力。持续努力型的中国朝鲜族女性抱有的对韩国生活的憧憬和梦想与在韩国的实际生活基本保持了一致。持续努力型的中国朝鲜族女性在韩国的生活时间为3~9年,并且她们的韩国丈夫基本上都在仁川或首尔地区有稳定的职业,因此持续努力型的女性在经济上并没有太大困难,在韩国的生活也属于中上阶层。另外,她们也拥有较高的学历。笔者在本研究中发现属于此适应类型的三名中国朝鲜族女性中除了有一名为高中学历,剩下的两名分别拥有大专和研究生学历。

在与丈夫家人的关系上,笔者发现持续努力型的中国朝鲜族女性与丈夫的家人基本上都保持着良好的关系,而且为了一直保持良好关系而不断努力。在本研究中,有一名研究对象在结婚初期虽然与丈夫的家人保持着良好的关系,但是后来因与丈夫的兄弟在父母赡养问题上产生了矛盾,丈夫与兄弟之间的关系变得疏远,因此研究对象与丈夫的兄弟的关系也自然地变得冷淡了。但是,笔者在访谈中发现,此研究对象为了改善丈夫与兄弟的矛盾关系而做出了很大的努力,并且目前也在不断地努力之中,因此在本研究中把这一研究对象的生活适应类型也划分到了持续努力型之中。

在本研究中,不得已顺应型和积极忍耐型的中国朝鲜族女性表现出了与持续努力型完全不同的特点。从结婚动机上来看,这两种类型的中国朝鲜族女性中主要是为了达成某一目的或满足他人的意愿而选择与韩国男性结婚的较多一些。特别是笔者在本研究中发现这两种类型的中国朝鲜族女性主要通过中介认识其现在的韩国丈夫并与他结婚,而且她们在韩国生活的时间多为 3～4 年,相对较短。在韩国生活已有 11 年的中国朝鲜族女性在经历了努力、探索、挑战等过程,并且都以失败告终之后不得已选择了"顺应"的战略来适应韩国生活。在经济方面,积极忍耐型研究对象的韩国配偶虽然有工作,但是他们的工作大多数是个体经营工作,相对不是很稳定。而不得已顺应型研究对象的韩国配偶多数没有职业或工作不稳定。因此不得已顺应型的中国朝鲜族女性在经济方面受到控制的较多。另外,在本研究中除了有一名朝鲜族女性拥有研究生学历之外,其他的研究对象都拥有高中以下的较低学历。而且这两种类型的中国朝鲜族女性都在不同程度上受到丈夫的家庭成员的控制和干涉。因此,因为对韩国经济方面的期待很高,或者因顺从父母的意愿而选择与韩国男性结婚的中国朝鲜族女性,由于以上各个方面的原因而选择继续在韩国生活。

在本研究中,试图变化型的中国朝鲜族女性中虽然有一部分是通过中介认识了现在的韩国丈夫,但是大部分都在婚前对韩国有了一定的了解,也与韩国丈夫有过恋爱经历,因此她们对跨国婚姻事先有过考虑,对跨国婚姻持有积极肯定的态度,而且她们最终选择跨国婚姻的最主要原因是对韩国丈夫的爱、信任和尊重。试图变化型的中国朝鲜族女性在韩国的生活时间在 5 年以上。此类型的中国朝鲜族女性在韩国从事讲授汉语或经营个人事业的工作,而她们的丈夫也有着相对稳定的职业或者经营着个人事业。在本研究中试图变化型的朝鲜族女性拥有专科以上的较高学历,而且她们目前也在计划通过继续学习来发展自我。在经济方面,试图变化型的中国朝鲜族女性在韩国社会属于中上阶层的人群,而且她们在与丈夫的家庭成员发生冲突的时候,要么选择积极的方式来解决,要么就会通过坚持自己的主张等方式面对面解决。

在本研究中流动型的中国朝鲜族女性主要是为了满足自身的要求,或者为了通过逃避的方式解决在国内因婚姻失败而留下来的问题而选择跨国婚姻。在本研究中这一类型的女性在韩国生活的时间相对较短,而且她们都拥有中学以下的较低学历。在经济方面,流动型的中国朝鲜族女性虽然掌握着家庭的经济权力,但是由于丈夫的工作并不稳定,她们本身没有工作,因此家庭的经济状况并不是很好。另外流动型的中国朝鲜族女性与韩国的家庭成员存在一定程度的交流上的问题,但是却不存在矛盾和冲突。因此,在本研究中流动型的朝鲜族女性在满足自己需求的同时适应和持续着在韩国的婚姻生活。

通过以上的内容分析,得出了"欲成为生活的主人"的研究结果,以上适应类型如下表4-8所示。

表4-8 "欲成为生活的主人"的适应类型

分析模式/类型		持续努力型	不得已顺应型	积极忍耐型	试图变化型	流动型
因果条件	选择跨国婚姻	一致	冲突	冲突	一致	冲突
现象	承受压力	小	大	大	大	小
脉络条件	文化差异	小	大	小	小	大
	认同感混乱	弱	强	弱	弱	弱
	经济期待与现实之间差异	小	大	小	大	小

续表

分析模式/类型		持续努力型	不得已顺应型	积极忍耐型	试图变化型	流动型
中介条件	影响自我发展的条件	否定	否定	否定	否定	否定
	压力应对	积极	消极	消极	积极	积极
	社会支持	多	少	多	少	多
作用/相互作用战略	自我实现需求	强	弱	弱	强	弱
	对自我和婚姻认识上的变化	弱	弱	弱	强	弱

第四节　文化适应过程分析

在本研究中,笔者通过对研究对象从与他人建立关系一直到来韩国生活并适应的整个过程的"承受压力"现象的分析发现,随着时间的推移,研究对象的适应过程主要分为"承受压力""压力应对与解决""规划未来"等三个过程。

结婚初期,研究对象在与韩国人建立关系的过程中承受了较大的压力。当选择与韩国男性结婚的中国朝鲜族女性发现韩国的语言、饮食、酒、风俗等生活文化,以及韩国传统的父权制文化与国内的朝鲜民族文化存在很大差异的时候,中国朝鲜族女性在韩国的生活就会出现不适应,由此产生压力感。特别是在国内接受过男女平等思想教育的中国朝鲜族女性认为韩国的父权制文化使她们失去了平等和自由,对此她们表示了较强烈的不满和愤怒。公公婆婆的干涉和控制、丈夫的大男子主义思想等是中国朝鲜族女性产生压力的根源。对于不断积累的压力,中国朝鲜族女性也努力通过对话、抵抗、自身的行动改变、逃避、回避、求助于相关机构、工作等方式解除。而且当压力已得到解除,或者虽然压力暂时还没有得到解除,但是研究对象已经获得如何解除压力的方法时,她们就会对未来的婚姻生活充满信心,而且还会构想未来的生活目标和设定未来发展计划。而这个过程贯穿"压力经验"之初到"欲成为生活的主人"的整个过程。

一、承受压力过程

承受压力过程是韩国男性与中国朝鲜族女性开始在韩国生活,他们开始意识到双方存在着文化上的差异,中国朝鲜族女性意识到自己曾经抱有对韩国的期待与现实存在差异而经历的第一个适应过程。承受压力过程是研究对象在与丈夫的家庭成员及其他韩国人建立关系的过程中意识到了中韩之间存在文化上的差异、意识到韩国人对选择跨国婚姻女性的偏见和歧视,以及中国朝鲜族女性在韩国的父权制文化环境下因受到各种干涉、控制而感到孤独和郁闷,由此产生矛盾,承受压力的过程。

笔者在本研究中发现,大多数的研究对象意识到在饮食、交流方式、家庭文化和女性文化方面,中韩两国存在着很大程度的差异。一开始认为与韩国人之间的语言交流不可能存在障碍的中国朝鲜族女性意识到中国的朝鲜语和英文自然掺杂于其中的韩语存在不同,韩语已经不再是自己所想象的同一民族语言。同时中国朝鲜族女性也意识到与主张男女平等、女性的社会地位和价值能够得到尊重的中国不同,韩国仍然维持着以男性为中心的父权制文化。研究对象在心理和精神方面承受了很大的压力,也会通过寻找各种方法,采取具体行动来解除自己承受的压力。

二、压力应对及解决过程

压力应对与解决过程是研究对象为了解决人际关系中产生的压力问题而集中寻找方法、采取行动的努力过程。研究对象为了解决压力而使用各种方法。笔者在本研究中发现很多研究对象采取了对话、抵抗、改变自身的行动、参加工作、求助于相关机构等方式为解决婚姻生活和社会生活压力而努力。在本研究的应对过程中,研究对象通过选择"对自我和婚姻认识的变化"和"自我实现需求"的作用/相互作用战略解决了压力问题。

三、规划未来生活过程

此过程是研究对象已在某种程度上习得适应韩国生活的方法,形成属于自己的生活模式,开始规划未来婚姻生活的过程。

笔者在本研究中也发现有一部分研究对象对自己已经适应韩国生活而感到满意,且对未来继续生活在韩国充满希望,而有一些研究对象则计划离开韩国,去美国生活。另外,还有一些研究对象从长远的国家发展,子女的成长和发展的角度考虑,计划以后全家一起回中国生活。

以上三个方面的过程是研究对象来到韩国,开始在韩国生活就反复出现的适应过程,而在这样反复的适应过程中,研究对象的适应行为也一点一点地有了一些变化。比如说,研究对象在结婚初期面临压力时采取的方式与婚后经过一段时间后遇到相同压力时采取的方式不同,即她们从一开始的单纯顺应慢慢转变为习得解决压力的方法,且学会通过这种方法解决压力。笔者在本研究中也发现,有的研究对象会因在韩生活时长、使用的压力应对方法的不同,经历承受多次压力到规划未来的反复适应过程,而有的研究对象则正处在承受压力的过程,有的处于应对和解决压力的适应过程之中。而且有的研究对象会通过"自我实现需求"和"对自我和婚姻认识的变化"的作用/相互作用战略来规划未来,且得到了"欲成为生活的主人"的结果。而有的研究对象没有"对自我和婚姻认识的变化",而是直接通过"自我实现需求"的作用/相互作用战略获得了"欲成为生活的主人"的结果。在本研究中,案例5的研究对象就是放弃了"对自我和婚姻认识上的变化",直接通过规划未来而得到"欲成为生活的主人"这一结果的。

在本研究中,案例3、案例8、案例9、案例13的研究对象虽然在韩国生活已超过 2 年,但是到目前为止仍然因文化差异和人际关系问题而承受着压力。这一部分研究对象有压力但是没有找到合适的缓解压力的办法,或者认为压力是自身软弱和无知所致,因此也常以消极的态度处理压力问题。因此,在本研究中笔者把这 4 个案例中的研究对象判定为处于承受压力过程的中国朝鲜族女性。另外,本研究的案例 5 的研究对象虽已结婚 10 年,但是由于文化上的差异,研究对象与丈夫的家庭成员之间仍然存在矛盾。该研究对象与丈夫的家庭成员始终采取同样的压力应对方法处理矛盾和压力问题,但是问题仍然得不到解决。因此这一研究对象仍处于解决压力的过程之中。

在本研究中,案例 1、案例 4、案例 7、案例 15 的研究对象已有一段较长时间的婚姻生活,经历过很多的压力经验,也经历了对压力的顺应、应对及解决到规划未来的整个过程,目前处于规划未来阶段。而案例 2、案例 12、案例 10、案例 14、案例 16、案例 17 的研究对象虽然承受着一定压力,但是她们已越过应对和解决压力的过程,目前处于规划未来阶段。另外,案例 6 和案例 11 的研究对象有过经历压力应对及解决、规划未来的经验,目前处于承受新的压力的阶段。

在本研究中由于研究对象在韩国的生活时间各不相同,因此她们经历压力、解决压力、规划未来的过程也都因人而异。如上文所述,到目前为止本研究中既有处于承受压力阶段的研究对象,又有多次经历了从承受压力到规划未来阶段的研究对象。研究对象在韩国生活的时间长短不同,因此承受压力的时间也不同。但是随着时间的推移,所有的研究对象至少会经历一次从承受压力到应对压力,再到规划未来的过程。以上相关内容如下图 4 - 2 所示。

→ : 选择"自我实现需求"和
"对自我和婚姻认识的变化"
的作用/相互作用战略欲成为
生活的主人。

通过实现自我成为生活的主人。

欲成为生活的主人

规划未来过程

对自我和婚姻
认识的变化

压力应对

自我实现需求

文化差异
认同感混乱
经济期待与
现实之间差异

承受压力

选择跨国婚姻

影响自我发展的条件

压力应对

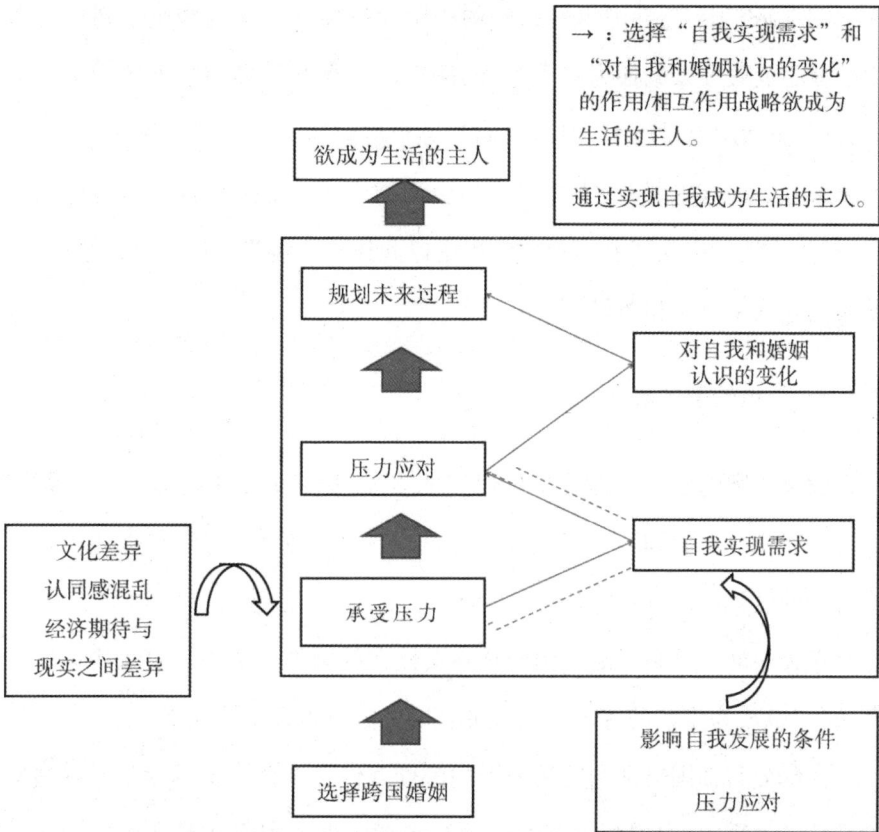

图 4-2　选择中韩跨国婚姻的中国朝鲜族女性的韩国生活适应阶段

第五节　选择式编码

选择式编码是明确核心范畴,且以此核心范畴为中心,对所有范畴进行整合,并详细陈述的过程(Strauss & Corbin,1998)。在选择式编码中,研究者确定了一个"故事的摘要",并通过整合轴心式编码中的范畴对故事进行了叙述。一般情况下,在这一层面会提出条件式命题(或者假设)(Creswell,1998)。换句话说,选择式编码一般包括记录叙述性文章的故事轮廓过程、核心范畴,以及整合并详细阐述所有范畴之间的假设关系类型等过程。

在本研究中,与韩国男性结婚的中国朝鲜族女性在韩国生活适应过程中的核心范畴可以概括为以下过程:研究对象在与许多韩国人建立关系的过程中,虽然承受过压力,但是她们为寻求应对压力的方法而努力,对自己的未来生活进行规划,希望最终成为生活的主人。笔者把这个过程命名为"欲成为生活的主人",在选择式编码中以此核心范畴为基础展开故事轮廓,并提出假设规范化和假设关系陈述。

一、故事轮廓的展开

故事轮廓的展开过程是指出研究的本质,把研究的核心范畴与其他概念、范畴系统地联系起来,确定它们之间的相关性关系,然后在叙述中进行概念化的过程(Strauss & Corbin,1998)。

选择中韩跨国婚姻的中国朝鲜族女性在韩国的生活适应过程中的核心范畴为"欲成为生活的主人",有关此范畴的故事轮廓叙述如下:

大部分与韩国男性结婚的中国朝鲜族女性会选择在韩国生活。在适应新环境的过程中,中国朝鲜族女性会与包括丈夫的家庭成员在内的很多韩国人建立关系。中国朝鲜族女性本以为与韩国人是"同一民族",因此在适应韩国的生活方面不可能有太大的困难,但是她们在到韩国的第一天就意识到了包括韩国饮食在内的很多韩国文化与中国文化存在着很大的差异。已习惯中国饮食的中国朝鲜族女性在适应传统的韩国饮食和现代的与西方饮食相结合的韩国饮食的过程中遇到了不同程度的困难。另外,接受过男女平等思想教育的中国朝鲜族女性在理解和接纳以男性为中心的父权制韩国文化时也遇到了一定的适应上的困难。

大部分的中国朝鲜族女性为了过得更好而选择与韩国男性结婚,且生活在韩国。因此,她们对韩国抱有很高的期望。但是当她们来到丈夫生活的既不方便,又不富裕的农村的时候,她们意识到了自己曾经对韩国抱有的期待实际上与现实存在着很大的差异。随之而来的就是她们对韩剧中华丽的都市生活的幻想破灭。期望越大，失望也会越大。因此她们开始承受着压力。不仅如此，包括丈夫的家庭成员在内的韩国人对中国人（或者朝鲜族）的歧视、批判和差别对待等使中国朝鲜族女性产生了认同感混乱。中国朝鲜族女性认为自己与韩国人流着"相同血脉"，因此不同于其他国家的女性，她们不会受到差别对待，但是现实却很残酷，因此她们开始重新思考"我到底是谁"的认同感问题。

另外，韩国社会对选择中韩跨国婚姻的中国朝鲜族女性的评价是负面的。很多韩国人认为中国朝鲜族女性并不是真正为了爱而选择与韩国人结婚，她们选择跨国婚姻的主要目的是通过跨国婚姻获得韩国国籍，最终定居在韩国。而且韩国人对中国朝鲜族女性持有一种偏见，那就是他们认为中国朝鲜族女性一旦获得了韩国国籍，就很有可能会选择逃离。因此韩国人对选择跨国婚姻的外国女性，特别是对中国朝鲜族女性，并没有很好的印象。经历着认同感的混乱，中国朝鲜族女性产生了心理和精神上的压力。而这样的压力又会影响到中国朝鲜族女性与他人之间的关系建立。但是大部分的中国朝鲜族女性也并不只是单纯地为了获得韩国国籍或者为了解决经济上的问题而选择跨国婚姻。有很多中国朝鲜族女性是出于真心、为了爱情、父母出生在韩国，或者想通过跨国婚姻组建幸福家庭等原因而选择与韩国人结婚，这也是不能否认的事实。

中国朝鲜族女性会采取多种方法为解决压力问题而努力。比如，有的研究对象采取了对话、提升自我等积极行动来解决压力问题，而有的研究对象则采取回避、离家、离婚等方式解决压力问题，还有的研究对象通过求助于周围韩国人的方式解决自身的问题和困难。中国朝鲜族女性特别希望能够得到丈夫的家庭成员的支持和理解。但是她们也发现在她们与丈夫的家庭成员存在矛盾的情况下，想得到他们的理解几乎是不可能的事情。于是中国朝鲜族女性就会通过寻求与她们有着共同经历的其他中国朝鲜族女性的帮助而解决家庭问题。在本研究中有通过咨询女性文化会馆等女性组织解决了矛盾的研究对象,也有在自助组织获得勇气而向新生活挑战的研究对象。因此,中国朝鲜族女性无论采取何种方法,都有着想解决自身压力问题的需求。

通过自身的努力和周围的韩国人、自助组织等的帮助,中国朝鲜族女性和其丈夫的家庭成员及周围的韩国人都有了某种程度的意识上的改变。比如,中国朝鲜族女性为了解决与丈夫家庭成员之间的矛盾,她们采取了对话、向邻里大妈咨询子女教育问题,或通过参加自助组织的教育活动从有着相同经历的其他中国朝鲜族女性那里获得相同家庭问题的解决办法等方式,进而改善了与丈夫的家庭成员的关系。另外她们也为改变韩国人对中国朝鲜族女性的否定评价而做出了努力。在带来变化的同时,中国朝鲜族女性也设立了自我实现的需求和新生活的目标。对于自身还不足的地方则想通过学习和就业等方式来改善。

通过以上活动,与韩国男性结婚的中国朝鲜族女性对自身的存在价值和自我认同感有了重新认识。中国朝鲜族女性也意识到在韩国的生活过程中如果遇到了因文化、人际关系等方面的不同而产生的压力,她们不能停滞不前,而是应该通过积极的方式努力改变。而通过这样的过程,最终中国朝鲜族女性就会产生想成为生活的主人的需求。

二、假设规范化及关系陈述

(一)假设规范化

假设规范化是寻找并规范核心范畴与各范畴之间假设关系类型的过程。本研究以核心范畴"欲成为生活的主人"为中心,根据形成脉络条件的"文化差异""认同感混乱""经济期待与现实之间差异"等范畴的属性和维度的不同,对范畴之间的假设关系进行了规范化,其结果如下表4-9所示。

表4-9　范畴的假设关系规范化

	核心范畴	文化差异	认同感混乱	经济期待与现实之间差异
1	欲成为生活的主人	大	强	大
2	欲成为生活的主人	大	强	小
3	欲成为生活的主人	大	弱	大
4	欲成为生活的主人	大	弱	小
5	欲成为生活的主人	小	强	大
6	欲成为生活的主人	小	强	小
7	欲成为生活的主人	小	弱	大
8	欲成为生活的主人	小	弱	小

以上依据脉络条件所形成的核心概念的假设规范化可完整表述如下:

①文化差异较大,认同感混乱较强,经济期待与现实差异较大情况下的"欲成为生活的主人"。

②文化差异较大,认同感混乱较强,经济期待与现实差异较小情况下的"欲成为生活的主人"。

③文化差异较大,认同感混乱较弱,经济期待与现实差异较大情况下的"欲成为生活的主人"。

④文化差异较大,认同感混乱较弱,经济期待与现实差异较小情况下的"欲成为生活的主人"。

⑤文化差异较小,认同感混乱较强,经济期待与现实差异较大情况下的"欲成为生活的主人"。

⑥文化差异较小,认同感混乱较强,经济期待与现实差异较小情况下的"欲成为生活的主人"。

⑦文化差异较小,认同感混乱较弱,经济期待与现实差异较大情况下的

"欲成为生活的主人"。

⑧文化差异较小,认同感混乱较弱,经济期待与现实差异较小情况下的"欲成为生活的主人"。

(二)假设关系陈述

扎根理论分析过程中的假设关系陈述是对根据脉络条件形成的核心范畴与因果条件、作用/相互作用战略及结果之间可能出现的各种假设关系进行陈述。

在本研究中,研究对象在中介条件下的"影响自我发展的条件"中出现了共同的否定性特征。研究对象谈到韩国社会对选择中韩跨国婚姻的中国朝鲜族女性持否定的态度。而这样的否定意识可以从媒体、韩国人对待跨国婚姻家庭中的朝鲜族女性的态度和行为等方面得到证实。

研究对象承受压力的脉络条件是"文化差异""认同感混乱"和"经济期待与现实之间差异"。笔者在本研究中也发现,即使在相同的脉络条件下,研究对象应对压力、获得社会支持的方式不同,研究对象自身的自我实现需求的强弱不同,"欲成为生活的主人"的结果也会有所不同。具体情况如下:

①文化差异、经济期待与现实之间的差异较小,认同感混乱程度较弱,能够积极地应对压力,而且社会支持较多,自我实现需求较强,与韩国男性结婚的中国朝鲜族女性则会在韩国较好适应生活,而且属于努力生活的类型。

②文化差异、经济期待与现实之间的差异较大,认同感混乱程度较弱,消极应对压力,而且社会支持较小,自我实现需求较弱,与韩国男性结婚的中国朝鲜族女性则会毫无办法地选择顺应在韩国生活。

③文化差异、经济期待与现实之间的差异较小,认同感混乱程度较弱,消极应对压力,而且社会支持过多,自我实现需求较弱,与韩国男性结婚的中国朝鲜族女性则会肯定地选择顺应在韩国生活。

④文化差异较小,认同感混乱程度较弱,而经济期待与现实之间的差异较大,积极应对压力,虽然社会支持较小,但是自我实现需求较强,与韩国男性结婚的中国朝鲜族女性则会试图改变在韩国生活的方式。

⑤文化差异较大,经济期待与现实之间的差异较小,认同感混乱程度较弱,积极应对压力,虽然社会支持较大,但是自我实现需求较弱,与韩国男性结婚的中国朝鲜族女性则会选择流动的方式在韩国生活。

以上笔者根据扎根理论中的选择式编码程序明确了范畴之间的相关性,对"欲成为生活的主人"的故事轮廓进行了展开,并且找到了假设关系类型。

第五章 适应及压力相关理论的
持续性比较和政策建议

第一节 中韩跨国婚姻家庭关系建构的研究结果概述

中国改革开放及中韩建交以后,中韩之间的跨国婚姻件数每年都呈增长趋势。特别是中国朝鲜族女性与韩国男性结婚的件数占据较大比重。但是笔者在本研究中发现,与韩国人结婚且生活在韩国的中国朝鲜族女性在韩国遇到了很多适应上的问题。认为与韩国人是"同一民族"的中国朝鲜族女性到韩国后才发现,由于生活的环境不同,民族文化已经发生很大变化,因此她们适应新环境和新文化并不是一件容易的事情。随着中韩之间跨国婚姻件数的增多,韩国的女性及家庭结构也发生了新的变化。因此,中国朝鲜族女性在韩国生活过程中存在的适应方面的问题已不再是她们个人的问题,而是涉及国家和社会的大问题,国家有必要对跨国婚姻相关政策进行调整。但是到目前为止,韩国社会对中韩跨国婚姻家庭中的中国朝鲜族女性并没有太多的关注。从 2000 年起,韩国学术界虽然对外国女性在韩国生活及适应方面的问题及现状展开研究,但是这些研究主要集中在对适应现状的研究,而有关选择跨国婚姻的中国朝鲜族女性在韩国到底经历了什么,经历着什么样的适应过程,他们的需求是什么,从文化和社会的脉络角度出发如何理解中国朝鲜族女性的个人及集体行为等的研究却寥寥无几。

因此,在本研究中笔者把研究的重点放在了揭示与韩国男性结婚的中国朝鲜族女性的韩国生活适应的意义,以及说明韩国生活适应类型上。

本研究中的研究对象是通过跨国婚姻入境韩国,且在韩国生活2年以上的17名中国朝鲜族女性。研究对象的年龄范围在21岁到44岁之间,她们与配偶之间的平均年龄差为7岁。研究对象的居住地分别是首尔7名,仁川4名,忠南1名,光州1名,江原道1名,京畿道2名,水原1名。她们中的大多数为家庭主妇,因此没有工作,也有个别研究对象在教汉语或经营跨国婚姻相关事务所。

在本研究中,笔者主要采取深入访谈和参与观察的方法收集了资料,并且依据斯特劳斯和科尔宾提出的扎根理论方法中的分析步骤对访谈资料进行了比较研究。即在开放式编码中主要推导出概念及范畴,在轴心式编码中依据分析模式对范畴和过程进行了分析,然后在选择式编码中对适应及适应类型进行了分类。

笔者在本研究的开放式编码中共推导出73个概念、20个对应范畴和10个主范畴。轴心式编码中的因果条件是"选择跨国婚姻",中心现象为"承受压力"。脉络条件是"文化差异""认同感混乱"和"经济期待与现实之间差异",中介条件为"影响自我发展的条件""压力应对"和"社会支持",而作用/相互作用战略为"自我实现需求""对自我和婚姻认识的变化",得出的结论是"欲成为生活的主人"。换句话说,中国朝鲜族女性因为选择了跨国婚姻,因此在韩国的生活适应中承受较大的压力。中国朝鲜族女性为了解决压力会使用"自我实现需求""对自我和婚姻认识的变化"的战略,最终会有欲成为生活主人的需求。另外,对承受压力产生影响的脉络条件为文化差异、认同感混乱、经济期待与现实的差异。对她们采取的策略产生影响的中介条件是影响自我发展的周围环境、中国朝鲜族女性应对压力的方式,以及社会支持等因素。

随着时间的流逝,与韩国男性结婚的中国朝鲜族女性的韩国生活适应呈现出"承受压力过程""压力应对与解决过程"和"规划未来生活过程"等三种过程。

笔者在选择式编码中发现选择跨国婚姻的中国朝鲜族女性在韩国的生活适应分为持续努力型、不得已顺应型、积极忍耐型、试图变化型和流动型等五种类型。适应的核心"承受压力"受文化差异、认同感混乱、对经济的期待与现实的差异的影响,加之范畴的属性和维度的不同,呈现出了不同的类型特点。

因此,在本研究中,与韩国男性结婚的中国朝鲜族女性的韩国生活适应过程是在韩国的生活中承受很多压力,并通过应对压力和规划未来,最终拥有"成为生活的主人"的需求的过程。在本研究中,选择跨国婚姻的中国朝鲜族女性在韩国与他人的关系建立中会承受很多压力,而这样的压力主要受中韩两国的文化差异、中国朝鲜族女性对韩国的期待与现实之间存在的差异等的影响。在为缓解压力而使用的作用/相互作用战略上,中国朝鲜族女性对自我实现的要求、中国朝鲜族女性对自身认识的变化、周围的韩国人对跨国婚姻家庭中的中国朝鲜族女性的态度变化、中国朝鲜族女性对未来的生活规划不同,结果也不同。通过"压力应对""社会支持"和"影响自我发展的条件"等中介条件,最后判定与韩国男性结婚的中国朝鲜族女性的韩国生活适应过程是通过不断的努力,使自己"成为生活的主人"的过程。

第二节 适应及压力相关理论的持续性比较分析

一、中韩跨国婚姻家庭中中国朝鲜族女性的生活适应意义

在本研究中,与韩国男性结婚的中国朝鲜族女性的韩国生活适应是通

过"自我实现需求"和"对自我和婚姻认识的变化"策略应对压力,最终拥有"欲成为生活的主人"需求的过程。笔者下面就从三个方面探索适应的意义。

(一)经济

与韩国男性结婚的中国朝鲜族女性对韩国的经济抱有某种程度的期待,而且每一位女性都希望她们能够在家庭中掌握经济大权。因为她们认为女性有了经济大权就等于女性的权利和地位得到了尊重和认可。因此,中国朝鲜族女性也抱着这样的希望开始了在韩国的生活。但是当中国朝鲜族女性看到自己需要生活在贫困、落后的农村,接受丈夫的家人的控制和干涉,都市生活的高物价以及丈夫没有固定职业等现状时,她们对韩国经济方面的期待马上变成了泡影。因此,中国朝鲜族女性意识到为了生存和生活,她们需要先工作。她们认为适应韩国生活首先应该做的是满足经济方面的需求。

但是想在经济方面成为生活主人的中国朝鲜族女性意识到其在满足经济方面的需求上存在着很大的困难。要求儿媳妇接受现实并且顺从丈夫过日子的婆婆的干涉,持父权制思想的丈夫的态度,韩国社会对外国人,特别是对跨国婚姻家庭中的外国女性的歧视和偏见等都成了阻碍中国朝鲜族女性实现经济方面需求的障碍。因此中国朝鲜族女性只能徘徊于家庭和工作之间,甚至在很多情况下她们会放弃工作。

对于中国朝鲜族女性来讲,对经济期待的丧失也间接地说明了她们家庭的贫困现状。因为贫困,她们不得已生活在恶劣的环境之中,家庭成员在身体上、精神上和社会方面只能处于不利地位,由此生活的质量也会降低。因此,中国朝鲜族女性认为首先满足基本的衣食住行等经济方面的需求是非常重要的一件事情。

(二)教育

与韩国男性结婚的大部分中国朝鲜族女性的学历较低。而在韩国,父母为了子女的教育会付出一切。在公办教育和私立教育相互交织在一起的韩国社会,许多家庭因为对公办教育不信任,因此产生了过分依赖私立教育的现象,全国上下都不能从私立教育中摆脱出来,这也是韩国的教育现状。因此,韩国的母亲为了子女的前途已经做好了不惜牺牲一切的准备。为了子女的前途,韩国母亲可以放弃自己的工作。但是对于学历较低且对子女的教育并不是拼命投入的中国朝鲜族女性来说,在韩国自己一人要承担子女的教育责任并不是一件容易的事情。

生活在韩国的中国朝鲜族女性意识到,自己不仅在子女的教育问题上存在着一定的困难,而且由于自己的学历较低,在韩国社会只能在服务行业找适合自己的工作。韩国女性相对于中国朝鲜族女性拥有较高学历,因此中国朝鲜族女性也意识到即使她们嫁到韩国,且通过获得韩国国籍成为韩国人,但是她们却不可能与韩国女性一样得到社会的同等认可并享受与她们相同的待遇。中国朝鲜族女性认为学历是影响她们在韩社会地位的主要因素,因此她们渴望接受教育。特别是中国朝鲜族女性为获得料理、电脑、驾驶等日常生活中所必需的各种资格证而努力。不仅如此,也有一些中国朝鲜族女性通过学习韩语和英语,通过上大学继续深造的方式扩大自己的知识面,提高个人的学历。这也从另外一个层面说明有一些中国朝鲜族女性积极地参加社会活动。

在本研究中有一些研究对象谈到,当子女和丈夫与她讨论有关韩国文化、经济、政治、历史等方面的问题时,她们总是感到有口难开,因为她们对韩国的各个方面知道的并不是很多,因此当她们被问到相关问题的时候总是选择闭口不答或回避。而回避的行动也说明了中国朝鲜族女性承受压力且不自由的生活现状。形成自由关系的前提是要视对方为独立的、理性的一个人。中国朝鲜族女性在教育相关领域并不是很自由,因此在韩国的生活中会遇到不同程度的压力问题。

　　在本研究中,中国朝鲜族女性在教育方面想成为生活的主人的需求不仅包括中国朝鲜族女性自身实现的需求,而且包括子女的教育实现需求。为了自由地成为生活的主人,社会应该构建能够使中国朝鲜族女性和她们的子女自由地接受教育的环境。而这一目标的达成也需要韩国社会结构方面的调整和相关制度的完善。

　　(三)家庭关系

　　与韩国男性结婚的中国朝鲜族女性在与丈夫的家庭成员的关系建立上会经历很多困难。特别是在维持着父权制文化的韩国社会,中国朝鲜族儿媳妇与韩国婆婆之间的矛盾更为激烈。对于与婆婆生活在一起的中国朝鲜族女性来讲,婆婆的干涉、控制和无视是引起夫妻矛盾,造成夫妻生活质量下降的主要原因。另外,韩国丈夫重视自己的父母和兄弟姐妹超过自己妻子的父权制的行为是增加中国朝鲜族女性的压力与造成家庭矛盾加深的另一原因。

　　中国朝鲜族女性与韩国妯娌之间的矛盾关系也会带给中国朝鲜族女性在韩国生活适应上的问题。在本研究中,研究对象与妯娌因公公婆婆的赡养问题、准备家庭祭祀时妯娌的漠不关心、妯娌对中国朝鲜族女性生活的严重干涉和控制及妯娌对中国朝鲜族女性的语言暴力等原因产生过矛盾,这也给中国朝鲜族女性带来了不小的精神压力。在与家庭成员之间的关系建立中,中国朝鲜族女性意识到自己常常被他人忽视,因此她们也深深地感到自己的孤立和无助。

　　中国朝鲜族女性并没有受他人的指使选择跨国婚姻并且选择在韩国生活。换句话说,中国朝鲜族女性是自己选择了跨国婚姻,而且她们有着要成为自己生活的主人的梦想。中国朝鲜族女性希望能够成为像韩国女性那样既能顾家,又能相夫教子的贤妻良母,得到他人的尊重和爱戴。她们也希望自己成为一个独立的个体,与丈夫的家庭成员建立起相互尊重和平等的良好关系。但是在父权制思想影响较深的韩国社会,男女之间,甚至年长和年轻的同性之间想建立起良好的平等关系并不是一件容易的事情,中国朝鲜族女性意识到了这一点,由此也承受着不小的精神压力。因此,中国朝鲜族女性想在家庭中成为真正的生活主人,就有必要从家庭的等级秩序中摆脱出来,或者使韩国家庭成员对中国朝鲜族女性的认识产生根本变化。

二、与前期研究中的适应类型比较分析

(一)持续努力型

在本研究中,持续努力型的研究对象是那些在韩国的生活过程中,与他人建立了良好的关系,通过自我调节,为实现自己所设定的婚姻生活目标而努力的群体。持续努力型的中国朝鲜族女性婚前对婚姻生活的设想与在韩国的现实生活保持了一致。她们选择跨国婚姻的目的主要是与韩国丈夫在韩国过上幸福生活。因此,持续努力型的中国朝鲜族女性在韩国生活的过程中经历了较少的文化差异和认同感的混乱。持续努力型的中国朝鲜族女性婚前对韩国有过一定程度的了解,而且对韩国的经济没有抱很大的期待,因此她们并没有感觉对韩国经济方面的期待与现实的差距很大,她们也承受压力较少。虽然韩国社会对选择跨国婚姻的中国朝鲜族女性持有"会逃跑""结婚的目的就是为了获得韩国国籍"等偏见,但是她们总是会为积极应对这些压力而努力。她们认为在韩国生活,自己付出的努力应该是最为重要的。持续努力型的中国朝鲜族女性对自我实现的需求较高,理解和接纳他人的包容心也较大,在自身以及对婚姻的认识上有较大的变化。持续努力型的中国朝鲜族女性在韩国的生活过程中付出的努力较多,因此她们能够得到较多的丈夫的家庭成员、周围的韩国人及相关机构与组织等的支持。另外,在自我发展方面,持续努力型的中国朝鲜族女性能够意识到自己的优点,能够很好地规划未来,想成为生活主人的意念也很强。

　　与韩国男性结婚的中国朝鲜族女性的韩国生活适应是对韩国文化的适应,也是在与很多韩国人建立关系的过程中承受压力的过程,因此可以从先前的文化适应理论、压力理论和韩国的父权制文化等方面对研究对象在韩国的生活适应类型进行比较和分析。

　　在有关移民者文化适应相关理论中霍阿和范德森(1981)把适应类型划分为旧时代类型、同化类型和两文化类型等三种适应类型。其中两文化类型是在维持过去的传统文化的同时,有选择地接受新定居地文化的类型。在本研究中,持续努力型的中国朝鲜族女性的文化适应类型与两文化类型有着相似的地方。换句话说持续努力型的中国朝鲜族女性受到文化差异的影响较小。这并不是因为中国朝鲜族女性对新文化无条件地接受或排斥,而是她们通过对不同文化之间的差异进行比较,在努力保持自己过去所持有的文化的同时,又为接受新的韩国文化而努力。但是值得注意的是,两文化类型中提到的传统文化指的只是一个国家的一种民族文化,持续努力型女性的传统文化则既包括了中国文化,又包括了朝鲜族文化。然而这一朝鲜族文化既不完全是中国文化,也不完全是韩国文化,而是属于中国朝鲜族文化。而中国的朝鲜族文化又不同于韩国文化。如果说两文化适应类型是维持过去的传统文化,然后对新文化进行选择性接受的话,持续努力型的中国朝鲜族女性的文化适应是指在维持自己过去的文化的同时,有选择性地接受新的文化的适应类型。另外,对于中国朝鲜族来讲,所谓的同一民族文化也并不是单纯的韩国人所说的传统的单一民族文化,而是受中国文化影响已经变化了的朝鲜族文化,而这一点又是与两文化适应存在差异的地方。换句话说,持续努力型的中国朝鲜族女性同时受到中国朝鲜族文化、中国文化和韩国文化等三种文化的影响是与单纯的两文化适应存在差异的。另外,持续努力型的中国朝鲜族女性不固执于坚持一种文化,而是在比较三种文化之后维持和完善适合自己的文化,而这又是与只单纯地主张维持自己传统文化和新文化的两文化适应类型存在差异的地方。

另外,贝利根据是否维持民族认同感、是否关心与主流社会的相互作用把文化适应类型分为同化、分离、整合与周边化等四种类型。在本研究中,持续努力型的中国朝鲜族女性的适应类型与贝利划分的整合类型有着相似之处。贝利的整合类型是在维持自己的民族认同感的同时,关心与主流社会相互作用的适应类型。在本研究中,持续努力型的中国朝鲜族女性关心韩国这一主流社会,且为了与社会相互作用而不断努力。但是与整合类型有所不同的是,持续努力型的中国朝鲜族女性认为自己既是中国人,又是韩国人,虽然她们不完全归属于某一民族,但她们在韩国也维持着民族的认同感,她们更关心的并不是作为韩国人的民族认同感,而是有关自我的个人认同感。

拉撒路和洛尼耶从认知现象学的视角提出了相互往来的压力应对模式。此模式从个人与环境之间的关系,个人与环境之间发生变化的脉络分析了应对压力的行为。换句话说,当一个人认为自己处于某一压力情况的时候,他会通过努力改变个人与环境,或者通过调整情绪带给生活和环境某些变化。[1]

在本研究中,持续努力型的中国朝鲜族女性认识到在韩国的文化适应中她们与韩国有着不可分离的关系,因此她们主张在韩国文化的适应过程中承受压力是不可避免的一个过程,而这一点又与相互往来的压力应对模式中的个人与环境之间的关系类型有着相似性。另外,夫里德里克的对感知的压力直接采取的行为类型与本研究中持续努力型的中国朝鲜族女性积极应对压力的特点有着相似之处。特别是持续努力型的中国朝鲜族女性的压力应对类型与问题指向的应对行动类型较为接近,即持续努力型的中国

---

① 김정희. 1987. "지각된 스트레스, 인지세트 및 대처방식의 우울에 대한 작용". 서울대학교 박사학위논문.

朝鲜族女性对于面临的问题一般会迅速解决。

到目前为止,韩国社会仍然维持着传统的父权制文化。不同于以往的移民文化适应,受父权制思想文化的影响,韩国社会总是带给外国移民女性在自由、平等等个人基本权利方面得不到保障的压力,而这样的压力要远远超过她们单纯地因为语言、饮食、风俗、认识和性格等方面的不同而承受的压力。特别是对于接受过男女平等思想教育,在国内与男性共同参与社会活动且与男性享有相同权利的中国朝鲜族女性来讲,她们认为与韩国人是"同一民族",却不能与她们共同分享民族文化,而需要重新适应是与先前的文化适应存在差异的地方。与先前的同化和整合的文化适应类型中移民女性通过适应最终接纳移民地文化的特点不同,在父权制的思想文化中,移民女性有着长期受文化的压制和统治,最终强制性地接受该移民地文化的特点。

在本研究中,案例2、案例11、案例12的研究对象婚前一直与现在的韩国丈夫维持了良好的恋爱关系。她们通过在国内的韩国企业工作或者到韩国留学对韩国文化有了某种程度的了解。因此,她们并没有惧怕和拒绝韩国文化,而是通过对中国文化、中国的朝鲜族文化和韩国文化的不断比较分析,为最终接纳韩国文化而做出努力。当中韩两国之间的文化发生冲突的时候,持续努力型的朝鲜族女性总是为了使文化冲突达到最小化而努力,而且通过不断比较,有选择地对一部分韩国文化或者中国文化进行筛选。因此,这三个案例的研究对象为解决好在韩国的生活适应中所面临的问题而做出了不断的努力,并且她们主张在生活适应过程中,中国朝鲜族女性自身的变化要比韩国人的变化重要得多。

(二)不得已顺应型

不得已顺应型的中国朝鲜族女性是指那些在韩国的生活过程中面临很大压力,但是却不能摆脱或者改变压力环境的人。此类型的研究对象虽然想很好地解决压力问题,但是不知道应对压力的方法是什么,或者应对压力的方法没有带来任何变化,因此她们在相同的压力环境下一直持续承受着相同压力。而这种类型的研究对象认为在自己改变不了环境的情况下,她们也只好接受这种环境。不得已顺应型的中国朝鲜族女性在韩国的生活中,不仅感受到了经济期待与现实的较大差异,而且因为婚前对韩国文化的了解较少,所以会经历较大的文化差异和较强的认同感混乱,由此也会承受不小的压力。由于对韩国了解的不足,且自己认为无能力改变环境,此类型的研究对象会采取消极方式应对压力,而且自我实现需求也相对较弱,想成为生活的主人的需求也很低。另外,社会支持较少的不得已顺应型的中国朝鲜族女性虽然在韩国面临较多的文化差异,感受到经济期待与现实之间存在较大的差异,但是她们却不会为了改变这些差异而做出努力,因为她们认为自己曾经为了解决问题而努力过,但是结果是以失败告终,而且她们也时常抱有自己只能顺应韩国社会的想法,因此这种类型的研究对象对自我实现的需求很低,自我改变和改变他人的意识也很弱。

不得已顺应型的中国朝鲜族女性自认为改变所处的环境是一件不可能或者与自己毫不相关的事情,因此她们无条件地接受现实环境。在遇到压力问题的时候,此类型的研究对象会采取逃避等相对消极的压力应对方式。而这与拉撒路的经验研究中谈到的在应对新环境带来的压力问题的时候,主要采取回避等消极方法的类型有着相同的特点。[1] 不仅如此,不得已顺应型的中国朝鲜族女性与夫里德里克的应对行为类型中不试图努力改变压力源,而只是采取接纳的行为类型有着相似的特点。[2]

贝利和金提出个人的文化适应压力会根据个人的特性、社会条件和人

---

① Richard S. Lazarus, Folkman S., *Stress, Appraisal and Coping*, Springer Publishing Company, 1984.

② W. N. Frederic, *Psychosocial Assets of Parents of Handicapped and Nonhandicapped Children*, Athrton, 1980.

际关系的不同而被弱化,利布金德主张个人的压力会受性别、年龄、职业、教育程度、婚姻状态、移民经验、移民地居住时间、文化适应类型、社会对于移民者的态度,以及移民者对压力的态度和压力应对能力等因素的影响。在本研究中,不得已顺应型的中国朝鲜族女性的压力应对类型与在传统的压力模式中把压力和适应从个人角度去分析,①即提出具有某种特性的个人会在所有的环境中表现出一贯性的态度和行为的观点有着相似的特点。

在本研究中,案例5、案例6、案例9和案例13的研究对象属于不得已顺应型的研究对象。其中案例5、案例6的研究对象应对来自韩国丈夫和丈夫的家庭成员的压力时,主要采取了吵架、离家、回避、对话等方式,但是都以失败告终。这些案例的研究对象是在反复承受相同压力却没能很好地找到解决压力的新方法,也没能改变压力环境的情况下,判定靠她们自己的能力无法改变压力环境,因此最终选择了顺应环境。而案例9和案例13的研究对象因为年龄、权利等方面的原因而不得不依赖于丈夫。因此,她们承受着来自文化差异、经济期待与现实的差异、夫妻性格差异,以及婆媳矛盾等方面的压力,但是却不努力解决这些压力问题。她们认为既然选择了跨国婚姻,在自己没有能力改变环境的情况下,任何的叛逆和反抗都会激化矛盾,因此她们以"忍受"的消极方式应对着压力问题。

(三)积极忍耐型

积极忍耐型的中国朝鲜族女性也与不得已顺应型的中国朝鲜族女性一样,对婚姻生活的期待与现实存在差异,但是积极忍耐型的中国朝鲜族女性的压力源于过多的社会支持,与不得已顺应型的中国朝鲜族女性是不同的。由于社会支持过多,因此此类型的研究对象感觉不到过多的文化差异、经济上的期待与现实的差异,认同感混乱较弱。但是由于支持过多,因此她们受

---

① 장춘미. 2001. "스트레스가 결혼만족에 미치는 영향: 부부의 지지 및 갈등해결행동을 중심으로". 서울여자대학교박사학위논문.

到他人的关心就多,她们承受着并非自愿,而是受周围人的推动和支持去做自己并不喜欢做的事情带来的压力。积极忍耐型的研究对象认为他人的推动、干涉和支持并没有对她们个人造成任何危害,因此她们采取不拒绝、无条件接纳的态度。由于受他人的关心较多,此类型的中国朝鲜族女性的自我实现需求较弱,而且她们并不想就自身和婚姻的认识做出改变。因此,她们"欲成为生活的主人"的需求也相对较弱。

积极忍耐型的中国朝鲜族女性的压力应对类型是先前的压力模式中没有提到过的类型。在压力应对的相关研究中,很多学者都提到社会支持对压力解决起到一种缓冲的作用。沃克斯提出社会支持在帮助个人心理适应、克服挫折、强化解决问题的能力方面发挥着重要作用。[1] 奈杜提出有丈夫的积极支持,妻子在文化适应过程中会承受较小的压力。[2] 但是本研究发现过多的社会支持也会带给研究对象不小的压力。类似这样由于过多的社会支持而引起压力增加的相关内容是先前的研究中没有涉及的,研究者认为这个发现也是本研究的独特性和研究意义所在。

在本研究中,案例 3 和案例 8 的研究对象就是因过多的社会支持而承受压力的中国朝鲜族女性。案例 3 的研究对象有着非常支持和关心她的韩国丈夫,而丈夫为了让妻子能够更快地适应韩国生活,亲自求助于市政厅、洞事务所的工作人员,让她们说服并帮助妻子学习英语。另外他又亲自为妻子报名参加韩国烹饪的学习,希望妻子能够学习做韩国料理。除此之外,为了缓解妻子的孤独和寂寞,他帮助妻子与邻居建立了良好的邻里关系,还特意嘱托妻子的朋友在闲暇时间与妻子做伴。

---

[1]　Alan Vaux, *Social Support: Theory, Research and Intervention*, Praega Publishers, 1988.

[2]　Naidoo J. C., A Cultural Perspective on the Adjustment of South Asian Women in Canada, In I. R. Langunes, Y. H. Poortinga(Eds.), *From a Different Perspective: Studies of Behavior Across Culture*, Swets & Zeitlinger, 1985.

案例8的研究对象属于不是随自己意愿，而是主要依据丈夫和丈夫的家庭成员的想法和生活方式而采取行动的类型。该研究对象的丈夫意识到妻子会因语言、饮食等文化方面的差异而承受压力，自作主张提前为妻子报名参加学习班帮助妻子学习韩语和英语，而且为使妻子能够适应并烹饪韩国料理，丈夫不仅为其提供了很多与烹饪相关的信息，而且还为她报名参加韩国烹饪的学习。在发现妻子与韩国人建立关系出现了交流方面的问题，而且妻子因文化上的差异而承受着压力的时候，丈夫总是会选择与妻子参加某些聚会活动，而且在众人面前丈夫总是表现得更为活跃。积极忍耐型的研究对象因过多的支持而感到自己是时常需要被保护的对象，丈夫像对待孩子一样对待妻子使此类型的中国朝鲜族女性感到了压力。

因过度的社会支持而承受压力的积极忍耐型的中国朝鲜族女性在韩国的生活中会较少经历文化上的差异、经济期待与现实之间的差异，较弱的认同感混乱等原因带来的压力，但是她们却承受着过度的社会支持而带来的压力。然而此类型的中国朝鲜族女性认为周围人对自己的过度关心只能说是自己前世修来的福，因此她们只是接受而不是为积极解除这种压力而努力，而且她们也并不试图改变自我实现需求和对自我、婚姻的认识。

积极忍耐型是先前的文化适应相关研究或理论中没有提及的文化适应类型，因此它在本研究中有着独特的意义。换句话说，有关新文化适应及压力应对的先前研究都把社会支持定义为重要的应对压力的影响因素，然而笔者在本研究中发现过多的社会支持也会给个人适应新文化带来压力。

（四）试图变化型

在本研究中，试图变化型的中国朝鲜族女性为在韩国生活得更好而不断努力的特点与持续努力型的中国朝鲜族女性相似。试图变化型的中国朝鲜族女性把在韩国生活看作是新的挑战，她们认为所谓适应环境不仅仅是中国朝鲜族女性自身很好地适应新的环境，她们也应该通过改变环境，让环境更好地适合自己的生活。因此,此类型的中国朝鲜族女性相对来说有较强的自信心,而且她们非常强调个人自身的努力。

试图变化型的中国朝鲜族女性把跨国婚姻看作是生活中的新挑战,因此对跨国婚姻持较为肯定和积极的态度,她们对婚姻生活的期待也与现实基本保持了一致。另外试图变化型的中国朝鲜族女性主张经济是生活的基础,非常强调经济对于生活的重要性,因此她们在婚后感受到较大的经济期待与现实的差异。另外,她们主张新文化适应是生活中的一大挑战,她们为了成功完成此挑战而努力奋斗,因此她们较少经历文化差异和认同感混乱带来的压力。她们往往会在认同感混乱到来之前就有确立自我认同感的倾向。

试图变化型的中国朝鲜族女性挑战自我和应对新环境变化,因此她们对自我实现的需求,对自我和婚姻认识的变化要求较高。试图变化型的中国朝鲜族女性不仅挑战传统文化,而且也在挑战新文化、制度和习俗,因此在维持着传统的思想文化、对新变化有较大恐惧感的韩国社会,她们想得到社会的支持是一件较难的事情。在社会支持较少,谁都无法预测的新环境下,当经济的期待与现实的差异较大,自身和环境的变化不大的情况下,试图变化型的中国朝鲜族女性就会承受较大的压力。但是,此类型的中国朝鲜族女性并不会轻易选择放弃,而是会通过较强的意志和积极的态度为解决压力问题而努力。

在本研究中,案例1、案例4、案例14、案例15和案例17的研究对象属于试图变化型。试图变化型的中国朝鲜族女性与贝利的整合的文化适应类型存在相似性。整合型是在维持自己的民族认同感的同时,关心与主流社会的相互作用的文化适应类型。试图变化型的中国朝鲜族女性也是在维持自己的民族认同感和个人认同感的同时,与韩国社会这一主流社会进行相互作用的适应类型。试图变化型的中国朝鲜族女性不仅自身为适应环境而努力,而且还依据自身的生活需要改变环境,而这一特点又是与整合型文化适应类型既相似又存在差异的地方。试图变化型的研究对象具有一定的变化目的,因此比持续努力型的中国朝鲜族女性存在更多的压力经验,而且拥有很少的社会支持。

试图变化型又与拉撒路和洛尼耶的相互往来应对模式有着相似的地方。相互往来应对模式把个人与环境之间持续不断的变化看作是一个动态的过程,并主张此过程中的中介变量是个人对自身情况的认知评价。而认知评价是个人对压力情况的知觉与此压力环境下个人能力的评价过程,认知评价又分为一次评价和二次评价两种:一次评价是对某种状况中是否存在压力进行判断的评价,二次评价是对自己在压力情况下能做什么的评价。换句话说,一次评价是个人对何种情况对自己是有利的、适合的、会产生压力的进行判断的过程,而二次评价是个人对自己所拥有的资源和解决方案进行评价和区分的过程。在本研究中,试图变化型的中国朝鲜族女性为应对自己所承受的压力,努力使用了包括一次评价和二次评价在内的认知评价,而且为了个人和环境的变化,她们勇于对一种或两种文化进行批判的特点与相互往来应对模式存在着相似的地方。试图变化型又与夫里德里克的对感知的压力源直接采取行动的直接行动类型有着相似性,但是由于此类型挑战韩国的传统文化和制度,因此受到韩国社会的很多批判。

在本研究中,试图变化型的中国朝鲜族女性为至少经历过一次承受压力、压力应对及解决、规划未来等三个过程的人群。试图变化型的中国朝鲜族女性为解决自己所承受的压力问题而努力。另外,在文化适应过程中,她们不仅为学习和了解韩国文化而努力,而且她们还努力维持着中国文化和中国的朝鲜民族文化。当中韩两国文化发生冲突的时候,试图变化型的中国朝鲜族女性甚至会利用中国文化的优点对韩国文化进行批判。换句话说,试图变化型的中国朝鲜族女性就像拉撒路的研究结果所述的那样,为了解决新文化适应而承受的压力问题,她们甚至会采取对决的应对方法。因此,此类型的研究对象会受到周围韩国人的排斥,韩国人评价她们并给她们标签化为"强势女人"或者"地地道道的中国女人"。而这样"强势"的女性当然会受到以家庭为主,为了家庭可以牺牲自己,而且顺从于丈夫而生活的韩国女性的冷嘲热讽,同时也遭到韩国男性的歧视和批判。因此,试图变化型的中国朝鲜族女性只能拥有较少的社会支持。她们关注自己和环境的改变,因此她们也同时拥有较强的自我实现需求,而且想通过自己的努力最终带来周围环境的改变,成为生活的主人。

(五)流动型

在本研究中,流动型的中国朝鲜族女性并不是以美满的婚姻生活为婚姻目标,她们选择跨国婚姻更多的是为了实现自我。此类型的中国朝鲜族女性以获得韩国国籍为主要的结婚目的,因此她们也谈到当她们的目的达成之后也许会重新考虑婚姻生活。流动型的中国朝鲜族女性较少有因认同感混乱,经济期待与现实的差异等带来的压力,但是她们却因对韩国文化的了解较少感受到较大的文化差异,由此承受压力。

流动型的中国朝鲜族女性认为婚姻生活不能造成她个人利益的损失,不能阻碍自我实现,因此当中国朝鲜族女性自身的需求和利益与韩国文化或者婚姻生活发生冲突的时候,她们选择坚决不容忍、不接受。因此,此类型的中国朝鲜族女性总是采取消极的方法解决与自己的自我实现需求无关的韩国生活适应上的压力问题。换句话说,为了应对压力问题,流动型的中国朝鲜族女性会在压力发生之前,提前对自己拥有的资源,如身体资源(健康、能量等)、环境资源(社会支持)、物质资源(金钱、工具、装备等)、心理资源(自尊心、自信、问题解决能力等)进行探索和利用。而流动型相比持续努力型和试图变化型在应对压力方面表现得较为消极。流动型的中国朝鲜族女性渴望探索和学习韩国文化,有较多的社会支持,因此她们很容易获得与自身生活适应相关的信息。

相对于挑战和变化，流动型的中国朝鲜族女性更喜欢探索，因此她们对自己和婚姻认识上的变化并不太关心。她们会通过探索周围的环境来决定自己的行动方式，或者冲动地处理事情，因此她们没有明确的未来规划。在目标规划上，流动型的中国朝鲜族女性采取探索最佳方案或对自身利益最有利的方式来规划的可能性较大。

流动型是先前的林、库、范德森及贝利的研究中没有出现过的文化适应类型。在本研究中，案例10和案例16的研究对象就属于流动型。在接触新环境的过程中，这两个案例中的研究对象都对周围环境与自身的利益、需求是否存在冲突进行了探索。这两个案例中的研究对象都提出选择跨国婚姻的主要目的是获得韩国国籍，而且她们在韩国的生活中更多关心的是与自身利益相关的事情，而不是婚姻生活本身。她们谈到在获得韩国国籍之后，如果对目前的婚姻生活不满意，或者感到婚姻生活会与自身的利益发生冲突，那么她们很有可能会选择离婚。因此流动型的中国朝鲜族女性有着对任何事情都试图进行探索，在最大范围内保护自己的情况下适应韩国文化和婚姻生活的特点。

流动型的中国朝鲜族女性最关心的是与自身利益有关的事情，因此她们会提前预测并应对压力相关问题，而这一特点与柯林等所提出的意义控制的行动类型有着相似的地方，即在引起紧张经验的压力产生之前提前对紧张经验意义进行控制。另外，流动型的中国朝鲜族女性会通过合理化和逃避的方式应对压力又与夫里德里克（1980）分类的压力应对行动类型有着相似的地方，即在婚姻生活中只要是流动型的中国朝鲜族女性认为损害自己利益的事情发生，她们往往会采取回避或者对压力情况进行合理化的方式来解决。因此，流动型的中国朝鲜族女性控制紧张状态的能力很强，而且根据不同情况采取不同行动的能力也较强。

在女性的权利得不到社会认可、男女不平等的韩国社会,本研究中的流动型中国朝鲜族女性会在承受最小压力的情况下迅速适应韩国社会环境,而且为最大限度地满足自己的利益而努力。在相同的压力情况下,与其他类型的中国朝鲜族女性相比,流动型的中国朝鲜族女性会在短时间内迅速调整至安定状态,并且具有确定新的应对策略的能力。但是此类型的中国朝鲜族女性很难在长时间内维持相对稳定的状态,而且在个人与环境的关系处理上,她们并不是积极争取两方的改变,而是根据环境的改变,个人被动地进行调整和适应,这一点是有必要改善的地方。

先前的研究根据移民者接纳、维持新文化和对自己民族认同的程度把移民者的文化适应类型分为分离、同化、整合和周边化四种类型。但是在本研究中研究者进行的五种适应类型的分类与之前的适应类型有着一定的差异。因为这五种适应类型的分类不仅考虑了与韩国男性结婚的中国朝鲜族女性是否接纳和维持韩国文化和民族认同感,而且还考虑了个人认同感的混乱达到了何种程度,以及这些女性是否确立了国家观等相关因素对韩国生活适应的影响,因此与先前的研究结果不同。

另外,本研究的独特性又体现在以下方面。即研究对象在维持着父权制文化的韩国的生活适应的过程中,虽然自己认为与韩国人是相同的民族,然而却对相同的民族文化有着不同的理解和接纳,她们坚持她们的文化并不是中国文化和韩国文化,而是中国的朝鲜民族文化,以及在压力应对中所表现出来的不同于以往的行为等都体现了本研究的独特性所在。特别是研究对象最终想成为生活的主人的需求与先前的文化适应相关理论中所提到的判断适应的最终标准是看个人是被整合了还是被同化了的观点有着不同的含义。

与韩国男性结婚的中国朝鲜族女性并不是单纯地因为文化冲击、文化差异等原因而在韩国的生活中存在着适应上的困难。在本研究中,中国朝鲜族女性受到韩国人的歧视、在韩国社会受到不公平待遇、作为人的最基本的生存权利受到他人的侵犯,而这些都带给与韩国男性结婚的中国朝鲜族女性生活适应上的压力和困难。另外,韩国人对选择跨国婚姻的中国朝鲜族女性的否定意识,丈夫的家庭成员对中国朝鲜族女性的排斥和不接纳,以及解决自身孤独等心理问题的资源不足等都是导致中国朝鲜族女性对婚姻生活失去信心的因素。

中国朝鲜族女性由于个人认同感方面的混乱较强,因此对对国家的认同感产生了一定的影响。换句话说,中国朝鲜族女性由于经历了个人认同感的混乱,因此对原来认为韩国是同一民族国家的认同感有了变化,进而她们对中国有了更为牢固的国家认同感。与韩国男性结婚的中国朝鲜族女性的韩国文化适应比一般移民者的新文化适应更为复杂,因此有必要对她们的适应类型进行单独分类。以上五种适应类型可整理为下表5-1。

表5-1　与前期研究中的适应类型比较分析

类型	文化适应	压力应对	案例	其他
持续努力型	①与库和范德森的文化适应类型相似。但是通过对韩国文化、中国文化和朝鲜民族文化进行比较,维持适合自己的文化与先前的研究结果存在差异。②与贝利的整合类型相似,即关心与主流文化的相互作用。但是更关心个人认同感的特点是与先前相关理论存在差异的地方。	①与拉撒路和洛尼耶的相互往来应对模式主张的个人与环境之间的关系类型相似。②与夫里德里克的积极的压力应对类型相似。③更接近于问题指向的应对行为模式。	案例2 案例7 案例11 案例12	在父权制的韩国文化中,与韩国男性结婚的中国朝鲜族女性需要重新适应。
不得已顺应型	在先前研究中很难找到的文化适应类型。	①与拉撒路的回避的压力应对方法相同。②与夫里德里克的直接接受压力源的行动模式相似。	案例5 案例6 案例9 案例13	
积极忍耐型	在先前研究中很难找到的文化适应类型。	先前的压力应对模式中并没有提及。	案例3 案例8	
试图变化型	与贝利的整合类型相似,即在维持民族认同感的同时,关心与主流社会的相互作用。但是在通过相互作用改变环境,使其有利于自身生活方面存在差异。	①与拉撒路和洛尼耶主张的个人与环境双方之间持续不断变化的动态过程相似。②与夫里德里克的对所知觉的压力源采取直接行动的模式相似。③与拉撒路的对压力采用对决的方法相似。	案例1 案例4 案例14 案例15 案例17	
流动型	在先前研究中很难找到的文化适应类型。	①与柯林等的意义控制对决行动模式相似。②与夫里德里克的压力应对行动类型相似,即回避或者对压力情况进行合理化。	案例10 案例16	

第三节 研究的理论意义、实践运用及政策建议

本研究中,笔者就与韩国男性结婚的中国朝鲜族女性在韩国的生活适应进行了研究。本研究的理论意义及在社会工作实践中的运用如下文所述。

一、研究的理论意义

笔者在本研究中发现,与韩国男性结婚的中国朝鲜族女性,在韩国的生活适应中,通过与很多的韩国人建立关系,经历了承受压力、解除压力,最终成为生活的主人的适应过程。

首先,在本研究中,与韩国男性结婚的中国朝鲜族女性的韩国生活适应的中心现象为"承受压力"。先前的压力相关理论中提到社会支持不仅能够增强个人的自尊,而且还能提高个人对压力的控制,增进对压力的理解,以便有效应对压力,因此社会支持起到缓冲压力的效果。先前的相关理论强调了社会支持对应对压力所起的积极作用。但是本研究表明积极忍耐型的中国朝鲜族女性因过度的社会支持在韩国的生活适应中也承受着不小的压力。而此适应类型又是在先前的相关理论中没有提及的适应类型,因此也是本研究的理论意义所在。

中国朝鲜族女性应对压力的方法中出现了与先前的相关压力应对模式存在相似性的特点。特别是不得已顺应型和积极忍耐型的中国朝鲜族女性主要采取逃避、接纳和合理化等方式应对压力。而流动型的中国朝鲜族女性采取预测压力发生的可能性,并提前控制压力的方法,持续努力型的中国朝鲜族女性强调个人与环境之间的相互影响关系,而且强调个人为了解决问题而努力的特点等与先前的压力应对行为有着相似之处。因此,本研究有必要对压力产生的原因及多种多样的压力应对模式进行探讨。

其次,有必要对中国朝鲜族女性的韩国生活适应有消极影响的韩国父权制文化进行反省。在本研究中,与韩国男性结婚的中国朝鲜族女性不可避免地要与韩国人建立关系。中国朝鲜族女性在与公公婆婆、丈夫、妯娌、子女及周围的韩国人建立关系的过程中所承受的压力不仅受饮食、语言、风俗等相关文化差异的影响,而且还受父权制文化和制度的影响。而这样的压力不是在个人与环境相互影响、相互作用的关系下产生的,而是一方一味地受另一方的强制而产生的,因此有必要对韩国的父权制文化进行批判和反省。在本研究中,有一部分中国朝鲜族女性挑战传统的父权制文化,追求自己新的生活。随着韩国跨国婚姻件数的增多,越来越多的外国女性入境韩国且生活在韩国,因此韩国一直以来的父权制文化也在与多种外国文化的相互影响、相互作用下发生着变化。比如,笔者在本研究中发现:有一些韩国婆婆虽然在中国朝鲜族女性入境韩国初期并没有好言相对,但是随着时间的流逝,韩国婆婆改变了对待儿媳的态度,也为当时的不友好态度向儿媳妇表示了歉意;有一些韩国婆婆改变以往的独断独行,开始与中国朝鲜族儿媳妇商议家庭中的重要事情;有的韩国丈夫开始把家庭中的经济大权交由妻子来掌管等。从这些变化中我们可以看到韩国传统的父权制文化已经开始发生变化。

为了更深入地探索和研究因跨国婚姻而发生变化的父权制文化,我们有必要对跨国婚姻家庭文化进行了解,而且也有必要研究韩国的父权制文化对不同类型的跨国婚姻家庭的影响。为此,有必要对传统的父权制文化和现代的父权制文化进行持续的比较分析,特别是通过一般韩国家庭的父权制文化与跨国婚姻家庭中的父权制文化的相互比较,探索出新的父权制文化的特征,进而为建立新的理论奠定基础。

再次,如果说先前的文化适应相关理论依据移民者维持民族认同感的程度而把适应类型划分为同化或者整合的话,在本研究中,与韩国男性结婚的中国朝鲜族女性则表现出更加强调和维持自身的自我认同感的特征,因此在文化适应相关理论的研究中有必要对影响个人文化适应的多种要素进行深入研究。

在本研究中,形成并维持了中国朝鲜族文化的朝鲜族女性在韩国的生活适应过程中经历了中国文化、中国朝鲜族文化和韩国文化之间的相互冲突,而这种文化冲突进而带来了她们在自我认同感和国家观方面的混乱。先前的移民相关文化适应研究主要强调了移民者在新文化环境中通过对移民地的饮食、语言、民族文化等方面的适应,通过不断地对原有文化和新文化之间的比较和分析,最终选择同化、分离或者整合等方式在移民地适应并生活下去的一个过程。但是本研究发现,与韩国男性结婚的中国朝鲜族女性在韩国的生活过程中不仅仅因为饮食、语言、相互沟通方式等方面的差异而产生了矛盾和冲突,而是在对"同一民族"抱有的较大期待变成泡影带来心理和精神方面的失落感,以及经历了自我认同感的混乱之后,中国朝鲜族女性更加坚信确立个人认同感等结果发现体现了本研究的意义。而这一发现是与韩国男性结婚的中国朝鲜族女性身上所出现的独特的文化适应现象,因此在本研究中,笔者对朝鲜族女性的文化适应经验进行了理论化,其意义重大。

最后,本研究采用扎根理论的质性研究方法对选择跨国婚姻的中国朝鲜族女性的韩国生活适应类型进行了探索。先前的相关研究中几乎没有使用此方法的。先前的大多数研究运用定量的研究方法对中国朝鲜族女性在韩国生活的现状、存在的文化适应困难以及影响适应的因素进行了研究,但是本研究通过使用扎根理论方法对中国朝鲜族女性的整个婚姻生活适应过程与每一适应类型存在的具体问题、适应特点进行了详细的探索和分析,这对于今后在社会工作相关实践领域按照个别化的原则提供有效服务是非常重要的,也是非常有意义的。不仅如此,通过质性研究方法,笔者主要站在与韩国男性结婚的中国朝鲜族女性的立场,通过她们本人的主观想法,而不是站在研究者的主观判断或者依据已有的量表进行评价,也是本研究的意义所在。但是在本研究中,因笔者的访谈资料并没有达到完全饱和,生活适应相关概念探索也不充分,所有的中心现象也没能全部展现出来,因此在研究方法上存在一些局限性。

因此,笔者在今后的研究中将对选择中韩跨国婚姻的中国朝鲜族女性的生活适应意义进行更为深入的探索,依据每一适应类型对包括自助组织在内的家庭、社区以及政府的社会工作服务的效果进行认真评价,对脉络条件、中介条件、作用/相互作用战略等与在韩国的生活适应之间的关系起作用的因素进行更为具体、更为深入的研究,以便更好地为跨国婚姻家庭中的中国朝鲜族女性提供有效的服务,对社会工作服务效果进行更为准确的评价。

二、研究的实践运用

本研究主要就与韩国男性结婚的中国朝鲜族女性的韩国生活适应及适应类型进行了探索。在本研究中,中国朝鲜族女性的适应结果为"欲成为生活的主人",适应类型分为持续努力型、不得已顺应型、积极忍耐型、试图变化型和流动型五种,而本研究中中国朝鲜族女性在韩国的生活适应的中心现象为"承受压力"。中国朝鲜族女性在韩国的生活过程中,不仅要经历因语言、饮食、风俗等方面的文化差异而产生的压力,而且还会经历因韩国人对中国朝鲜族女性的偏见和歧视产生的精神上和心理上的压力。因此,在社会工作实践领域有必要通过心理咨询等方式为选择了跨国婚姻的中国朝鲜族女性提供服务,帮助她们解决存在的问题,提高她们的生活质量。不同于其他移住在韩国的外国女性,韩国的社会工作实践领域有必要对中国朝鲜族女性进行系统的社会工作服务介入。在向中国朝鲜族女性提供个别心理咨询的时候,心理咨询师有必要注意个别单词的使用,如朝鲜族、中国人、我们民族等。

另外,还可以通过向中国朝鲜族女性提供夫妻心理咨询、家庭心理咨询等方式解决她们的家庭存在的问题。我们在本研究中也发现,中国朝鲜族女性在与家庭成员建立关系的过程中有很多矛盾产生。父权制的韩国文化只允许中国朝鲜族女性对前辈无条件接纳,而这对于接受过中国的男女平等思想教育,喜欢主张自我的中国朝鲜族女性来讲就成了非常不能理解的一件事情,她们也由此对韩国文化、韩国家庭充满了不满。为了很好地解决类似问题,社会工作领域有必要为中国朝鲜族女性提供理解中韩两种文化,会用汉语和韩语两种语言交流的家庭关系心理咨询服务。为此,也可以考虑由在韩国专修社会工作专业的中国留学生为中国朝鲜族女性提供服务。

在本研究中可以看到在中国朝鲜族女性在韩国的生活适应过程中,自助组织的影响是非常重要的。由于自助组织能够提供给中国朝鲜族女性很多韩国家庭和周边的韩国人所不能提供的帮助和信息,带给中国朝鲜族女性更多的自信心、勇气,因此社会工作实践领域有必要重视自助组织的作用,且有必要对此进行积极介入、利用和支持。

在本研究中我们可以看到有一部分中国朝鲜族女性通过参加自助组织,不仅排解了孤独和寂寞,获得了生活的勇气和信心,而且还获得了应对问题的方法和就业相关信息。但是自助组织仍然因经济方面的原因而存在不能正常发挥功能的问题。因此,女性相关部门有必要为女性的自助组织提供积极的经济及其他方面的支持,以便中国朝鲜族女性能够更好地解决自身存在的问题。不仅如此,韩国社会有必要通过很好地利用自助组织的资源对选择跨国婚姻的中国朝鲜族女性的生活适应现状进行调查和了解,寻找她们的真正需求和问题,通过为她们提供有效的社会工作服务,为韩国的女性及家庭结构变得更加稳定和体系化而提供帮助。

在韩国,每年不断增加的中韩跨国婚姻会给韩国的女性及家庭结构带来较大变化。因此,探索与韩国男性结婚的中国朝鲜族女性在韩国的生活适应的意义及适应类型,探索她们在韩国的生活适应中存在的问题,为她们提供较为有效的社会工作服务是关系到韩国一直以来坚持的单一民族文化即将发生改变,韩国社会需要面对多种文化的问题。另外,在社会工作实践领域中,探索不同的适应类型所存在的不同问题及现象,并依据不同类型,按个别化原则为她们提供合适及有效的社会工作服务是非常重要的。因此,在社会工作实践领域中,可以为不同的适应类型提供以下具体的社会工作服务。

(一)持续努力型

持续努力型的中国朝鲜族女性在婚前就与韩国丈夫在同一单位工作或者在同一学校学习,两人建立起了良好关系。因此,持续努力型的中国朝鲜族女性对中韩跨国婚姻持积极和肯定的认识。在本研究中持续努力型的中国朝鲜族女性在韩国的生活时间在 3 年到 9 年之间,她们的丈夫都在首尔或仁川有着稳定的工作。不仅如此,持续努力型的中国朝鲜族女性认为女性也有必要工作或通过学习发展自我。

持续努力型的中国朝鲜族女性学历较高,在本研究中除了有一名持有高中学历之外,另外两名分别持有大专和研究生学历。持续努力型的中国朝鲜族女性大多与丈夫的家庭成员保持较好的关系,她们称在建立良好关系的过程中自身的努力是非常重要的,而且她们都非常希望就业或学习。

因此,在社会工作实践领域中,为持续努力型的中国朝鲜族女性提供就业或学习的相关信息是非常重要的。比如,可以根据中国朝鲜族女性在国内所学的专业及她们的需求为她们提供相关学校信息,或者通过直接与学校取得联系的方式为中国朝鲜族女性提供继续深造的相关信息和机会。笔者在本研究中也发现,一些研究对象在国内曾经做了 7 年左右的护士工作,但是由于中韩两国的体制不同,缺乏合适的教育,又由于女性相关部门缺少对外国移民女性工作方面的支持和关心,因此她们只能放弃自己的专长,在餐厅等地方做服务工作。有些与韩国男性结婚的中国朝鲜族女性有较强的接受相关技术教育的需求。因此,针对在中国国内曾经有过工作的女性,可通过向她们提供相关就业教育,为她们介绍适合她们的工作。针对已参加工作或学习的中国朝鲜族女性,可以通过利用社区社会福利馆等相关机构的资源,为她们提供子女教育以及家务等方面的服务。

（二）不得已顺应型

不得已顺应型的中国朝鲜族女性因对韩国的无知顺从了他人的建议,或者为了实现自我需求而选择与韩国男性结婚的情况较多。在本研究中,此类型的中国朝鲜族女性主要是通过中介认识并选择了现在的韩国男性,而且婚后在韩国生活的时间为 3 年到 4 年,相对较短。在本研究中有一位在韩国生活了 11 年的不得已顺应型的中国朝鲜族女性,而她被划入此类型主要是因为她已在韩国的生活中经历了至少一次以上的努力、探索、挑战等的过程,但是在每一次都以失败告终之后,她最终选择了接纳目前的生活状态,因此这位研究对象被划分到了不得已顺应型之中。不得已顺应型的中国朝鲜族女性基本上没有工作,她们的丈夫也基本上处于无业或工作不稳定状态。因为不得已顺应型的中国朝鲜族女性学历较低,因此在结婚初期没有工作的话,在家庭中受到经济方面控制的情况较多一些。另外此类型的中国朝鲜族女性也受到丈夫的家庭成员的较多干涉和控制。因此有很多不得已顺应型的中国朝鲜族女性认为她们如此糟糕的生活状态只能用认命两个字来形容,也有的认为这是她们自身无知、无能的结果。

因此,对不得已顺应型的中国朝鲜族女性,可以通过认知理论的技巧和方法的介入,使她们不合理的认知结构发生改变,为她们正确、合理地评价婚姻生活提供帮助。在本研究中我们也可以看到此类型的中国朝鲜族女性经历了很多的压力经验。如有一部分中国朝鲜族女性婚前对韩国经济方面的期待很大,然而当她们发现自己的期待与现实之间存在很大差异的时候,梦想很快被失望所取代,还有的中国朝鲜族女性则因夫妻矛盾、婆媳关系紧张、妯娌之间的矛盾问题而对婚姻产生怀疑。而大多数的中国朝鲜族女性面临着很多的压力问题,但是由于没有人帮助她们解决这些问题,因此她们在韩国生活感到非常的孤独、寂寞和无助。因此,对不得已顺应型的中国朝鲜族女性,可以通过自我权利主张训练活动,帮助她们成为掌握自己命运的真正的生活的主人。

另外,不得已顺应型的中国朝鲜族女性自认为自己无知、无能,因此对婚姻失去了信心,从而承受着精神方面的压力。在社会工作实践领域可以通过使用优势视角,帮助不得已顺应型的中国朝鲜族女性发现自己的优势,通过赋权强化活动促进她们的权利增强。古铁雷斯等提出承受社会的差别对待和压抑,经历无力感的社会中的弱势群体和少数集团成员可以通过接纳自我,扩大对自我的认识来确立自我认同感。①

在本研究中,对于不得已顺应型的中国朝鲜族女性,可以通过在社区福祉馆或者女性相关部门举办韩国文化体验活动,使她们有更多的接触和学习韩国文化的机会,通过为她们提供有利于发挥自己专长的工作,使她们在韩国社会获得认可,进而帮助她们完成满足自我需求,成为真正的生活主人的婚姻目标。也有受访对象提出较强烈的接受韩国风俗相关教育的需求。另外,社区的社会福祉馆也可以通过开设"汉语-韩语学习"相关教育,让不得已顺应型的中国朝鲜族女性以汉语讲师的身份积极参与其中,这也利于让中国朝鲜族女性意识到自己是有价值的人,让她们对在韩国的生活充满信心。

---

① Lorraine M. Gutierrez, Parsons R. J. & Cox E., *Empowerment in Social Work Practice: A Sourcebook*, Books/Cole Publishing Company, 1998.

（三）积极忍耐型

在本研究中,积极忍耐型的中国朝鲜族女性与不得已顺应型的中国朝鲜族女性一样,因自认为自己无知无能、更多的是听从了他人的意见、为了更好地实现自我需求而选择与韩国男性结婚的情况较多。此类型的中国朝鲜族女性通过中介认识了现在的韩国丈夫,在韩国的生活时间为3年到4年,相对较短。而且她们的丈夫或者拥有相对稳定的职业,或者经营自己的事业。积极忍耐型的中国朝鲜族女性的学历较低且经常受到丈夫的家庭成员的干涉和控制的特点与不得已顺应型的中国朝鲜族女性相似。因此,对于积极忍耐型的中国朝鲜族女性,也可以通过开展文化适应相关活动为她们提供必要的服务和帮助。

另外,对于本研究中因过度的社会支持而承受压力的积极忍耐型的中国朝鲜族女性,可以通过接受夫妻心理咨询的方式使夫妻双方认清自己应承担的义务、责任,学会设立家规,明确自我实现的具体需求,接受重要的家庭方面的支持和帮助。通过本研究,笔者认为有必要对先前的研究与社会工作实践中没有涉及的过多的社会支持也会对压力应对带来不良影响进行更深入的探讨和研究,并提出改善对应服务的对策。

（四）试图变化型

试图变化型的中国朝鲜族女性虽然是通过中介认识了现在的韩国丈夫,但是她们由于对丈夫的爱、信任和尊重超过了一切,所以选择了与现在的韩国丈夫结婚。在本研究中,试图变化型的中国朝鲜族女性在韩国的生活时间最少为5年,而且夫妻双方都有工作的情况较多。此类型的中国朝鲜族女性具有大专以上的学历且在经济方面相对富裕,这一特点与持续努力型相似,但是她们却与丈夫的家庭成员存在较多的矛盾,而这又与持续努力型不同。另外,试图变化型的中国朝鲜族女性又具有通过积极的方式解决矛盾、主张自我的特点,而在与他人的矛盾关系上,此类型的中国朝鲜族女性要求他人的接纳和变化超过了自身的接纳和变化。

因此,在社会工作实践领域中,应让试图变化型的中国朝鲜族女性认识到挑战是一件重要的事情,但是如何让她们在挑战的过程中很好地应对压力问题,如何学会很好地利用心理咨询等资源也是一件非常重要的事情。试图变化型的中国朝鲜族女性试图对传统文化和制度进行挑战,以便争取周围环境的改变,因此当她们生活在不喜欢改变的环境中时,自然会受到周围环境的强烈批判,而且得不到社会的支持,而社会支持的缺乏会导致中国朝鲜族女性在韩国的生活变得更加孤立和寂寞。因此,有必要帮助试图变化型的中国朝鲜族女性接受成功进行挑战的相关教育。特别是有必要为中国朝鲜族女性提供与他人建立良好人际关系的相关心理咨询和教育。在韩国的生活过程中,与他人建立并维持良好的关系是非常重要的一件事情。但是试图变化型的中国朝鲜族女性在与他人的矛盾关系处理上有着采取对立的方式或者希望他人发生改变的特点,因此矛盾非但没有得到化解,反而被激化或中断的情况时有发生。因此,在社会工作实践领域中可以为试图变化型的中国朝鲜族女性提供建立良好关系的方法的相关教育,比如通过愤怒调节、压力管理等技巧帮助她们建立良好的人际关系。

(五)流动型

在本研究中,流动型的中国朝鲜族女性是为了实现自我需求,或者为了忘掉离婚带来的伤痛而选择了中韩跨国婚姻。在本研究中,流动型的中国朝鲜族女性在韩国的生活时间为 2 年,相对较短,而且均为中学以下较低学历持有者。流动型的中国朝鲜族女性虽然掌握着家庭的经济权力,但是由于她们的丈夫没有稳定的工作,中国朝鲜族女性本身也没有工作,因此家庭的经济状况并不是很好。由于语言方面的障碍,流动型的中国朝鲜族女性存在着与家庭成员之间的交流问题。但是此类型的中国朝鲜族女性会在观察周围环境的变化之后小心翼翼地采取行动,因此她们在与他人的关系处理方面并没有太多的矛盾产生。

因此,在社会工作实践领域,有必要为流动型的中国朝鲜族女性提供文化适应相关活动。通过与社区福祉馆的联系,为因语言、饮食等方面存在适应困难的流动型的中国朝鲜族女性提供学习韩国文化的机会。比如,在福祉馆的韩语教室、英语教室等项目活动中让流动型中国朝鲜族女性义务性地参与其中,通过在学习一段时间之后颁发语言相关资格证的方式动员中国朝鲜族女性积极参与,为她们持续接受教育提供机会。

此外,通过增加流动型中国朝鲜族女性体验韩国文化的机会,帮助她们迅速学习和掌握韩国文化。与自助组织建立关系或为流动型的中国朝鲜族女性提供自助组织相关信息,使流动型的中国朝鲜族女性能够通过自助组织中与自己有相同背景和家庭问题的其他中国朝鲜族女性分享她们的生活经验,进而从他人那里获得对于她们自己的婚姻生活有帮助的信息。与韩国男性结婚的中国朝鲜族女性自己所组建起来的自助组织或者支持组织能够为中国朝鲜族女性提供相关专家们提供不了的帮助。不仅如此,自助组织通过提供给流动型的中国朝鲜族女性恢复自信心相关活动的参与机会,帮助她们改变对婚姻生活的消极态度。特别是有必要让流动型的中国朝鲜族女性认识到与韩国男性结婚不应该仅仅是为了获得韩国国籍或者忘掉与离婚相关的痛苦回忆,夫妻双方有必要为婚姻负责,为此针对夫妻双方进行夫妻角色以及夫妻义务履行的相关教育是非常必要的。

在本研究中,流动型的中国朝鲜族女性与家庭成员之间并没有太大的矛盾。因此可以利用家庭这一重要资源为流动型的中国朝鲜族女性提供帮助,以便她们能够积极地更好地适应韩国生活,并通过参与社会活动,发挥自身优势,最终达到婚姻美满的目的。

三、政策建议

本研究对与韩国男性结婚的中国朝鲜族女性在韩国的生活适应意义及适应类型进行了探索。选择中韩跨国婚姻的中国朝鲜族女性,在韩国的生活过程中,会经历很多,表现出来的最为明显的适应现象就是承受压力。而这样的压力经历背后不仅有着个人和家庭方面的原因,而且还有韩国社会跨国婚姻相关法律法规以及政策制度的不完善,相关部门没能及时介入和服务的原因。因此,笔者欲从以下方面提出政策建议:

首先,有必要改善韩国的家庭法和国籍法。先前的家庭法是由韩国公民的习俗和传统伦理所支配而形成的韩国固有的法律体系。但是随着时代的发展,家庭法也应具备普遍性和客观性的伦理特点。目前恶意利用韩国家庭法和国籍法的案例频频发生,这也是不可否认的事实。由于婚后 2 年才能获得韩国国民的资格,因此有很多的中国朝鲜族女性在婚后的 2 年期间遭受韩国丈夫的暴力,而她们对此也毫无反抗能力,事实上存在更多善良的被害者。而这对于健全而又健康的家庭无疑是一负面的影响因素。因此,有必要改善家庭法和国籍法,比如对于恶意使用家庭暴力和移民法在婚后 2 年之内造成婚姻破裂,或者韩国丈夫不配合外国妻子办理国籍获得相关手续的现象,相关法律有必要设定例外条款,以保证外国移民者的法律权利得以保障。

为了防止中国朝鲜族女性伪装结婚、骗婚等现象的发生而修订的韩国国籍法在另一方面也给中国朝鲜族女性带来了更被抑制的问题。1998 年之前,与韩国男性结婚的外国女性只要婚姻登记就可以自动取得韩国国籍,后来因国籍法被提出相关条款内容容易让韩国男性成为受害者,因此韩国对国籍法进行了修订,外国移民女性只有在韩国维持 2 年以上的婚姻生活之后才可以通过归顺的方式获得韩国国籍。但是有一部分韩国男性反过来又恶意利用修订后的国籍法对中国朝鲜族女性实施精神、语言及身体方面的暴力。为了取得韩国国籍,很多中国朝鲜族女性只能忍受这种不公平的待遇。由于这种问题的发生,国籍法对于一部分真正想在韩国社会安定下来、好好生活的中国朝鲜族女性产生了非常不好的影响。选择跨国婚姻的中国朝鲜族女性在婚后的 2 年时间内并不是以韩国人的身份,而是以外国人的身份生活在韩国,她们只有通过证明与丈夫的夫妻关系才能得到社会公认的合法身份,因此在没有获得韩国国籍之前她们很容易在家庭和社会中受到差别对待和忽视。国籍法有必要通过修订来更好地保障选择跨国婚姻的外国女性在韩国生活的最基本权利。

其次,韩国女性部、能够代表少数弱势群体阶层的需求并能够为解决她们的问题而积极介入的相关机构有必要在女性政策的改善方面适当反映跨国婚姻中外国女性的需求。到目前为止,包括韩国女性部在内的女性相关机构只对选择跨国婚姻且生活在韩国的外国女性的需求及面临的问题进行了调查,但是并没有为解决这些问题及满足需求而进行积极地介入。特别是中国朝鲜族女性,由于韩国社会认为她们比其他国家的移民女性面临的语言障碍较小,因此她们受到更多的来自韩国人的精神上和语言上的暴力。为此,女性相关部门有必要针对选择中韩跨国婚姻的中国朝鲜族女性进行更为持久的、深入的调查和分析,并且通过女性政策方面的调整为更好地解决她们存在的问题提供服务。

再次,本研究中大多数的中国朝鲜族女性也提出她们还面临着很多子女教育的相关问题。笔者在本研究中发现,有的研究对象虽然很想通过参加工作解决家庭中存在的经济问题,但是由于没有合适的可以寄托孩子的地方,因此她们只能选择放弃工作。还有的研究对象谈到她们在遇到困难的时候,根本得不到周围韩国人的帮助,她们承受了很大的身体及精神、情绪方面的痛苦。因此韩国女性部有必要针对选择跨国婚姻的外国女性进行分娩、家务劳动、子女教育等相关问题及生活现状的调查,并把调查结果作为制定政策的重要依据,为中国朝鲜族女性能够得到更好的怀孕、分娩、产后照料等相关生育支援政策保障而提供服务。

最后,修订国民基本生活保障法。与韩国男性结婚的中国朝鲜族女性并不是为了成为韩国的劳动力,而是为了在韩国定居和生活来到韩国的。但是大多数选择跨国婚姻的外国女性却在韩国受到双重,甚至三重的差别对待。不仅如此,她们大多生活在农村等经济条件较差的地方,因此家庭处于贫困状态,生活很困难。韩国的未来人力研究院针对945对夫妻进行的样本调查发现,跨国婚姻家庭中有52.9%的外国女性生活在最低生活保障线以下。① 在本研究中也可以看到,很多与韩国男性结婚的中国朝鲜族女性也希望能参加工作。因此,劳动部等相关部门有必要对处于贫困状态,或者经济方面出现困难而希望参加工作的跨国婚姻移民女性进行就业需求及现状调查,并依据调查结果为就业相关政策的修订及改善提供重要的基础资料。此外,韩国政府有必要通过对跨国婚姻移民女性的现状调查,制定并完善国民基础生活保障法等相关法律。另外,应把跨国婚姻中的外国移民女性也纳入紧急援助和支助法的支援对象中。

笔者通过本研究发现,与韩国男性结婚的中国朝鲜族女性若想很好地适应韩国生活,不仅需要个人的努力,而且还需要韩国丈夫的家庭及韩国社会对移民女性的关心和支援,这也是至关重要的一个因素。另外,国家的跨国婚姻相关政策和制度也有必要不断地进行修订和完善。

① "여성결혼이민자 영주요건 '2년이상 거주'로 완화". https://news. naver. com/main/read. nhn? mode=LSD&mid=sec&sid1=001&oid=078&aid=0000017326.

第四节　后续研究必要性的提出

对相关主题的后续研究,研究者欲从以下两个方面提出建议:

第一,本研究主要就与韩国男性结婚且目前维持着婚姻生活的中国朝鲜族女性进行了研究。在本研究中可以看到,有一部分研究对象对婚姻生活并不是很满意,也有的研究对象目前正考虑是否继续维持婚姻生活。因此,如果对已经离婚的或者目前处于分居状态的中国朝鲜族女性的韩国生活适应也进行深入研究的话,那么本研究将会有更为广泛、全面的讨论价值和研究意义。为此,在后续研究中研究者欲针对离婚的或处于分居状态的跨国婚姻家庭中的中国朝鲜族女性在韩国的生活适应及她们的生活适应类型进行集中研究。

第二,本研究主要对与韩国男性结婚的中国朝鲜族女性在韩国的生活适应进行了探讨。但是婚姻生活适应并不单纯是女性一方的适应,还应包括配偶及与他们有关联的家庭成员、子女的生活适应。因此,在后续研究中,笔者也将以韩国丈夫、子女、丈夫的家庭成员、周围的韩国人等为研究对象,对他们的跨国婚姻适应及适应类型进行深入研究,这样也会获得更为丰富的跨国婚姻相关研究的基础资料。

天津市作为开发、开放的对外经济贸易的重要城市,面临着比很多城市更多的多文化之间的交流与合作,多文化之间的矛盾和冲突,特别是很多外国文化同天津文化、中国文化和中国的少数民族文化之间的接触和摩擦。天津市在不断投入大量的资金进行文化基地建设、保护古文化遗产以吸引海内外游客的同时,更应该注意到由于国际化和天津市经济、文化方面的发展带来的中外跨国婚姻家庭的增多及定居在天津市的跨国婚姻家庭对天津市的家庭文化、多民族文化、儿童及学校文化、社会及国际文化的影响。因此构建和制定新的多文化相关政策和法律就显得格外重要。

附录 访谈大纲

一、研究问题

1. 选择中韩跨国婚姻的中国朝鲜族女性的韩国生活适应意味着什么？

2. 选择中韩跨国婚姻的中国朝鲜族女性的韩国生活适应类型是什么？

二、主要问题

1. 您是如何选择中韩跨国婚姻的？

2. 为了适应韩国生活，您主要经历了什么？您是如何理解适应的？

3. 在韩国生活适应过程中，您的需求和理想是什么？

4. 为了解决在韩国生活适应过程中出现的问题和需求，您所使用的方法是什么？

三、次要问题

1. 家庭成员及周围人对您的中韩跨国婚姻有何反应？

2. 您是如何办理入籍手续的？

3. 您认为在韩国的生活适应是什么？

4. 在韩国生活适应初期，您主要经历了什么？适应上的问题是什么？

5. 在与丈夫的家庭成员之间的关系上，您主要经历了什么？

6.在与子女的关系上,您主要经历了什么?

7.在与周围韩国人的关系上,您主要经历了什么?

8.在工作职场与韩国人的关系上,您主要经历了什么?

9.在现实生活中,您经历了什么样的苦恼?

10.您在韩国生活适应上存在什么样的困难?

11.您是如何解决韩国生活适应上的困难的?

12.为了解决韩国生活适应上的困难,您曾经从何人(或机构)那里得到过什么样的帮助?

参考文献

一、中文文献

（一）著作

1. 崔金海:《多文化背景下的天津市跨国婚姻研究》,延边大学出版社,
2013 年。

2. 风笑天:《社会学研究方法》,中国人民大学出版社,2010 年。

3. 张李玺主编:《妇女社会工作》,高等教育出版社,2008 年。

（二）期刊文章

1. 胡晓、王飞霞:《民族旅游中跨文化传播与和谐社会建构》,《中南民族
大学学报》(人文社会科学版),2010 年第 4 期。

2. 李萍、孙芳萍:《跨文化适应研究》,《杭州电子科技大学学报》(社科
版),2008 年第 4 期。

3. 罗柳宁:《例论中越边境跨国婚姻建立的基础——兼论"无国籍女人"
的身份》,《广西民族研究》,2010 年第 1 期。

4. 吕催芳:《中国在美留学生心理和社会文化适应质性研究》,《教育学
术月刊》,2017 年第 5 期。

5. 马晓燕:《移民社区的多元文化冲突与和谐——北京市望京"韩国城"
研究》,《中国农业大学学报》,2008 年第 4 期。

6. 全信子:《"朝鲜族新娘"在韩国——同族异国的文化冲突》,《世界知识》,2006 年第 15 期。

7. 全信子:《关于朝鲜族女性涉外婚姻基本模式的探讨:以嫁到韩国的朝鲜族女性为个案研究》,《东疆学刊》,2007 年第 4 期。

8. 赛汉卓娜:《另一种移动:朝鲜族女性婚姻移民及其娘家的家庭战略》,《延边大学学报》(社会科学版),2014 年第 4 期。

9. 师艳荣:《中日跨国婚姻问题分析》,《理论与现代化》,2009 年第 4 期。

10. 孙丽璐、郑涌:《移民文化适应的研究趋势》,《心理科学进展》,2010 年第 3 期。

11. 覃晚萍:《对中越跨国婚姻的法社会学思考》,《云南大学学报》(法学版),2012 年第 25 期。

12. 谭瑜、常永才:《西方跨文化适应理论及其对我国少数民族教育的启示》,《民族教育研究》,2013 年第 1 期。

13. 田艳:《文化聚合与文化推进——来京韩国人组织与文化的人类学解读》,中央民族大学,2008 年博士研究生学位论文。

14. 王晖、黄家信:《无国籍女人:在传统与现代之间徘徊的族群》,《百色学院学报》,2007 年第 20 期。

15. 王亚鹏、李慧:《少数民族的文化适应及其研究》,《集美大学学报》(教育科学版),2004 年第 1 期。

16. 张丽娜、朴盛镇、郑信哲:《多民族、多国籍的城市社区研究——以北京市望京地区为主线》,《大连民族学院学报》,2009 年第 2 期。

17. 郑信哲、张丽娜:《略论北京望京地区韩国人与当地汉族居民的关系》,《当代韩国》,2008 年第 3 期。

18. 郑雪、David Sang:《文化融入与中国留学生的适应》,《应用心理学》,

2003 年第 1 期。

（三）其他文献

（一）网络资料

1.《韩国加强跨国婚姻审查力度 致外国媳妇锐减》，亚洲日报，https：//china. ajunews. com/view/20150410165953260。

2. 儒雅：《外媒：2014 年韩国企业对中国投资额创新高》，中国网，http：//news. china. com. cn/world/2015 - 01/28/content_34674275. htm。

3.《统计出嫁给韩国男人的外国女人，中国占了半壁江山》，https：//baiji-ahao. baidu. com/s？ id =1563984692445977&wfr = spider&for = pc。

4. 杜阳：《新移民适应移民生活必须经历的四个周期》，国际在线，http：//news. cri. cn/gb/33160/2012/07/06/6112s3758829. htm。

5.《非洲女不愿嫁本地人争抢嫁给中国男 你愿娶吗》，凤凰网综合，ht-tp：//fashion. ifeng. com/emotion/topic/detail_2012_03/13/13154613_0. shtml。

6. 李欢：《济南涉外婚姻离婚率超 15% 嫁洋老公没那么美》，都市女报，http：//news. e23. cn/content/2012 - 12 - 16/2012C1600263. html。

7. 南若然：《韩国首尔市跨国档夫妻中国新娘最多 占比近四成》，中国新闻网，http：//life. chinanews. com/hr/2014/04 - 26/6108906. shtml。

8.《涉外婚姻离婚率增高 分居两地成头号"杀手"？》，苏州网络电视台，http：//www. csztv. com/doc/2019/02/20/405403. shtml。

9.《网曝在韩中国人超 90 万 秒杀美国 占比过半》，参考消息网，http：//news. mydrivers. com/1/422/422276. htm。

10. 王雨檬：《跨国婚姻 距离幸福有多远》，http：//blog. sina. com. cn/s/blog_6a2cabd30100kth3. html。

11. 项凤华：《越来越多的"洋妞"愿嫁江苏小伙子》，现代快报，http：//news. sina. com. cn/c/2010 - 10 - 18/023418244815s. shtml。

12. 杨慧:《女性就业现状及行业与职业分布性别差异》,360个人图书馆,http:∥www. 360doc. com/content/17/0219/12/17911488_630267169. shtml。

13.《中国女孩:外国男人跨国婚姻首选》,新浪网,https:∥eladies. sina. com. cn/2003 – 12 – 09/83806. html。

14.《扎根理论》,https:∥baike. baidu. com/item/% E6% 89% 8E% E6% A0% B9% E7% 90% 86% E8% AE% BA/8233319? fr = aladdin。

15. 周松涛:《跨国婚姻拯救三千万中国光棍,万亿市场为何做不起来?》,每日经济资讯,https:∥www. sohu. com/a/218737100_481780。

16. 朱静远:《韩国跨国婚姻失败案例渐多 剩男结婚前需先培训》,解放网 – 新闻晚报,http:∥news. sohu. com/20111023/n323123632. shtml。

二、外文文献

(一)著作

1. 英文

(1) Alan Vaux, *Social Support : Theory, Research and Intervention*, Praeger Publishers,1988.

(2) John W. Berry, Cultural Relations in Plural Societies : Alternatives to Segregation and Their Socio-Psychological Implication, In N. Meller, M. Brewer (Eds.), *Groups in Contact : The Psychology of Desegregation*, Academic Press, 1984.

(3) Leonard I. Pearlin, Role Strains and Personal Stress, In Howard B. Kaplan(Ed.), *Psychosocial Stress : Trends in Theory and Research*, Academic Press Inc., 1983.

(4) Lorraine M. Gutierrez, Ruth J. Parsons & Enid Opal Cox, *Empowerment in Social Work Practice : A Sourcebook*, Books/Cole Publishing Company,1998.

(5) Richard S. Lazarus, R Launier, Stress-Related Transactions between Person and Environment, In L. A. Pervin, Lewis(Eds.) , *Perspectives in International Psychology*, Plenum, 1978.

(6) Richard S. Lazarus, Susan Folkman, *Stress, Appraisal and Coping*, Springer Publishing Company, 1984.

(7) Naidoo J. C., A Cultural Perspective on the Adjustment of South Asian Women in Canada, In I. R. Langunes and Y. H. Poortinga(Eds.) , *From a Different Perspective: Studies of Behavior across Culture*, Swets & Zeitlinger, 1985.

(8) Richard S. Lazarus, The Stress and Coping Paradigm, In C. E. Eisdorfer, D. Cohen, A. Kleinman & P. Maxim(Eds.) , *Models for Clinical Psychopathology*, S. P. Medical & Scientific Book, 1981.

(9) Silvia Dominguez, Isidro Maya-Jariego, Acculturation of Host Individuals: Immigrants and Personal Networks, *American Journal of Community Psychology*, No. 42, 2008.

(10) Steven D. Brown et al., Coping with Critical Life Events: An Integrative Cognitive-Behavioral Model for Research and Practice, In S. D. Brown, R. W. Lent (Eds.) , *Handbook of Counseling Psychology*, John Wiley & Sons, 1984.

(11) Strauss A., Corbin J., *Basics of Qualitative Research*, SAGE Publishers, 1990.

(12) Strauss A., Corbin J., Grounded Theory Methodology: An Overview, In N. Denzin, Y. Lincoln(Eds.) , *Handbook of Qualitative Research*, Thousand Oaks, Sage Pubulications, 1994.

(13) Yvonna S. Lincoln, Egon G. Guba, *Naturalistic Inquiry*, Sage Publication Inc., 1985.

2. 韩文

（1）설동훈, 서문희, 이삼식, 김명아. 2009. 다문화가족의 중장기 전망 및 대책 연구: 다문화가족의 장래인구추계 및 사회·경제적 효과분석을 중심으로. 보건복지가족부.

（2）신경림, 김미영 공역. 2003. 근거이론 연구방법론. 현문사.

（3）신경림, 조명옥, 양진향. 2004. 질적 연구방법론. 이화여자대학교출판부.

（4）이명재. 2006. 외국인 유학생 유치확대를 위한 취업연계 장학프로그램 개발. 교육인적자원부.

（5）조용환. 1999. 질적연구 방밥과 사례. 교육과학사.

（6）최현미, 이혜경, 신은주, 최승희, 김연희, 송성실. 2008. 다문화가족복지론. 양서원출판사.

（7）조흥식, 정선욱, 김진숙, 권지성공역. 2005. 질적연구방법론. 학지사출판사.

（8）박성석, 오정아, 이영주, 최경화, 최금해. 2009. 가족복지론. 양서원출판사.

（9）최현미, 이혜경, 신은주, 최승희, 김연희, 송성실. 2008. 다문화가족복지론. 양서원출판사.

（二）期刊文章

1. 英文

（1）Steven M. Alessandri, Robert H. Wonzniak, The Child's Awareness of Parental Beliefs Concerning the Child: A Developmental Study, *Child Development*, No. 2, 1987.

（2）Andrew G. Billings, Rudolf H. Moos, Coping, Stress, and Social Resources among Adults with Unipolar Depression, *Journal of Personality and Social*

Psychology, No. 4, 1984.

(3) Ben-David A., Lavee Y., Migration and Marital Distress: The Case of Soviet Immigrants, *Journal of Divorce & Remarriage*, No. 4, 1994.

(4) Berry J. W., Immigration, Acculturation and Adaptation, *Applied Psychology*, No. 1, 1997.

(5) Berry J. W., Kim U., Minde T. & Mok D., Comparative Studies of Acculturative Stress, *International Migration Review*, No. 3, 1987.

(6) Burgess, Chris, (Re) constructing Identities: International Marriage Migrants as Potential Agents of Social Change in Globalizing Japan, *Asian Studies Review*, No. 3, 2010.

(7) Diaz-Guerrero R., The Development of Coping Style, *Human Development*, No. 22, 1979.

(8) Dong Seok Ra., Suk Hwa Kang, A Study on the Cultural Adjustment Competence by Their Acculturative Stress-Mediating and Moderating Effects of Social Support, *Korean Journal of Youth Studies*, No. 7, 2010.

(9) Eric F. Dubow, John Tisak, The Relation between Stressful Life Events and Adjustment in Elementary School Children: The Role of Social Support and Social Problem-Solving Skills, *Child Development*, No. 6, 1989.

(10) Goode W. J., A Theory of Role Strains, *American Sociological Review*, No. 25, 1960.

(11) Graham B. Spanier, Measuring Dyadic Adjustment: New Scales for Accessing the Quality of Marriage and Similar Dyads, *Journal of Marriage and the Family*, No. 1, 1976.

(12) Ilene Hyman, Nhi Vu & Morton Beiser, Post-migration Stress among Southeast Asian Refugee Youth in Canada: A Research Note, *Journal of Compara-*

tive Family Studies, No. 2, 2000.

(13) Julie F. Smart, David W. Smart, Acculturative Stress of Hispanics: Loss and Challenge, *Journal of Counseling and Development*, No. 73, 1995.

(14) Kathy Charmaz, Stories of Suffering: Subjective Tales and Research Narratives, *Qualitative Health Research*, No. 3, 1999.

(15) Khoa L. X., Van Duesen J. M., Social and Cultural Customs: Their Contribution to Resettlement, *Journal of Refugee Resettlement*, No. 1, 1981.

(16) Lin K. M., Masuda M. & Tazuma L., Adaptational Problems of Vietnamese Refugees, Part Ⅲ, Case Studies in Clinic and Field: Adaptive and Maladaptive, *The Psychiatric Journal of University of Ottawa*, No. 3, 1982.

(17) Leonard I. Pearlin, Joyce S. Johnson, Marital Status, Life-Strains and Depression, *American Sociological Review*, No. 5, 1977.

(18) Leonard I. Pearlin, Carmi Schooler, The Structure of Coping, *Journal of Health and Social Behavior*, No. 1, 1978.

(19) Lesley Sheldon, Grounded Theory: Issues for Research in Nursing, *Nursing Standard*, No. 52, 1998.

(20) Rabin J. G., Struening E. L., Life Events, Stress, and Illness, *Science*, No. 194, 1979.

(21) Redfield R., Linton R. & Herskovits M. J., Memorandum on the Study of Acculturation, *American Anthropologist*, No. 1, 1936.

(22) Robin W. Simon, Parental Role Strain, Salience of Parental Identity and Gender Differences in Psychological Distress, *Journal of Health and Social Behavior*, No. 1, 1992.

(23) Ruth Taplin, Rosalind Pollack Petchesky, Abortion and Women's Choice: The State, Sexuality and Reproductive Freedom, *The British Journal of So-*

ciology, No. 3, 1988.

(24)Searle Wendy, Ward Colleen, The Prediction of Psychological and Soci-ocultural Adjustment during Cross-Cultural Transitions, *International Journal of Intercultural Relations*, No. 4, 1990.

(25)Theodore D. Graves, Psychological Acculturation in a Tri-ethnic Com-munity, *South-western Journal of Anthropology*, No. 23, 1967.

(26) W. N. Friedrich, W. L. Friedrich, Psychosocial Assets of Parents of Handicapped and Nonhandicapped Children, American Journal of Mental Defi-ciency, No. 5, 1981.

(27)Wen H. Kuo, Yung-Mei Tsai, Social Networking, Hardiness and Immi-grant's Mental Health, *Journal of Health and Social Behavior*, No. 2, 1986.

2. 韩文

(1)강유진. 1999. "한국 남성과 결혼한 중국 조선족 여성의 결혼생활 실태에 관한 연구". 한국가족관계학회지. 제 4 권.

(2)강해순. 1999. "중·한 섭외혼인 생활의 실태와 전망". 가족생활연구학회. 제 4 권.

(3)김숙자, 강유진. 1999. "한·중 섭외혼인실태와 그 가족의 복지: 한국남성과 중국 조선족여성과의 섭외혼인실태와 그 가족의 복지를 중심으로". 여성가족생활연구. 제 4 권.

(4)김승권, 김유경, 조애저, 김혜련, 이혜경, 설동훈, 정기선, 심인선. 2010. "2009 년 전국 다문화가족실태조사 연구". 한국보건사회연구원.

(5)김유경. 2010. "다문화가족의 복지욕구와 정책과제-교육, 지원서비스 및 사회참여욕구를 중심으로-". 복건복지포럼. 제 165 권.

(6)김혜련, 황나미, 장인순, 윤강재, 강복정. 2009. "국제결혼 이주 여성의 생식건강 실태와 정책과제". 한국보건사회연구원.

(7)노종희, 이일용, 유길한. 2003. "외국인 유학생 유치확대를 위한 국가별, 지역별 대학마케팅 전략". 교육인적자원부.

(8)신영화. 2002. "한국인 남편과 조선족 아내의 부부문제". 한국 가족치료학회지. 제 12 권.

(9)오상순. 2000. "개혁개방과 중국 조선족 여성들의 의식변화". 민족과 문화. 제 9 권.

(10)유도진. 1983. "이질문화적응현상에 대한 기초연구". 가톨릭사회과학연구. 제 2 권.

(11)유명기. 2002. "민족과 국민 사이에서:한국 체류 조선족들의 정체성 인식에 관한여". 한국문화인류학회지. 제 35 권.

(12)이현정. 2001. "조선족의 종족 정체성 형성 과정에 관한 연구". 비교문화연구학회. 제 7 권.

(13)이해영. 2001. "대학의 외국인 유학생을 위한 한국어 교육". 이중언어학. 제 18 권.

(14)최금해. 2005. "한국남성과 결혼한 중국 조선족 여성들의 한국에서의 적응기 생활체험과 사회복지서비스에 관한 연구". 한국가족복지학. 제 15 권.

(15)최금해. 2008. "재한 중국 유학생의 학교생활과 사회생활적응에 관한 연구". 청소년복지연구. 제 10 권.

(16)최종옥, 최유진, 이윤진. 1995. "스트레스에 대한 소고". 심리연구. 제 33 권.

(17)최현미, 이수연. 2008. "다문화가족 지원기관 현황분석과 전문

프로그램 개발". 다문화가족연구. 제 2 권.

(三)其他文献

1. 网络资料

(1)《국적법》. http：//likms. assembly. go. kr/law.

(2)"국제 결혼 10% 시대, 결혼생활은...". http：//www. chosun. com/national/news/200503/200503210341. html.

(3)《결혼중개업의 관리에 관한 법률》. http：//likms. assembly. go. kr/law.

(4) 행정안전부. "다문화가족 자녀의 연령별 현환". 2011. https：//kin. naver. com/qna/detail. nhn?.

(5)《다문화가족지원법》. http：//www. moleg. go. kr.

(6)통계청. "2015 다문화 인구동태 통계 결과 보도자료 전체". ht-tps：//www. kostat. go. kr/portal/korea/kor _ nw/1/1/index. board? bmode ＝ read&aSeq ＝ 357476.

(7) 설동훈. "'우리' 라는 이름의 배타주의". 자유게시판. http：//www. mongolschool. com/commonbbs/bbs/content. asp? seq ＝ 1260&page ＝ 183&bbstype ＝ MSFB.

(8) 서두원. "노동력 수요동향 조사결과". 고용노동부. http：//www. moel. go. kr/local/pyeongtaek/news/reportexplan/view. do? bbs_seq ＝ 61320.

(9)"여성결혼이민자 영주요건 '2 년이상 거주' 로 완화". https：//news. naver. com/main/read. nhn? mode ＝ LSD&mid ＝ sec&sid1 ＝ 001&oid ＝ 078&aid ＝ 0000017326.

(10)이성규. "작년 혼인 건수 1000 명당 5 건...통계 작성 후 '최저'". 국민일보. http：//news. kmib. co. kr/article/view. asp?arcid ＝ 0924068423&code ＝ 11151100&cp ＝ nv.

(11)이태규. "국제결혼, 韓中커플이 가장 많다". 서울경제. https://www. sedaily. com/NewsView/1L3ZQDL1XC.

(12)《재한외국인 처우기본법》. http://likms. assembly. go. kr/law.

(13)《저출산고령화기본법》. 2012. http://moleg. go. kr.

(14)《모자보건법》. 2010. http://moleg. go. kr.

(15)《국민기초생활보장법》. 2012. http://moleg. go. kr.

2. 学位论文

(1)국성하. 1996. "중국 조선족의 한국문화 적응에 관한 연구". 연세대학교석사학위논문.

(2)권지성. 2003. "공개입양가족의 적응과정에 관한 연구 – 한국입양홍보회 참여가족사례를 중심으로". 서울대학교박사학위논문.

(3)김기홍. 1995. "재한화교의 Ethnicity에 관한 연구: 재한화교의 적응과정에 대한 사례를 중심으로". 고려대학교석사학위논문.

(4)김은희. 1992. "한국 가부장제 결혼관계에서의 여성억압 형태". 요성여자대학교석사학위논문.

(5)김정민. 2002. "한·일 국제결혼 가정에서 사용되는 '호칭'에 관한 연구". 중앙대학교석사학위논문.

(6)김정희. 1987. "지각된 스트레스, 인지세트 및 대처방식의 우울에 대한 작용". 서울대학교박사학위논문.

(7)김효신. 2004. "재혼가족 내 모의갈등과 적응에 관한 질적 연구". 한양대학교 석사학위논문.

(8)임춘희. 1997. "재혼가족 내 계모의 스트레스와 적응에 관한 질적 연구". 고려대학교박사학위논문.

(9)노고운. 2001. "기대와 현실 사이에서: 한국 내 조선족 노동자의 삶과 적응전략". 서울대학교석사학위논문.

(10)박성학. 1982. 기독교인의 스트레스 대처능력 조사연구. 학교법인석사학위논문.

(11)박혜영. 2002. "가정폭력의 실태분석과 사회복지적 개입방안에 관한 연구: 가정폭력상담내용 분석을 통하여". 신라대학교석사학위논문.

(12)신란희. 2004. "국제결혼 여성의 가족, 일 그리고 정체성: 우즈베키스탄과 필리핀여성의 생에사 연구". 서울대학교석사학위논문.

(13)안현정. 2003. "국제결혼부부의 결혼만족도에 관한 연구: 한국남성과 필리핀여성 부부를 중심으로". 초당대학교석사학위논문.

(14)윤연숙. 2003. "부부관계 향상프로그램이 부부의사소통과 결혼만족에 미치는 효과: 국제결혼가정을 중심으로". 선문대학교석사학위논문.

(15)이규삼. 2000. "국제결혼 가정의 부부갈등 요인에 관한 연구". 순천향대학교석사학위논문.

(16)이기연. 2006. "성인여성의 학습체험에 관한 질적 연구 – 방송대 주부학생의 사례". 서울대학교박사학위논문.

(17)이상용. 2010. "다문화 가정에 대한 지원정책의 효율성에 관한 연구 – 서울특별시를 중심으로–". 고려대학교석사학위논문.

(18)이현옥. 2004. "한국인 남성과 결혼한 일본인여성의 social support: 부여, 청양, 공주 지역을 중심으로". 건양대학교석사학위논문.

(19)이현정. 2000. "'한국취업'과 중국 조선족의 사회문화적 변화: 민족지적 연구". 서울대학교석사학위논문.

(20)인봉숙. 2002. "한일 국제결혼가정 2세의 한국생활 적응실태 조사연구: 천안시 거주 통일교인가정 중심으로". 동국대학교석사학위논문.

(21)임경혜. 2004. "국제결혼 사례별로 나타난 가족문제에 따른 사회복지적 대책에 관한 연구". 대구대학교석사학위논문.

(22)장춘미. 2001. "스트레스가 결혼만족에 미치는 영향: 부부의 지지 및 갈등해결행동을 중심으로". 서울여자대학교박사학위논문.

(23)정숙경. 1989. "자본주의하에서 성억압에 대한 이론적 고찰". 고려대학교석사학위논문.

(24)정영덕. 2004. "국제결혼한 외국인 여성들의 삶의 만족도 연구" 한일장신대학교석사학위논문.

(25)홍기혜. 2000. "중국 조선족 여성과 한국 남성간의 결혼을 통해 본 이주의 성별정치학". 이화여자대학교석사학위논문.

(26)[日]Niiya Toshiyuki. 2000. "한국으로 '시집온' 일본인 부인 – 생애사 연구를 중심으로". 서울대학교석사학위논문.

3. 学术会议资料

(1)김광웅. 2004. "사과배와 중국 조선족 – 중국조선족의 아이덴티티에 대한 管见". 한국배제재학 국제교류관자료집.

(2)김미령. 2004. "탈북자의 적응스트레스와 사회적 지지가 적응에 미치는 영향". 한국사회복지학회 2004년추계학술대회자료.

(3)윤형숙. 2003. "국제결혼 배우자의 갈등과 적응". 한국사회학회/한국문화인류학회 공동 심포지운자료집.

(4)유명기. 2003. "국경을 넘은 민족: '신화교', 중국조선족의 생성". 한국문화인류학회 공동 심포지움자료집.

(5)이복순. 1999. "가정내에서의 조선족 여성생활의 현황과 전망". 중국·조선·한국의 동포여성들의 삶학술회의자료집.

政治文化与政治文明书系书目

● 多元文化与国家建设系列（执行主编：常士闿）

1. 常士闿、高春芽、吕建明主编：《多元文化与国家建设》

2. 张鑫著：《混和选举制度对政党体系之影响：基于德国和日本的比较研究》

3. 王坚著：《美国印第安人政策史论》

4. 常士闿著：《合族之道的反思——当代多民族国家政治整合研究》

5. 常士闿著：《族际合作治理：多民族发展中国家政治整合研究》

6. 王向贤著：《为父之道：父职的社会构建》

7. 崔金海著：《中韩跨国婚姻家庭关系建构及发展的扎根理论研究》

● 行政文化与政府治理系列（执行主编：吴春华）

8. 史瑞杰等著：《当代中国政府正义问题研究》

9. 曹海军、李筠著：《社会管理的理论与实践》

10. 韩志明著：《让权利运用起来——公民问责的理论与实践研究》

11. 温志强、郝雅立著：《快速城镇化背景下的群体性突发事件预警与阻断机制研究》

12. 曹海军著：《国外城市治理理论研究》

13. 宋林霖著：《中国公共政策制定的时间成本管理研究》

14. 宋林霖著：《中国共产党执政能力建设研究》

15. 孙宏伟著：《英国地方自治体制研究》

16. 宋林霖、朱光磊主编：《贵州贵安新区行政审批制度改革创新研究》

17. 袁小波著：《老龄社会的照料危机——成年子女照料者的角色经历与社会支持研究》

● 政治思想与政治理论译丛（执行主编：刘训练）

18. 郭台辉、余慧元编译：《历史中的公民概念》

19. ［英］加里·布朗宁等著，黎汉基、黄佩璇译：《对话当代政治理论家》

● 政治思想与比较政治文化系列（执行主编：高建）

20. 刘学斌著：《应为何臣　臣应何为——春秋战国时期的臣道思想》

21. 王乐理著:《美德与国家——西方传统政治思想专题研究》

22. 张师伟著:《中国传统政治哲学的逻辑演绎》(上下)

23. 刘学斌著:《中国传统政治思想中的公共观念研究》

●民主的理论与实践系列(执行主编:佟德志)

24. 李璐著:《社会转型期城市社区组织管理创新研究》

25. 田改伟著:《党内民主与人民民主》

26. 佟德志著:《民主的否定之否定——近代西方政治思想的历史与逻辑》

●政治思潮与政治哲学系列(执行主编:马德普)

27. 高景柱著:《当代政治哲学视域中的平等理论》

28. 许超著:《在理想与现实之间——正义实现研究》

29. 马德普主编:《当代中国政治思潮(改革开放以来)》

●社会主义政治文明建设系列(执行主编:余金成)

30. 余金成著:《马克思主义从原创形态向现代形态的发展——关于中国特色社会主义基础理论的探索》

31. 冯宏良著:《国家意识形态安全与马克思主义大众化——基于社会政治稳定的研究视野》

●国际政治系列

32. 杨卫东著:《国际秩序与美国对外战略调整》